뉴욕의 한인 문인들

뉴욕의 한인 문인들

2022년 1월 05일 초판 인쇄
2022년 1월 10일 초판 발행

편저자 | 황미광 · 임세정
교정교열 | 정난진
펴낸이 | 이찬규
펴낸곳 | 북코리아
등록번호 | 제03-01240호
주소 | 13209 경기도 성남시 중원구 사기막골로 45번길 14
　　　우림라이온스밸리 2차 A동 1007호
전화 | 02-704-7840
팩스 | 02-704-7848
이메일 | ibookorea@naver.com
홈페이지 | www.북코리아.kr
ISBN | 978-89-6324-847-9 (03300)

값 22,000원

재외한인사회연구소 북미한인 도서 시리즈 V

뉴욕의 한인 문인들

Korean Writers in New York

황미광 · 임세정 편저

북코리아

북미한인 도서 시리즈

1965년 이전에는 재외동포의 절대 다수가 중국, 일본 및 구소련의 중앙아시아에 거주하고 있었다. 그러나 1965년 미 정부의 이민법 개정 후 미국으로의 대량 이민이 시작되었고, 2021년 현재 미국 내 한인 동포(이민자와 그 자녀들 포함) 수는 250만 명으로 가장 큰 해외동포사회가 형성되었다. 또 1960년부터 미국의 이웃인 캐나다에도 많은 한인이 정착해 2021년 현재 30만 명이 넘는 동포사회가 형성되었다.

한국 이민자의 미국 이민이 점점 늘어남에 따라 그들의 미국 사회 적응에 관한 연구가 1970년대부터 활발히 진행되어 그동안 영어로 된 많은 논문과 책이 출판되었다. 하지만 한국 이민자의 경험을 한국어로 알기 쉽게 전달할 책자는 그리 많지 않다. 본인은 한인커뮤니티에 필요한 사회과학적 자료를 제공하기 위해 2009년 뉴욕시립대학교 퀸즈칼리지에 재외한인사회연구소를 설립했다. 그 후 2013년 미국 사회 각 분야에서 활동하고 있는 한인들의 미국생활을 본인들이 직접 자서전적으로 집필하여 독자에게 알릴 수 있도록 한국어 북미 도서 시리즈를 기획하여 한국의 북코리아출판사를 통해 출판하게 되었다. 북코리아는 주로 재외동포에 관한 사회과학적 도서를 출판해온 한국의 중요한 출판사인데, 이찬규 사장님께서 〈북미한인 도서 시리즈〉 출판을 흔쾌히 맡아주셔서 깊이 감사드린다.

북미한인 도서 시리즈는 도서 시리즈 편집자와 편저자가 어떤 제목으로 책을 낼 것인지를 결정하고 그에 맞게 집필지침을 마련한 후 편집, 편저자(1~2명)가 그 분야와 관련해 활동해온 10~15명의 집필자를 섭외하게 된다. 그리고 자전적 에세이 쓰기에 동의하신 분들은 집필지침을 참조하여 자신들의 이야기를 쓰게 되는데, 이런 자서전적 에세이를 모아 출판하는 것이 북미한인 도서 시리즈다. 출판된 도서는 한국 영사관 및 한인 주요 단체와 한인 이민자들에게 보급되며, 북코리아에 의해 한국의 대형 서점을 통해서도 판매됨으로써 모국 동포들에게도 미주 한인동포들의 활동을 알릴 수 있다. 2014년부터 2021년까지 재외한인사회연구소의 북미한인 도서 시리즈를 통해 출판된 책은 4권이다. 2014년 처음으로 출판된 『재미한인사회에 힘을 실어준 한인들』은 미국 한인사회의 정치력 신장에 공헌한 18명의 한인을 미국 전 지역에서 발탁해 자서전적 에세이를 쓰도록 요청했다. 이 책에는 한국어뿐 아니라 영어 번역본도 실어서 다양한 독자들이 접할 수 있게 했다. 2015년에는 『뉴욕·뉴저지 지역의 한국학교: 역사 및 현황』이 북미한인 도서 시리즈 제2권으로 나왔다. 이 책은 북미 한국학교협의회 동북부지부에서 준비한 것으로 재외한인사회연구소의 도서 시리즈를 통해 출판되었다. 또 2016년에는 두 번째 시리즈와 관련 있는 『뉴욕의 한국어 선생님들』이 북미한인 도서 시리즈 제3권으로 출판되었다. 그리고 2021년 올해는 2019년에 시작한 『뉴욕 한인복지를 위해 공헌한 사람들』이 시리즈 제4권으로 출판되었다. 이 책은 한국에서도 많은 관심을 받았으며, 뉴욕에서도 주문한 250여 권이 거의 매진될 정도로 큰 호응이 있었다.

북미한인 도서 시리즈 제5권으로 출간되는 『뉴욕의 한인 문인들』은 2017년에 시작한 프로젝트였다. 기획 당시의 예정대로 진행되었으면 2년 전에 출판이 되었어야 했는데, 그동안 여러 가지 사정으로 원고 완성이 상당히 지연되어 2021년 말에야 출판하게 된 것을 북미한인 도서 시리즈 편집인으로서 열여섯 분의 저자들에게 송구스럽게 생각한다. 이 도서의 공동 편집자이신 황미광 박사님께서 원고 편집을 마감할 수 있도록 중간에서 많은 수고를 하셨는데 그 노고에 감사드린다. 그리고 원고 교정과 한국 출판사 북코리아와의 연락에 많은 시간과 노력을 기울여

이 책이 완성되는 데 기여한 공동 편저자 임세정 연구원에게도 감사드린다.

뉴욕 일원에는 한국에도 널리 알려진 많은 한인 문인들이 거주하고 있다. 이분들은 1989년에 세워진 미동부한인문인협회를 중심으로 활발한 문학활동을 해왔다. 미동부한인문인협회 회원 80여 명 중 열여섯 분이 이민생활과 자신의 문학활동으로 바쁨에도 불구하고 많은 시간을 들여 원고를 썼고, 또 편저자가 요청하는 대로 수정해주셨다. 그 덕분에 이 책이 나오게 되었으므로 16명의 집필자들께 깊이 감사드린다.

이 도서 시리즈는 재미한인 이민자가 미국에서 어떻게 살아가는가에 관한 이야기를 자서전적으로 쓰는 것이 주 목적인데, 일부 글은 저자가 한국에서 어떻게 문학을 시작하게 되었는가에 초점을 두었고, 다른 일부 글은 우리가 문학을 왜 해야 하는가, 어떻게 해야 하는가 등의 문학강연에 중점을 두기도 했다. 그러나 거의 모든 글은 모국을 떠나 미국에서 나그네 생활을 하는 본인들의 그리움을 잘 표현했다고 생각한다.

특히 뉴욕 지역 한인문인협회 회원은 60~70대가 대부분으로 미국에서 세대교체가 쉽지 않다. 대부분 한국 펜클럽과 한국 문인협회 회원으로 활동하고 있으며 신인상 또는 한국의 문학지를 통해 등단했기 때문에 모국에 대한 그리움과 애착이 어느 한인 이민집단보다 더 강하다고 생각한다. 이러한 그들의 특수성을 생각하고 이 책에 실린 글들을 읽으면 한국이나 미국의 독자들이 이 책의 내용을 더 잘 이해하게 될 것이다.

2021년 12월
북미한인 도서 시리즈
편집자 민병갑

머리말

글쓰는 사람들이 모이면 힘이 세진다고 한다.

글의 힘이다.

펜이 칼보다 강해서인지 그에 따른 부수적인 작업도 만만치 않았다.

다섯 번째 북미한인 도서 시리즈《뉴욕의 한인 문인들》을 한 권으로 묶는 것은 참으로 지난한 작업이었다. 문인들의 글인지라 편집이나 출판과정이 다른 도서 시리즈보다 수월할 것으로 생각했다. 그러나 참여한 한 사람 한 사람의 글 방향이 확연히 다른데다 원고 분량도 저마다 차이가 커 급기야는 편집 방향을 돌리는 쪽을 택했다. 통일감을 갖기보다는 보내준 원고에 실린 각자의 걸어온 길이 그대로 묻어나도록 출간 취지를 바꾸었다. 그래도 너무 긴 분량이나 완전히 다른 의도의 글은 필자와의 양해 속에 몇 번의 가감이 오갔다.

뉴욕에 이민 와서 오랫동안 시인, 소설가, 수필가로 활동해온 총 16명 문인의 글을 담았다. 여러 가지 이유로 출판에 제동이 걸려 원고를 보내온 지 4년여를 넘겼지만, 이제라도 한 권의 책으로 묶을 수 있게 되어 감사하다. 다만 일찌감치 수령한 원고들이 빛을 보기까지 공백이 컸던 관계로 원고 내용 중 일부는 출판 시점의 상황과 다를 수 있음을 거듭 밝히며, 송구한 마음을 금할 길 없다.

새 삶의 터전에 뿌리내리면서도 문학의 끈을 놓지 않고 열정적으로 살아온 재미 한인 1세 이민자의 기록이 먼 훗날 후손에게 조금이라도 보탬이 된다면 긴 시간 기다려준 필진들에게 면목이 서겠다.

　이 책자를 기다려준 모든 분께 깊이 감사드리며, 지면을 통해 뉴욕의 문인들과 함께하는 만남의 자리가 되기 바란다.

2021년 겨울

편저자 황미광 · 임세정

목차

1 뉴욕, 나의 삶, 나의 문학 발자취
- 반세기 이민 생활의 체험과 시문학과의 역학적 관계성을 더듬어

곽상희
시인

나는 어떻게 글을 쓰게 되었는가?(문학의 태동기)

한글 사랑은 내겐 운명적이었다.

나는 1963년 미국에 왔으며, 어머니로부터 한글을 익혔다. 내가 세 살 때인가, 아니면 그전 어디쯤 나는 성경을 읽으시는 어머니의 찐득하고 자랑에 찬 음성에 매료되어 어머니의 등에 내 온몸을 기댄 채 어머니의 어깨에 턱을 올려놓고 그 소리를 따라 글을 맞추어가며 쉽게 글을 익혔다. 무슨 보물을 캐는 듯한 즐거움이 넘치는 어머니의 자랑 찬 목소리에 호기심 많은 어린 나는 나도 모르게 끌렸던 것일까. 그것이 내 평생 외국에서 한글에 집착하여 힘들게 힘들게 인생의 고독과 고난의 텃밭에서 피땀을 흘리고 쏟으며 오직 문학만은 버리지 않고 밤이나 낮이나 목메어 달리게 했을까? 아니다. 내 문학 사랑의 동기는 그것만이 아니다. 나는 어릴 때부터 유달리 꽃을 좋아했다. 그것도 새빨간 꽃을. 꽃과 나와의 만남도 필연이었을까?

인간이 무엇에 유혹되고, 그것에 유인되어 목적을 향해 물불을 가리지 않는다면 그것도 운명이다. 아니, 시인에게는 더하다. 알다시피 장미를 사랑한 릴케는 장미 가시에 찔려 목숨을 잃었다.

유난히도 햇살이 밝았던 날, 그날을 기억한다. 나이는 기억하지 못한다. 늦은 봄이었던가. 하늘이 푸르고 따사로운 5월쯤, 어린 나는 누군가와 아니면 혼자서 언덕바지 동네 길을 가고 있었다. 그때 언덕바지에는 숭숭 가시덤불이 얽혀 있었고, 그 가시덤불 사이로 불쑥 고개를 내밀고 있는 유난히도 붉은 꽃. 그것을 꺾기 위해 얼마를 돌아갔는지 햇살이 하얗게 내려앉은 그 집 마당을 지나고 언덕을 내려가 꽃을 꺾었을까? 아니 꽃은 꺾지 못하고 다리에 선지피를 흘리며 그 언덕을 뒹굴어 떨어졌는지, 누군가 입술을 쩍쩍 다시며 피를 닦아주던 보드라운 손의 기억…. 내 기억의 파장은 그것뿐, 그 외에는 기억이 없다. 컴퓨터 앞에 앉은 지금, 내 기억의 저 먼 안개 덤불을 살풋 열고 들어서는 언덕, 눈부시게 하얀 태양빛 아래, 가시덤불 사이 고개를 봉긋 내밀고 하늘거리던, 유난히도 붉은 꽃 한 송이…. 그것은 무한한 은유와 계시를 품고 내게 왔음을. 그것이 내 문학이고, 내 문학의 진수인 한글인가.

내 유년기와 소녀 시절의 텃밭은 겨울이면 눈이 많이 내리는 일본 후쿠오카였다. 눈이 하얗게 내리는 겨울, 우리 집 뒤뜰에서 아이들과 스키를 타고 즐겼다. 그러나 그것도 잠시뿐, 남의 집 뒷밭을 혼자 뛰어다니다가 발바닥에 독이 들어갔는지 이름도 분명치 않은 불치병에 걸려 밤새도록 높은 열에 사선을 넘다가 일본 의사들의 우려 속에서 어머니의 간곡한 기도와 보살핌으로 2년을 지탱하다가 학교에 복귀했다. 나는 그때 긴 회복기를 넘으면서 이불 속에서 독서하며 사색과 기도를 배웠다. 유달리 밝고 둥근 달과 별을 바라보며 인생을 꿈꾸던 소녀, 그리고 세상과 인생은 내게 관조의 대상이 되어 아름다움에 몰두하는 엉뚱한 아이로, 감성적이고 연약한 어쩌면 고집스런 준(準)유년과 사춘기를 보냈다. 어디서나 사색과 독서에 몰두할 수 있고, 그것을 표현할 수 있는 혼자가 좋았다.

문학과 삶, 신앙, 거기에 내 문학 생활의 근저가 깔려 있다. 출발부터 고난의 길, 나의 시도 산문도 결코 놀이가 될 수 없었다. 신앙은 허공에 뜬 추상이나 은유가 아니었지만, 시는 추상과 은유의 깊은 강물을 지나와야 했다.

오랜 투병 끝에 학교로 돌아간 후 내게 휴식 시간은 창가에 홀로 서서 드넓은 운동장에서 뛰노는 아이들을 바라보는 시간이었다(본래 나는 아주 활동적이고 낙천적이었다). 나는 거기서 공해 하나 없는 샛푸른 하늘에 고독의 그림을 그렸다. 그래서일까. 나는 언제나 저만치 서서 인생의 광장을 바라보는 버릇이 생겼다.

　내가 참으로 한글을 다시 회우한 것은 일본에서 귀국하여 중학교에 들어간 때부터다. 어찌하여 그때까지 고스란히 한글을 간직하고 있었을까? 자랑이라면 무엇에나 몰입하며 빨리 배우고야 마는 습성 탓이었는지 가족과 더불어 귀국한 후 1학년 때부터 하루도 빠짐없이 두어 장씩 채우기 시작한 일기장. 내 속에 무엇이 그토록 많은 것이 쌓여 있었을까. 나는 음악 시간에 합창할 때도 창문 밖을 내다본다고, 무슨 생각을 그렇게 골똘히 하느냐고 음악 선생님께 곧잘 주의를 받곤 했다. 중학 시절 내가 제일 좋아한 과목은 과학이었다. 선생님이 높고 높은 우주 저 너머 끝이 없는 광활한 천계와 별자리들을 말할 때 지구 말고 더 너른 세상이 끝없이 있음에 정신을 잃었고, 시험 답안은 만년필로 자랑스럽게 제일 먼저 써냈다. 선생님이 한 가지 천체의 사실을 말하면 열 가지를 풀이해낸 나는 일찌감치 비현실적인 상상 세계와 은유를 몸속으로 삼켰는지 모른다[이것을 말함은 훗날 내 시작(詩作)의 어려움을 말하기 위함이지 결코 자랑하기 위함이 아니다]. 나의 문학은 체질이었고, 신앙이었다. 모국어 문학이 없었더라면 나의 인생은 어떻게 되었을까?

　대학 시절 나의 독서 분야는 문학과 철학, 사색이 평행선을 탔다. 철학과 사유 분야의 독서는 내 인생의 긍지와 자존심과 고독을 부채질한 반면, 문학은 나의 도피였고 기쁨이었다. 전공이 불문학이라는 핑계로 내 알량한 시작의 길은 자연스럽게 당시 유행하던 현대 불문학 거장들의 상징과 은유의 세계에 침윤했고, 늦은 시간 도서관을 나와 앉은 벤치에서 멀리 바라본 붉게 노을 젖은 의과대학 울창한 숲을 푸드덕거리며 고요히 비상하는 새들을 보며 쓴 시와 사색적 수필은 대학신문과 교지에 실렸다.

　가족의 권유로 유럽 비자를 내던지고 1963년 정부 시험에 합격하여 미국 유학길에 오른 것이 내 인생 창창대해의 위험한 '내던짐'이 되고 말았다. 한밤중 노스웨스트 기내에서 하늘의 별을 흩뿌려놓은 듯한 미시간주를 내려다보던 나는 야릇한 두려움과 도전에 전율을 느꼈다. 나의 문학 태동기는 이것으로 마치겠다.

미국에서 한글로 시를 쓰는 이유

미국에서 부끄럽고 힘들게 익힌 영어로 시작한 시 쓰기는 얼마 가지 않아 끝을 냈다. 영어는 내 영혼의 밭을 가꾸지 못했고, 또한 할 수 없다는 논리이자 이유였다. 시인이 시를 쓰는 이유는 그의 마음속 깊이 숨 쉬고 있는 사유와 감성을 표현해내야 한다는 것이 내 주장이었다. 시는 영혼 깊이 내려간 곳에 숨 쉬고 잠자고 있다는 논리였다. 그런데 어찌 모국어가 아닌 것으로 영혼의 밭을 캘 수 있을까? 내 경우에 한해서라고 토를 단다.

대학 시절 멘토의 말에 의하면, 나는 속이 너무 복잡한 인간이었다. 그것을 누가 무엇으로 치유해줄 것인가.

내 '안'을 표현할 수 있는 길이 나의 모국어, 한글 외에 무엇이 가능하단 말인가. 오랜 작가 생활 동안 가끔 영어를 떠나버린 후회 비슷한 생각이 있기도 하지만, 그것은 하나의 사치와 유혹일 뿐 한글로 글을 쓰는 데서 오는 자유와 해방감은 절대 얻지 못했으리라. 나의 경우 모국어가 주는, 아니 한글이 주는 자유와 기쁨, 그 향취는 낼 수 없기에. 모국어는 그 국민의 자랑이며, 영혼이 노니는 자유의 보루가 아닌가. 더욱이 작가에게 있어서 말해 무엇 하랴. 더욱이 우리의 말, 그 독특한 어법과 표현에서 우러나는 향기를 어느 나라의 글이 닮고 따를 수 있으랴.

인간의 영혼 속에 깊이 내린 모국어의 뿌리는 삶을 윤택케 하고 풍성하게 한다. 그 인간의 인격을 완전하게 이끈다. 단언컨대 아동 교육자로서 내 오랜 경험에 비추어 확신한다(나는 미국에서 교육학을 전공했고, 30여 년간 주로 한국 어린이들을 위한 학교를 경영했다). 그러므로 내가 영어가 아닌 모국어인 한글로 글을 쓸 수 있었음에 나 자신에게 무한한 축배를 올린다.

미국에서의 한글문학 체험 초기

내가 미국에서 고독하게 시작(詩作)에 열을 뿜는 것을 본 국내 유지(有志)의 J

시인의 권유로 그 까다로운 한국 유수의 문학잡지 《현대문학》을 통해 1978년과 1980년 5월에 걸쳐 이원섭 선생님의 추천을 받아 정식으로 한국 문단에 등단했다. 추천 시 중 하나가 〈허드슨 강변의 노을〉이었는데, 제목도 내용도 대학 시절 내가 발표한 작품과 비슷한 것은 결코 우연의 일치는 아니리라. 물론 내가 미국에서 30여 년 교육 사업을 하면서 시간적 자유를 누리며 작가 생활을 할 수 있었던 것은 하늘의 은혜로운 손길이었다.

그 후 1982년 첫 시집 《바다 건너 木管樂》(1981)을 상재했다. 그전에 뉴욕 미주중앙일보사에 단편소설로는 좀 긴 〈시지프스의 도전〉을 응모하여 한국평론계에서 각별한 평을 얻어 우수상을 받았고, 장편소설 《뉴욕갈매기》는 1984년 베스트셀러에 등극하기도 했다. 왜 시인이 갑자기 소설을 쓰게 되었을까? 거기에는 나의 말 못할 삶의 행보에 도저히 시를 쓸 수 없는 감정과 삶의 굴절이 소설에 몰두하게 했다면 독자는 믿을 수 있을까? 그때 국내와 미국 LA의 《뿌리》라는 잡지 등 여기저기서 청탁을 받아 시와 함께 단편을 썼고, 뉴욕의 모 신문에 〈그래도 새는 난다〉라는 중편을 끝으로 소설 쓰기는 2년으로 끝냈다. 이유는 시간 부족과 시에 대한 그리움이었다. 시의 뮤즈는 자기만을 섬겨주기를 원하는 독재자였고, 그보다 소설이 시작에 미치는 산문적 껄끄러움과 시간이 문제였다.

뉴욕한미문학회 설립과 '글과 대화의 밤' 개최

1984년 8월 뉴욕한미문학회를 설립해 뉴욕주 문화국에 등록함과 동시에 매달 '글과 대화의 밤'을 개최했다. 당시만 해도 뉴욕 동포사회에 전무하던 문학 모임을 통해 한국문학의 신바람을 넣고자 한 것이다. 대외적으로는 뉴욕문화원에서 시 낭송, 문학 강연, 한국문화를 통해 국제시인들과의 교류도 시작했다. 미국시인협회를 통해 내 시를 낭송하다가 그 후엔 이희만 시인 등 다른 뉴욕 시인들과 함께 뉴욕과 미국 타주 및 영국 등에서 시 낭송과 패널 등의 모임을 가지면서 유수의 외국인 시인들과 교제할 기회를 얻을 수 있었다. 개인적으로 여러 수상 기회가 있었으나 그것은 생략한다.

아시안아메리칸 교육센터 설립

1990년 9월, 아시안아메리칸 교육센터 설립은 방황하는 한국 청소년들에게 한국인으로서의 주체의식과 자긍심, 올바른 미래지향적 자의식과 자신감을 불어 넣어주기 위한 순전히 나 나름의 정직한 시도였다. 해마다 개최한 청소년 글짓기 대회는 예상외로 백여 명이 넘게 참가하는 열띤 반응으로 많은 성과를 거두었다. 물론 그렇게 할 수 있었던 데는 현직 고등학교 교사들과 교회 교사들, 젊은 문인들의 도움이 너무나 컸고, 지금도 그 일에 함께해준 그들을 잊지 못한다. 그 후 차차로 한인교사협회와 미주문학협회 등 다른 많은 모임도 백일장 등 의미 있는 행사를 새롭게 시도하면서 우리 청소년들의 모국어 배우기 붐이 일어났다. 그때 내가 작품 제목으로 내놓은 것은 '나의 꿈', '나는 누구인가', '미국 속의 한국인', '내일의 미국 속의 한인 사회'였고, 지금도 보람을 느끼는 것은 거리에서 방황하던 한 고등학생이 행사 참여 이후 자신감을 얻어 학업에 열중하게 되었다는 것이다. 상장 하나씩 들고 기뻐하던 어린 학생들, 한글을 읽던 낭랑한 목소리 등 미국 속에서도 자기 나라말로 글을 써 상을 탈 수 있다는 기쁨을 준 일은 참으로 귀한 일이 아닐 수 없었다.

나는 청소년들을 위한 꿈을 가지고 1988년 5월에는 고 강석희 화백과 함께 뉴욕문화원에서는 시화전을, 초대교회에서는 나의 파스텔 그림 전시회를 열어 그들에게 줄 상금을 마련했다.

외국 시인들과의 교류 및 시 낭송, 한국문학과 문화 소개

퀸즈칼리지, 세인트존스칼리지, 컬럼비아 대학 등에서 개최한 한국문학에 대한 강연과 시 낭송은 잊을 수 없다. 1990년대 뉴욕시립대학교 퀸즈칼리지 고전동양학과에서 한국어와 한국문학을 담당한 황미광 박사의 알선이었다. 황미광 교수의 문학 수업 시간에 외래 강사로 초빙되어 한국시를 소개했는데, 그 초롱초롱하고 진지한 사랑스러운 미래의 주인공들을 바라보며 가슴 두근거리며 열정을 뿜던 그 시간은 미국 커뮤니티센터, 반스앤노블 등의 서점이나 다른 단체에서 한국시와 영시를 발표하던 경험과는 너무나 달랐다. 외국인들은 내가 한국시를 발표할 때 우리 언어의 리듬에서 영혼의 목소리를 들었겠지만, 한국어를 이해하는 학생들의 시에 대한 감동과 반응은 달랐다.

매달 한 번씩 모인 '글과 대화의 밤'은 이름을 '창작 클리닉'으로 바꾸어 함께 시운동을 하던 시인이자 출판사 대표인 스탠리 박한 선생을 모시고 영시 워크숍을 하는 동시에 회원들도 동참하는 영시 발표회를 가져 좋은 성과를 거두었다.

1978년 2월 뉴욕에서 한국인 최초로 연 해바라기유치원, 1980년대는 그 당시 일어난 경제적인 붐과 동반하여 교포사회에 많은 신문사가 경쟁하고 있었다. 한동안 3~4개의 신문에 교육, 문화, 문학 등 고정 칼럼을 쓰기도 하며 밀어닥치는 교포 이민자의 자녀들에게 전인교육의 하나로 한국어 노래, 식사 전 감사기도, 나무와 꽃, 동물, 해와 달, 별들의 아름다운 상관관계를 순결한 그들의 심령에 심어주려고 애쓰기도 했다. 사랑스러운 아이들을 데리고 태극기와 성조기를 흔들며 뉴욕시청에서 노래를 부르던 그 시절이야말로 내 인생 최고의 시절, 행복했던 인생의 절정기라고 해도 과언이 아니다.

그리고 그때 나는 고 이다옥, 황미광 박사 등과 함께한 여성운동, 김영호 목사님과 여성 단체들이 함께한 피어린 정신대 운동에도 열심히 참가했다. 이를 계기로 NGO의 일원이 되어 다른 문인들과 스페인, 영국 등을 방문하며 국제문학모임(United Poets Laureate International)에도 참여하는 등 즐겁고 뜻깊은 시간을 보냈다. 이러한 활동은 1990년대 말까지 계속되었으나 문학 후배들의 요청이 있었음에도 개인 사정으로 끝을 맺었다. 나는 이런 사실들을 결코 자랑으로 말하는 것이 아니다. 그때만 해도 아직 준비단계에 있던 우리 1.5세와 2세의 활동이 미미하던 때, 다만 먼저 온 사람이라는 책임과 의무를 느끼며 즐겁게 최선을 다하려 했다는 것뿐이었다고 진심으로 고백한다. 나뿐만 아니라 우리 이민 선험자들이 행한 작고 큰 일들, 말하지 않고 파묻힌 일들이 얼마나 많을까.

초기 시작(詩作)과 전통시 섭렵

한국시를 쓰기로 한 후 나는 우리 전통시의 뿌리를 캐기 시작했다. 대학에서도 불문학에 파묻혔던 나로서는 당연히 답습해야 할 길이었다. 외국에서 우리의 시를 쓰기 위해서는 먼저 우리 서정의 뿌리를 알고 소화하여 그 율을 내 것이 되게 하는 일부터 해야 했다. 그것은 그냥 읽고 외우는 것이 아니라 전통시 속에 있는 풍요를 내 시의 몸에 심키고 녹이는 일이었다. 나는 시에 있어선 엘리엇(T. S. Eliot) 시인의 "시인은 전통의 창고여야 한다"라는 말을 믿는다. 수도사나 신앙인이 그가 믿는 대상자를 닮으려면 그의 모든 것을 모방하려 하듯, 그러나 모방에 치우쳐 잘못 들어가면 그의 신앙도 인생도 돌이킬 수 없는 파멸의 길로 달음질치듯, 모방에도 주체가 뚜렷해야 하고 그에 따른 질서가 있어야 함은 누구나 아는 일이다. 내 문학의 첫걸음에는 고려가요와 그 후 우리 시 속에 흐르는 가요풍, 민요풍, 불교 시학이 있으며 김소월, 이상, 윤동주(백석은 1980년대부터 해금되었으니 내게 온 것은 훨씬 이후), 서정주, 김춘수, 오규원 등으로 이어진다. 여류시인 중 내가 한동안 즐긴 것은 김혜숙과 강은교 등이었다. 한국의 현대 시인 중 내 손에서 떠나지 않은 사람은 김춘수였다. 나는 그의 서정 속에 감추어진 맑은 정신의 흐름이 좋았다. 내가 선호한 시인들은 모두 생의 아픔을 견디고 치열하게 자신의 삶이 육화되어 인간의 향기가 깊이 풍겨 나오는 분들이었는데, 물론 우리 한국 현대 시단에는 그런 시인들이 너무나 많다. 시는 놀이가 아니기에 한국의 소용돌이치는 근대와 현대 역사를 살아온 우리 시단이 어찌 그렇지 않을 수 있으랴.

한 가지 거론하고 싶은 것은 초기의 나는 어디까지나 나의 서정을 중시했고, 신앙은 되도록 멀리했다. 지금도 나는 순전한 신앙시보다는 그의 신앙이 문학으로

1996년 10월 7일 한국에서 열린 필자의 출판기념회에서

승화되어 인간과 삶 속에 육화된 시를 선호한다. 시가 신앙의 길로 잘못 들어가면 안일한 도그마성에 빠져 문학의 탑이 추구하는 언어의 탄력성을 놓치고 말기 때문이다. 시는 어디까지나 전인적이어야 하므로. 그때 나는 신앙의 전인성을 생활 속에서 추구했음을 고백한다. 그러나 그것이 내 시 속에 자연과 육화된 언어로 침투하여 표현되기까지는 먼 길을 가야 했다. 문학은 어디까지나 문학이어야 하므로 문학과 신앙의 접목은 자연히 '나의 휴머니즘'을 통해 가능했음을 고백한다.

이민 발자취와 밀접하게 연계된 나의 작품 세계

다음은 연대적 작품집 출판에 근거한 우리 이민사회 발전사와 그와 관계된 내 문학의 단편적 양상을 더듬어보고 싶다.

다른 언어권에서 모국어로 시와 문학을 하다니! 내게 그 길은 두 말할 여지 없이 가시밭길이요, 위험하고 험난한 길이었다고 다시 말한다. 위험하다는 것은 다분히 모험이 따랐다는 것이고, 내 경우는 자연히 문학이 삶의 중심이 됨을 시사함이 아니고 그 무엇이랴. 나는 이것을 자랑으로 삼지 않는다. 내 삶에 운명처럼 다가온 이별, 그 이별의 물굽이에서 구원의 밧줄처럼 시에 매달려 어릴 때부터 문학에 돌진(?)해간 것이다. 내 주위에 한국말을 쓰는 사람이 없는 미국 중남부에서 살다가 뉴욕에 왔을 때 발견한 한국일보! 그때 내 전화를 받은 기자의 질문, "당신 한국 사람이오?" "물론 한국 사람이지요." 그때부터 나는 다시 한국말의 텃밭을 캐기 시작했다.

다시 말하거니와 문학은 나의 운명이었고, 시를 쓰지 않으면 살 수 없었다. 시는 곧 나의 기도였고 신앙이었다. 그것이 50여 년 길고 긴 이민의 삶에서 나의 문학이 '나만의 길'을 걸어올 수 있었던 이유이며 힘이기도 했다. 그러나 이것은 나의 길이고 나의 몫일 뿐 다른 문학인들에게는 해당하지 않는다.

나는 어떻게 문학(시)을 해왔는가

내 첫 시집 《바다 건너 木管樂》(1981) 발문에서 이원섭 선생님은 '20년을 외국에서 산 이 시인의 모국어에 대한 애정이 왜 이렇게나 치열한가?' 하는 이유를 나의 시 〈말의 덫에 치여〉를 예로 들며 모국어를 못 쓰고 사는 고통 속에서 찾을 수 있다고 했다.

> (…)
> 우리의 소중한 날개 죽지를
> 묶어놓고
> 하찮은 일상의 짓거리까지
> 그의 덫에 치여
> 퍼덕이는 어린 새.

이 시집의 전체 평을 한 김재홍 교수는 "전쟁터와도 같은 이국의 거친 현실 속에서 맨몸으로 극복해야 하는 이민자의 뿌리 없는 삶의 모습이… '찌그러진 평등의 사닥다리' 같은 날카로운 풍자와 '내일은 신의 궤도 밖에 팽개쳐져 있다' 같은 회의(懷疑)의 시니시즘을 통해 치열한 현실의식을, … 그러나 '그의 덫', '사슬'로 표상되는 이국어의 부자유에서 벗어나기를 갈망하는 소중한 모국어 의식이 자유에의 동경과 함께 효과적인 형상성을 이루고 있다"라고 말하고 있다.

전쟁의 끝에서
죽어간 밤들은 나의 손안에서 울고 있다
- 〈반음계〉 중에서

민들레는 지천으로 피어
이제 고향으로
돌아가지 않아도 될까.
- 〈향수〉 중에서

그는 나의 첫 시집에서 본 무수한 밤 또는 어둠의 표상은 부재감에 따르는 갈증에만 머물러 있지 않다고 말한다. "실상 시편들에 나타난 그의 끊임없는 갈증과 허기는 빛이 상징하는 부활과 소생에 대한 갈망이다"라고, "그의 작품은 자연 귀향 의지로 영원한 한국인으로 남을 수밖에 없는 한 인간의 실존적 고뇌를 성공적으로 형상화한 작품이다"라고, 또한 그는 고뇌와 뿌리 깊은 갈증은 귀향의식을 통해 부활과 소생의 꿈을 성취할 수 있게 된다는 귀결을 맺었다.

그러나 이 시집에서 내가 놓치고 싶지 않은 말이 있다. 당시 한국동포가 희소한 이 뉴욕 바닥에서 나는 엘름허스트, 노던블라바드의 외로운 2층 방 창가에 기대어 풋풋한 언어로 다음과 같은 시를 쓸 수 있었음을.

바람은
바람이 되려 울고 있다
바다를 깔고 울고 있다
하늘이
바람 속 꽃잎이 되어
하늘 하늘 날다가

온통 한 덩어리 바다로 눕는다.
- 〈바람. 기도〉 중에서

이원섭 선생님은 이 시를 "치열한 시 정신으로 밀도 있게 형상화한 깊이 있는 역작"이라 말씀하셨다.

상기에서 내가 인용한 내용은 후에 나타나는 내 시의 변모를 비교해볼 좋은 예를 들기 위함이고, 초기 미주 땅에서 고독하게 한국문학을 하는 고충과 고독한 한 시인의 모습을 보임으로써 화려한 무대를 펼치고 있는 현재 미주 한국문학의 발전상을 비교해보기 위한 의도임을 양해해주기를 바란다. (실상 지금 우리 미주 문학계는 얼마나 발전했고 풍성한가! 비단 문학계뿐만 아니라 학문이며 문화, 교육, 경제계, 나아가 우리가 깊숙이 들어간 정치계와 사회면에 이르기까지 초기의 빈곤한 이민사회를 지나온 우리에게는 너무나 자랑스러운 일이다.)

제2 시집 《우리 지금은 아무도 노래하지 않네》(1987)

독자는 제1 시집과 제2 시집 사이의 간격을 의아해할 것이다. 이유는 그사이에 《뉴욕갈매기》라는 장편소설이 출판되었기 때문이다. 1984년 출간된 그 책이 한국에서 고스란히 베스트셀러가 된 이유를 나는 그 당시 미국에 대한 순전한 호기심 탓이라고 본다. 나의 제2 시집은 나갈 수 없는 조국에 대한 연민과 아픔, 희망을 가슴으로 동참한 시집이다. 난 그때 이곳에서 이 모양 저 모양으로 데모에 참여하며 괴롭게 도전하는 조국의 젊은이들과 함께하려 했다.

비가 내리네,
겨울 메마른 나뭇가지에는
유채꽃 더미 피어 오르고
상한 모국어는 비로소
내게로 손짓하고 있네
- 〈밤비를 맞으며〉 중에서

타박 타박
유엔 본부에서 한국 영사관까지
민주주의는 걷는다

땀 뻘 뻘 흘리며
그때 십자가를 진 골고다의 예수처럼

3천리 강산 평등과 자유를 두 어깨에 메고
눈물 젖은 흙빛 얼굴로 걷는다

40년 반 동강이 난 허리에서는
밤낮 풀피리소리 흐느적이고
기다림 겨운 풀잎들 돌이 되어버린 강산에

그리움만은 시뻘겋게도 살아
울음 울며 걷는다

유엔 본부에서 우리들 영사관까진
너무 힘들고 먼 길이었다
- 〈눈물의 아리랑 고개였다〉

어느 평자는 이 시편들이 단순히 모국에 대한 그리움을 초월한 조국의 내일을 위한 아픈 절규라고 평했다. (나는 결코 투사가 아니다. 다만 조금은 조국을 위해 함께 아파하는 연약한 감성주의 시인에 지나지 않았다.) 그러나 이 시집에서도 고향을 그리워하는 아픔들과 이민의 현실, 주변 환경과 내일에 대한 꿈의 투쟁이 대부분 자리를 차지하고 있다.

> 너의 눈망울에는
> 갈매기가 태평양을 건너고 있다
>
> 어머니 숨결 타는
> 검은 황토길
>
> 짓푸른 들꽃이 피어있다
> - 〈눈 내리는 나무〉 중에서

> 그림자가 꽃을 닮으려 하네
> 메아리가 새로 화신하려고
> 나무는 몸부림을 하네
>
> 나무의 피나는 몸부림에선
> 꽃의 그림자 일어서네.
> - 〈물거품〉 중에서

또한 내 시의 의식 속에 깊이 내린 조국에 대한 뿌리 의식을 간과할 수 없다.

> 우리는 다시 시작해야 한다
> 모르는 땅 모르는 말
> 모르는 몸들 속에서
> 다정한 눈시울 함께 모으고
> 너를 만나기 위해서는
> 너를 떠나온 이 멀고 먼 곳에서
> 헛됨 없이 너를 만나기 위해서는
> - 〈너를 만나기 위해서는〉 중에서

초기에 나의 시에 대한 국내 어느 중견 시인의 말을 지금도 잊지 않고 있다. "곽 시인은 쉬운 언어로 깊은 의미망을 마치 밑이 없는 우물에서 물을 끝없이 다래박으로 퍼 올리는 것 같다"라고. 상기의 시는 국외에 나온 동포들의 조국을 향한 시안의 변화와 새로운 인식을 강조하고 있다 하겠다. 다분히 윤리적 · 정치적 내용을 직설적으로 표현한 상기 시에서 나는 오웰의 "정치적 목적을 갖지 않는 문학에는 생명이 없다"라는 말을 상기하고 싶다.

제3 시집 《봄도 아닌 겨울도 아닌 날에》(1990)

이 시집에서는 조국 역사의 몸속에 꿈틀거리는 밤, 그리고 아침에의 꿈을 당겨 피우려는 피멍 든 노래를 살피고자 한다. 시인은 살고 있는 시대가 불행할수록 그 시대의 거울로서 시대의 총체적 자아의 심오한 명료성을 소유한다. 그때 그는 기쁨과 자유를 향유한다. 시 속에서 그의 작은 '죽음'은 새롭게 부활을 시도한다. (그것이 후기 나의 시에 〈나비〉로 환원한다. 굼벵이가 나비로 승화하는 것이다.)

평자는 제3 시집에 나타난 기독교적 휴머니즘의 형상화, 동양적 자연관과 관조의 미학에 중점을 두었다고 했다. 내 시의 또 다른 측면은 동양적 자연관 또는 관조적 초연성을 바탕으로 한 동양철학에 깊이 맥락이 잇대어 있다는 점이다.

> 아직 이 땅에서
> 그대 우러러
> 그대의 단즙 빨며
> 나의 목숨 숫자 더하기에
>
> 아름다운 하늘,
> 아름다운 자유,
> (…)
> - 〈겨울 창가〉 중에서

겨울의 딱딱한 피부를 찢어버리고
땅 속 깊이 솟아오르는

풀순 같이

아직 이름 지어지지 않는
아이 같이
그대는 오리라
- 〈영원 봄, 자유〉 중에서

이 시에 대해 평자는 말한다. "시인은 자유애에서 조국애로 전이되기에 이르며,
그 조국애는 여러 양태로 표출되고 특히 역사적 뿌리 의식을 갖고 있다"라고.

내 몸에 부풀어 흐르는
내 피 속에 이리도 면면히
잠자듯
타오르는

너의 뿌리,
내가 찾아 헤맨
그것일까 그것일까
- 〈귀향. 2〉 중에서

바위 같이 둔중한
나의 인생

하늘 허리 안으면
풀꽃이 될까

이슬 젖은 풀꽃이 될까
흔들어서 더욱 단단한

풀씨앗 될까
- 〈나는 풀꽃이 되어〉 중에서

제4 시집 《그리고 길은 변함없이 우리를 기다리고 있었다》(1993)
나는 책머리에서 말했다.

"… 무수히 발걸음 부딪치는 만하탄 부로드웨이 사거리, … 부산한 발걸음
사이 나의 귀 때리는 삼천리강산 그 어디서 불어오는 바람 한 솔기, 그 소리
한사코 귀 기울이며 나의 언어 쫓아간다. 광활한 바닷가 모래 벌 파묻힌 진
주 하나 찾아내듯, 그것은 잃어버린 나를 찾는 일, 원초적인 그리움의 행위
에 나의 시는 뿌리내리고 꽃피우려 한다. …"

나는 부서진 자갈돌로
슬프게 너를 생각하지만

너는 언제나 허물없는 바위로
나를 찾아오고, 그러면 나는 한 잎 들풀 되어

그대 이슬에 젖으리
- 〈나는 부서진 자갈돌로. 1〉

미국에 온 지 30년이 지난 1993년, 더욱 밀집하는 '저희들끼리' 이민의 군중 속
에서 나의 마음은 쓸쓸했다.

이 황량한 도시
돌멩이는 돌멩이 끼리 모이고 흩어져
꽃잎은 꽃잎 끼리
서로 손 닿지 않을 만큼 손짓을 하고

어느새
너무 속을 내보인
단풍잎

그의 짙은 말로 나를 밀어 낸다.
- 〈만하탄 단조. 5〉

나는 그 시절 아직도 그린카드를 찾아 헤매고, 언어의 발길질에 아파하는 한국 동포들과 함께 괴로워했다. 시인은 그 시대의 전사이며 동류이므로….

너를 떠난 먼 나라에서
책갈피를 접었다 다시 편다

책갈피 속에 묻힌
수많은 별들의 눈물
- 〈아직도 사라진 별들은〉 중에서

그러나 결코 동류에서 머물러 눈물만 짜지 않는다.

빛방울 하나
그대 깊은 밤 한가운데로
던지려네

그대 걸어온 언덕과 골자구니
발자국 흔적 위에 핀
한 송이 두 송이 꽃/오늘 별빛으로 남아…

풀이슬 방울의 하늘 우러르며
- 〈그대 하늘 아래〉 중에서

〈아메리카여, 사죄하라〉에서 나는 좀 더 현실적이고 강한 목소리를 돋운다.

"만하탄을 가는 전차를 탔다. 러시아 망명시인 빅터의 초청을 받고 가는 길
은 물속을 걸어가듯 비현실적, 오늘도 신문 사회면에 난 한국인 ×××강
도에 피살, 병원 도중 절명, 검은 연기에 실려 한강물은 브로드웨이 한곳으
로 쏟아진다. …

콜럼비아대 러시아 시인들의 모임은 바람속에 핀 화단이었다. 찢기고 짓밟
혀 잎 틔우고 열매 맺는 이삭들, 그리하여 시인이라 이름 짓고 고통의 물에
씻은 그들 언어들, 아메리카에서 빛나고 있었다. 그러나 코리아, 브로드웨이
사우츠 센트럴파크의 코리아… 말하여라, 피로 외치는 우리의 함성…"

바다의 언어로 피어나고, 물의 언어로 일어나고, 통 큰 나무로 일어서라고, 나
는 애소적 열기로 꿈꾸고 소망하고 있었다. 이 땅에서 아직 튼튼히 뿌리내리지 못
한 소수민족이기에 봉착해야 했던 사회적 부대낌 그리고 멸시. 그러나 나는 믿고
있었다. 언젠가는 우리도 일어서리라. 튼튼히 뿌리 내려 일어서리라고.

다음은 나의 신앙시집《오직, 사랑함으로》를 보겠다. 그때 마침 한국 정부 초청
으로 다른 몇 문인과 귀국한 차, 한국문단협회에서 출판기념회를 성대히 해준 이
시집은 내게 각별한 의미를 준 책이다. 당시 한국 문단의 원로들과 저명한 문인들
의 시평들을 들은 후 그들에게 한 나의 답시는 미국에서 한국문학을 하는 고충과
함께 세계 속에 몸담고 있는 교포 문학인들이 해야 할 조국 문단에 보탬이 되는 책
임과 의무였다.

80여 편이 수록된 이 시집에서도 교포의 발전과 연관된 내용의 시들만을 무작
위로 골라보겠다.

내일이면/여행을 떠나려
짐 싸는 마음으로,

늦여름 해변 가
갈매기의 푸른
눈빛으로,
인생을 살아

낯설고 사랑스런
나의 아메리카,

나는
너의 신장에
삼십 수년
대한민국 하나 세우고 있다.

이 시에서 나는 이민의 삶의 양면성을, "…/희망은/또 쓰러졌던 자리를 털고/
턱걸이와 팔걸이를 한다"〈쓸쓸한 거리에〉 마지막 연에서는 더욱 적극성을, 〈우리
사랑 대한민국〉에서는 미국에서 더 깊게 나라를 사랑하고 다시 만나는 조국에 대
한 긍지를 노래하고 있다. 그런가 하면 〈도시의 낭만〉에서 시인은 비로소 이방 도
시에서 안착한 듯한 여유를 보여준다.

… 하늘을 등에 업고
솟아오른 고층건물들도
마음 포근하여
이방의 거리 가슴 풀어놓고
깨어진 시멘트 한 개
베개 삼아 휴식에 젖는다

… 푸르른 수풀로 서 있는

나의 도시, 나의 사랑, 우리의 삶이여

그리고 이제 조국을 이 뉴욕에 옮겨오는 시도를 한다. 〈만하탄-쑥나물〉이 그것이다.

발걸음 거덜난 쑥나물 향
가슴 언저리 바르고
타임스퀘어를 걷는다

150얼굴
150집을 짓는
이 기차게 멋진 거리를,

여기 말은 필요 없다
너와 나 고개 갸우뚱거리는 말,

미소면 된다
병아리 같은 웃음으로
서로의 가슴 쓸어주고,

이슬 젖은 손목 마주 잡고
목화꽃 눈속
들여다 볼 수만 있다면.

이 시를 쓸 때 나는 내 시의 창문을 윤동주에 두었다. 일제 강점기 조국을 떠나 조국을 그리워한 그의 충심에서 나의 무의식에 파묻힌 그리움이라는 실체를 추구했달까. 이 시집에 실린 그와 뉴욕의 나를 유추한 시 두 편 중 하나 〈허드슨 강가에서〉를 들겠다.

그 시인,
그는 별을 노래했지만

나는 이세기 한가운데
허드슨 강가에서

바람에 씻기지 않는
풀포기 한 잎 펴
우리의 자랑을 적는다

우리의 서러움
우리의 꿈
우리의 오늘과 내일의 희망을

흘러가는 허드슨 강물에
나 진정 사랑하노라고
풀포기 하나 뽑아 띄워 보낸다

그대 가슴 멀리 떠나온 이 곳,
그 풀잎 하나
큰 나무되기까지.

나는 이 글에서 시와 이민 역사 흐름의 관계만을 다루기로 약속한 바 있다. 그 이유로 시에만 집중하는 의도에서 이탈하지 않으려 한다. 그러나 2011년 출판한 《고통이여 너를 안는다》와 거의 1년을 고생하며 출판한 종합지 《삶과 문학》을 거론하지 않을 수 없다. 책 첫 페이지에 기록된 '삶과 문학의 목표' 난을 읽어보자.

문학은 역사의 마음, 문학으로 하여 사회가 변화되고 역사를 바꾸는 영혼의 숨결이며 소리이며 힘이다.

1. 문학의 양심과 사랑을 지키기 위해

2. 이민사회에 문학을 생활화하는 데 이바지하기 위해

3. 이민사회의 메마른 정서와 정신을 가꾸고 풍요롭게 하기 위해

4. 우리 문화의 뿌리를 캐어내고 이민정신문화를 튼튼히 그리고 바로 세우기 위해

5. 후세에게 조국애와 전인적 인성의 성장을 위해

　시와 평론, 수필, 회고록, 이민 역사의 산책 등을 총망라한《삶과 문학》(234쪽)은 물론 여러 동지와 후배들의 도움 없이는 이룰 수 없는 일이었다. 그러나 우리 이민 생활과 문화의 정립, 과거를 더듬고 현실을 파헤쳐 '내일의 정신문화'의 '다리' 역할을 하려고 피땀 흘리며 시작한 잡지는 한 번으로 끝났다. 지금 생각하면 그것은 아직도 꿈에 찬 나의 오기였고, 나를 신임하고 성심껏 글을 보내주고 물질로 도와준 사랑하는 후배들에 대한 마음 깊은 고마움은 지금도 가슴 깊이 각인되어 있다.

　다음은 영문소설(Two Faces,《뉴욕갈매기》를 각색)과 수필집을 지나 출판된《고통이여 너를 안는다》(2012)를 더듬어보겠다.

> "비밀하나 캐려고 텃밭으로 갔다. 그러나 그것이 사막이 되고 바다가 될 줄을 몰랐다. 닫힌 문이 될 줄을 몰랐다. 문 밖에서 말을 캐는 일을 익혔다. 그렇게 사랑이 오고 말이 왔다. 바람이 익은 물빛 안에서."

　'시인의 말'은 이렇게 말하고 있다. 시의 길은 끝이 없다. 더구나 모국어의 울 밖에서 모국어로 시를 하는 일은(특히 내 경우). 20년 전인가 나는 LA에서 '낯섦의 문학'이라는 주제를 가지고 강연을 했다. 거기서 나는 그 '낯섦'을 외적에서 내적으로 다루었다. 이민 문학의 변증법을, 나의 경험을 토대로 한 이민 문학의 새로움을, 이민의 역사 속에서 몸부림치고 전진하는 이민자의 고통과 희망을 새로운 언어망으로 추구해야 함을 강조했다. 그러나 그것은 얼마나 큰 난제인가.

제7 시집 《고통이여 너를 안는다》에서 미국 생활을 50년 한 시인은 그가 존재하는 곳을 "지구의 한쪽 귀퉁이/점보다 작은 의자"로 묘사한다. 그가 보는 세계는 광대하고 반비례로 시끄럽게 하늘을 나는 기러기들의 슬픈 울음소리를 들어 이 시는 새로운 이민자와 세계의 난민을 유추하고 있다.

〈찻잔 한 잔〉에서는 "마지막 나뭇잎 하나…"를 "지구의 무게 견디려 너 홀로/버틴다"로 끌어내어 시인이 시도하는 문학과 그의 기독교 신앙이 근저에 깔린 휴머니즘이 세계정신의 의식화를 이루고, 〈뼈 안의 그리움〉에서는 "당신은 바다 건너/…/나는 신발 벗은 채 서 있네/…//가득한 당신의 품에서/차오르는 시냇가/어제의 이끼 낀 자물쇠가 웃으며//손을 내미네"로 조국애가 육화된 그리움으로 짙게 묘사되어 있다.

"시인은 모국어의 연단사"임을 신봉하는 나는 나의 시 〈우주 횡단〉에서 "하얀 백지를 앞에 두고/권총처럼 편하게 펜을 잡고/우주횡단을 시작한다…"로 다분히 해학적인 의미가 형상화를 이루고 있다. 그러나 〈푸른 파 여자. 2〉에서 나는 차이니즈에 밀려나가는 코리아 영토에 대해 개탄한다. 그 시기 한 외로운 교포 학생에 의해 버지니아공대 33명 젊은이들의 목숨을 앗아간 충격적인 사건이 일어난다. 교포사회의 아쉬움과 놀라움을 한 몸에 입은, 부모의 돈벌이에 희생된 어린 시절의 고독과 분노가 폭발한 사고. 그러나 그 일로 인해 시에서 은유하듯이 그 뒤 교포사회는 후세들의 교육과 청소년에 대한 관심이 마른 풀에 불길같이 일어났다. 시인은 〈4월, 그 슬픔의 자화상, VT〉에서 "…초록빛 짓밟힌 나비벌레 한 마리/몸 틀고 일어나 땅 밑에서//4월의 푸른 초근이 되는지"로 끝맺고 있다.

베트남이 이 지구상에서 물거품처럼 사라지던 당시 보트피플(boat people)이 망망대양을 헤매던 그때, 마지막 애국시를 안고 바닷속으로 사라진 한 젊은 지성의 사건. 나는 그때 얼마나 통곡했던가. 지금도 그 일은 내 가슴에 눈물의 샘으로 남아있다. 나는 오랜 이국의 삶을 통해 "자기가 태어난 나라 사랑함에서 예술도, 삶도, 개인의 사랑도 파생된다"라는 신앙과도 같은 지론을 갖고 있다. 먼 바다 건너

일어나는 일들, 때로는 불이 타는 부뚜막에 아이가 서있는 것 같은 위태로움을 느끼는 염려도 그 사랑이다.

4년 전부터 쓰고 있는 〈곽상희 서신〉에서 나는 다음과 같이 언어를 곱씹었다. "시인이여, 침묵하라"고. 그러나 침묵할 수 없었다. 12월 시 〈그때와 이때〉의 결과물로 다음의 시를 나누고자 한다.

가장 낮은 시간에
잠이 꼬리를 감추어버린 밤

나는 나의 동굴을 찾아 눕는다

언젠가 내 존재가 살아왔던
메밀 꽃 같은 계절을 더듬으며
별들도 무심치가 않아
빛이 형형 돋아나는
푸른 계절이
지금도 겨울 긴 들판을 걸으며

내게 손짓해 온다

별이 무심코 흘린 지혜 하나가
추억이 순한 비밀의 도성을 찾아가는
어진 땅의 발자취들,

아름다움은 여기서 끝나지 않는다

새소리의 비밀스런 이야기의
성숙한 예법의 가을,
역사는 아직 끝나지 않았다

잎이 없는 나뭇가지에도
성숙한 열매는 아직도 익고 있다

노란 빛이 황금으로 익어가는
간절한 기도
햇무리 지는 바로 곁에서
하롱하롱 물방울이 튄다

바람이 분다
대리석잔 물방울들이 가볍게 춤을 춘다.
- 〈가장 낮은 시간에〉

나의 영한 공동시집 등과 국내외 잡지 등에 발표한 시들, 특별히 2015년 출판한 장편 《바람의 얼굴》은 한국 근대역사와 미국 생활, 그리고 '조국의 분단으로 인한 민족의 비극과 꿈의 서사시'라는 부제를 달고 국내외 많은 독자의 눈물겨운 관심과 사랑을 받아오고 있다. '작가의 닫는 말'에서는 "굴곡진 빛, 어둠에 머무는 빛과 어둠의 쌍연출에서 마무리된 역사가 힘차게 아름답게 탄생하리라 기대를 안고, 어떻게 내일을 바라보느냐가 중요하다"라고 주인공의 말을 대신한다. 어쩌면 이 것은 하나의 소설이지만, 내가 어딘가에서 말한 "시인은 시대의 선각자이며 예언자"라는 말과 얼마나 부합되는가. 차라리 나는 슬픔을 느낀다.

끝맺는 말

청탁받은 '이민과 문학과의 관계'에서 내가 살아온 발자취를 더듬어볼 수 있는 생각지 못한 기회가 되었음에 어떤 해방감과 고마움을 느낀다. 문학의 태동기에서 문학을 하지 않을 수 없었던 필연성을 나의 어린 시절의 지병과 그로 인한 신앙의 관계망을 통해 살폈다. 이 글을 쓰면서 내게 떠오른 어린 시절은 마치 프루스트의 마들렌의 향기 같은 몫을 했다 할까. 어린 시절 오래 앓으면서 그로 하여 고독을 사랑했고, 예민한 나의 내면은 현실을 떠나 고집스럽게 외로움을 탔으며, 나는 그것을 즐겼다. 자연스럽게 바깥세상과의 괴리감을 느끼며 나의 내면세계를 추구하는 언제나 꿈을 꾸는 아이. 그러나 명랑한 성격의 아이로 성장했다. 필연적으로 나는 신앙에 몰두하게 되었고, 신앙이 비춰주는 세계를 살며, 오랜 미국 생활에서 '전인적 신앙인'으로 거듭나 내적 자유와 평안을 누리고 있는 나는 지금 행복하다.

문학이란 스스로를 자유케, 타인을 자유함으로 이끄는 청량제이며, 감동의 불쏘시개임을 믿고 싶다. 나도 그것을 위해 꾸준히 그 길을 기쁨으로 가고 있다. 나의 문학과 인생, 그리고 신앙, 이 삼중주가 화합하는 선율을 타고 내 안에서 생명을 이루고 나의 삶은 그것들과 함께 약동한다. 미국에서 하는 한국문학, 나는 이것을 하늘이 내린 선물로 받아들인다.

이런 나의 신앙 같은 문학의 세계가 아니었던들 나는 지금 펜을 놓아버린 지 오래일 것이다. 미국 생활 55년, 고독한 한 여인의 삶은 내가 사랑하고 또 나를 지극히 사랑하고 함께하는 후배들과 제자들로 우렁차고 고요한 합창과 아리아를 함께 연주하고 있다. 창조자의 뉴턴과 원자가 사랑으로 움직이는 나의 인생, 여기 나는 없고 그만이 사는 아름답고 행복한 자유의 아로라, 그것이 나의 현존이고 실존이며 현실이다.

'참문학'이란 이기심에서는 배태될 수 없고, 또 거둘 수도 없다는 것이 나의 소신이다. 이 관망대에서 나는 약동하는 우리 이민 역사의 팔뚝을 뉴욕 곳곳에서 본다. 아직도 나는 가고 있다, 우리가 되어. 얼마 전 나는 말했다. 우리의 문학은 달라져야 한다고. 이제 우리의 문학은 더욱 넓고 깊게 눈을 떠 내일의 '희망의 문학'이 탄생하리라 믿고 싶다. 마지막으로 우리 이민사회 각 분야에서 두드러지게 최선을 다하며 튼튼하고 아름다운 이민 역사를 가슴과 몸으로 써가는 나의 사랑하는 미국 동포들에게 너무나 뿌듯한 가슴으로 두 손을 내민다. 뉴욕에서 우리의 심장이 뛰는 박동 소리가 세계를 움직이고, 그 약동 소리를 바다 건너 조국의 가슴도 듣고 기뻐하리라고. 나의 문학, 아니 우리의 문학은 더욱더 넓게, 더 깊고 높게 비상해야 하리라.

곽상희

글쓴이 곽상희는 1963년 도미하여 《현대문학》으로 등단했다. 서울대 문리대 불문과를 졸업했으며, 계관시인(UPLI), Olympoetry로 선정(Spain)되기도 했다. 《고통이여, 너를 안는다》 등 7권의 시집과 수필집 3권을 출간했으며, 장편소설로는 영·한 《뉴욕갈매기》, 《바람의 얼굴》 등이 있다. 그동안 시와 소설 부문에서 다수의 상을 수상했고, 종합지 《삶과 문학》, 곽상희 Internet letters, 창작클리닉을 운영했으며, 뉴욕시문학회의 모태가 되었다.

kwaksanghee9@gmail.com

2 마음속 추억의 사진

김송희
시인

1959년 대학에 입학하던 봄날, 미당 서정주 선생님을 처음 만나 뵈었다. 공덕동 선생님 댁 온돌방으로 찾아뵈었던 그날, 하얀 한복을 차려입으신 선생님은 엄격하고 단정한 모습이셨다. 함께한 시인 박성룡 선생님이 먼저 큰절을 올리시는 것을 따라서 나도 무릎을 꿇고 어설프게 큰절을 올렸던 기억이 바로 엊그제 일처럼 선명하다.

목포여자중·고등학교 시절, 때론 가명으로《학원》등 문예잡지에 시나 산문을 써서 투고하고 응모도 하면서 당선 또는 입상했다. 미당 선생님과의 인연은 그렇게 시작됐다. 심사위원이신 미당 선생님이 늘 그곳에 계셨다.

그래서 선생님은 누구에게나 늘 "송희는 열여섯 살 때부터 내 제자였지" 하시며 기뻐하셨다.

한두 주일이면 열 편쯤 되는 작품이 선생님의 책상에 쌓였다.

"두고 가."

선생님은 늘 그 말씀뿐이었다.

그러곤 공자, 맹자 그리고 고전 등 어려운 강의를 하셨는데, 제자가 나 혼자일 때도 있고 때론 문학 제자들이 우연히 함께할 때도 있었다.

나는 공덕동 선생님의 온돌방에서 선배 시인들을 많이 만났다.

승복을 펄럭이며 다니시던 신기한 고은 선생님도 만났고, 박재삼 선생님도 그때 만났다. 그 뒤에도 선생님은 언제나 "두고 가" 한 말씀으로 무관심하셨는데, 시와 인연이 없으니 그만 포기해야 할 것인지 절망하곤 했다. 그때마다 공덕동 언덕길을 내려와 마포 둑 위에서 멍하니 시간을 보내면서 먼 하늘을 바라보곤 했다. 그러나 나는 또 시작했다. "두고 가" 한 말씀 듣고 물러 나오고…. 이러기를 되풀이하면서도 공덕동 나들이와는 이별할 수 없었다.

그때 선생님 댁을 방문한 제자들이 많았으니 '내 작품은 읽을 시간이 없으신 것은 아닌가' 하는 생각도 하게 되었다. 그러나 "선생님, 제 시 읽어보셨어요?" 하고 한 번도 여쭤보질 못했다.

절망과 체념, 오기, 나의 습작 시절은 오뚜기 생활이었다.

3년의 세월이 지난 1962년 9월이라 생각된다. 그날도 숙명여대 문학의 밤 시낭송을 위해 준비한 시를 가지고 "두고 가" 하실 선생님을 또 찾아뵈었다.

"어디 한번 읽어봐요."

가슴 설레게 하던 선생님의 독특한 목소리가 지금도 생생하다.

이 시가 1962년 《현대문학》 10월호에 첫 추천으로 실렸다. 이어서 1963년 1월호로 3회 추천이 완료되어 꿈꾸던 시인으로 등단하게 되었다. 놀라운 것은 3년 동안 선생님께 드린 그 많은 시를 다 읽으셨다는 것이다.

열아홉 살에 처음 공덕동의 선생님을 찾아갔던 그 시절부터 사모님께서 정성껏 차려주신 점심, 때론 저녁까지 얻어먹곤 했다.

공덕동 장독에는 맛있는 된장, 고추장이 있었고 김장철엔 김치가 별미였다. "맛있어요" 하면 잠시 자취생활하던 나에게 언제나 김치, 된장, 고추장을 챙겨주신 사모님. 이때 이미 나는 선생님과 사모님의 딸이었다. 언제부터인가 선생님과 사모님은 누구에게나 '딸 같은 제자'라고 인사시켜주셨다. 마음 훈훈한 추억이 눈물겹다.

그리고 50년의 뉴욕 생활, 외로운 해외 시인의 삶 속에서 본국 문단에서 소외당하면서도 시를 포기하지 못하고 가슴앓이할 때마다 힘이 되었던 스승의 말씀은

"생명이 긴 시인이 되라"였다.

용돈 줄까

선생님의 눈빛은 신비로우셨다.

때론 따뜻한 빛으로 마음을 젖게 하고, 때론 날카로운 빛으로 마음속 깊은 비밀을 들추어내듯, 그래서 두렵기도 했다.

1996년 가족들에게 허락된 가출을 감행하고 무작정 서울로 왔다.

그때 사당동 선생님을 찾아뵙고 "서울에서 살고 싶어요" 이 한마디에 "오래 참고 살았다" 하실 때, 선생님에게서 나는 돌아가신 친정아버지의 안쓰러워하시는 눈빛을 느꼈다. 구구한 설명을 할 필요도 없이 선생님은 문학에 갈증이 난 내 깊은 바닷속 출렁이는 외로움을 아셨을 것이다.

얼마 동안 서울에서 사용할 책상과 컴퓨터(그땐 노트북이 없었던 것 같다) 그리고 약간의 용돈이 필요하다고 솔직하게 말씀드렸다.

그 며칠 뒤에 연락을 받고 선생님 댁에 방문했을 때 한국일보의 김성우 고문과 소년 한국일보의 고 김수남 사장님이 와 계셨다.

이미 술상이 앞에 놓여 있었고, 선생님은 기분이 참 좋으신지 계속 그 독특한 웃음을 보여주셨다.

"딸 같은 시인 내 제자인데, 한국이 그리워서 살고 싶다는데 좋은 직장 하나 찾아주시오. 뉴욕 한국일보 편집위원도 하고…."

과분한 칭찬을 받으면서 인사를 드렸다. 더더구나 김 고문에겐 한국일보 편집위원 자리 하나 만들어주라는 말씀도 하신 것이다.

놀라운 것은 나뿐만이 아니라 두 선생님 다 난처하신 것 같았다. 세 사람은 나와서 사당동 찻집으로 들어갔다.

"김 여사, 그냥 문화부 기자라면 몰라도 편집위원은 어렵습니다."

너무 무리한 부탁인 줄 알기에 신문일은 20년 했으니 다른 일거리였으면 좋겠다고 했다. 하늘이 보이는 곳에 책상과 컴퓨터만 있으면 좋겠다고 말씀드렸다. 그리고 일주일 지나서 고 김수남 사장님에게서 전화가 왔다. 소년 한국일보에 들렀던 나에게 두 가지 직장 중 선택하라 했다.

하나는 마포에 있는 색동회(새싹회?), 그리고 서초동 국립중앙도서관에 사무실이 있는 (사)국민독서문화진흥회였다.

도서관의 등꽃에 반해 나는 국민독서문화진흥회의 사무총장, 이사라는 명칭으로 하늘이 보이는 창가에 앉아 8년간 그리운 모국에서의 직장생활을 했다. 그 시절 김수남 사장님의 배려로 재능 시 낭송회의 초대 회장도 하고, 지방을 돌아다니며 전국 시 낭송 심사도 하면서 꿈같은 시간으로 행복했다. 시집, 수필집, 자녀교육 저서, 《걸스카우트 50년사》 집필 등 뉴욕에서 하지 못했던 일들을 내 나라에서 하게 됐다. 이 모든 것은 미당 서정주 선생님에게서 받은 큰 선물이었다. 감사의 마음은 저세상까지 가지고 가서 선생님께 전하리라.

이렇게 8년여 서울에 머물러 있는 동안 지방 행사 외엔 일주일에 한 번 사당동에서 선생님, 사모님과 점심 저녁을 하는 것으로 정했다. 점심은 주로 맥주와 짜장면, 탕수육이었지만 저녁은 사모님과 된장찌개, 생선구이, 때로는 누룽지를 끓여 냉장고의 밑반찬으로 식사를 했다.

지금 생각해보면 술안주만 생각했지 참으로 가난한 밥상이었다. 그때 선생님의 밥상에 정성을 들이지 못한 것이 내내 죄송스럽다.

가끔 선생님은 친정아버지처럼 용돈을 주시겠다고 했다. 출판사에서 인세가 들어오면 현금을 자랑하시고, 잡지사의 기념 축시로 큰 원고료를 받았으니 용돈을 주시겠다고 해서 당황하기도 했다.

미지근한 맥주와 함께

세월이 흘러 공덕동에서 사당동으로 선생님을 찾아뵐 때마다 사모님께서 손수 밥상을 차려주셨다. 술상은 여전히 소주에 생마늘쫑과 마른 멸치, 고추장 안주였고, 이따금 젓갈이 올라오곤 했다. 선생님 댁에서 처음 맛본 생마늘쫑은 혀를 톡 쏘는 매운맛이어서 고추장을 묻혀 겉만 빨아먹곤 했다. 그러다 한 조각 두 조각 맛들인 마늘쫑이 입에 길들여져 뉴욕의 한국 슈퍼에 들르면 추억 한 다발과 함께 으레 장바구니에 마늘쫑을 챙기게 되었다.

선생님의 술과 안주는 장소에 따라 달랐다. 댁에서는 소주에 마늘쫑과 멸치였고, 중국집에서는 빼갈에 짜장면과 군만두였다. 그리고 원고료가 들어온 날에는 별식으로 탕수육을 더 주문하셨다.

세월이 흘러 1996년 선생님을 뵈었을 때는 소주가 미지근한 맥주로 변해 있었는데, 댁에서 즐기시던 안주는 예전 그대로 변함이 없었다. 백두산의 곰이 마늘쫑을 먹어 건강하고 힘이 세다고 하시면서, 당신께서도 그래서 매콤한 맛을 즐기신다는 말씀을 하셨다.

그런데 맥주는 왜 시원하게 드시지 않는지 여쭙자, 선생님은 이렇게 말씀하셨다. "찬 음료가 위에는 좋지 않은 거 같아."

건강을 챙기시느라 미지근한 맥주 애호가가 되신 선생님을 따라서 제자들 또한 미지근한 맥주 맛을 즐겨야 했으니, 입 안을 짜르르 쏘아야 제맛인 맥주 맛을 제대로 느낄 수 있었겠는가.

어느 무더운 여름날, 전 한국일보 김성우 고문님과 소년 한국일보의 고 김수남 사장님과 함께 미당 선생님 댁을 방문하게 되었다. 두 분이 무엇을 들고 갈 것인가 물으셔서 미지근한 맥주로 들고 가면 좋겠다고 말씀드렸다. 두 분은 이미 미지근한 맥주 맛을 아시는지 미지근한 맥주 두 박스에 시원한 맥주 한 박스를 집 앞 가게에서 주문하고 선생님 댁으로 갔다.

잠시 후 맥주판을 벌인 세 분 앞에 나는 미지근한 맥주와 시원한 맥주를 쉬지

필자의 시집 출판기념회에서 활짝 웃고 계신 미당 선생님과
함께

않고 갖다놓았다. 빈 맥주병이 쌓이기 시작했다. 술자리가 쉽게 끝나지 않을 것 같
아 걱정되었다. 그때 어디선가 "취하면 술맛도 모른다"라고 들은 말이 생각났다.
부엌으로 가서 식혀놓은 보리차를 빈 병에 채워서 드렸더니, 선생님은 보리차인
줄도 모르고 드시는 것이었다.

　나는 끝내 이날의 일을 고백하지 못한 채 한동안 선생님을 뵙지 못했는데, 잠시
동안의 헤어짐이 영원한 이별이 되고 말았다. 만약 선생님이 이날의 고백을 들으
셨다면 밝게 웃으시면서 한말씀하셨을 것이다.

　"물맛도 술맛이었구나."

한 송이 국화꽃 지던 날

　깨어 있는 시간은 언제나 미지근한 맥주가 가장 친한 친구였고, 그 곁에는 늘
사모님이 함께 술친구셨다.

46

사모님이 편찮으신 것을 알게 된 것은 어느 날 전화를 안 받으셔서 무작정 집으로 찾아가 대문을 두드리면서 송희가 왔다고 소리소리 지르니 사모님께서 용케 내 목소리를 알아듣고 문을 열어주셔서 안으로 들어갔다. 여전히 선생님은 맥주와 함께 졸고 계셨는데, 사모님이 대뜸 "송희 너 언제 왔니?" 그러셔서 "저 지난 주일에 다녀갔잖아요." 같은 질문과 답을 서너 번 되풀이하다가 그다음부터 언제나 내 대답은 "어제"였다.

사당동 집은 언제나 내게 문이 열려 있었고, 세 사람이 만나면 늘 미지근한 맥주를 앞에 놓고 내가 시 낭송을 했다. 선생님의 시와 선생님이 가장 존경하고 좋아한다는 한용운 선생님의 시를 낭송했다. 기뻐하시는 사모님의 소녀 같은 표정을 보시면서 "나보다 더 시인이네" 하시면서 칭찬도 하셨다.

신문은 물론 그 흔한 텔레비전, 전기밥솥 등 전자제품을 다 싫어하셨다. 제자들이 하도 연락이 안 돼 사정사정해서 전화기 하나가 있을 뿐이다. 그것도 부엌 귀퉁이에 놓여 있어서 전화벨이 한참 울려야 사모님이 받으시고, 기분 따라 받자마자 끊어버리셔서 선생님과 통화하기가 힘들어졌다. 가끔 찾아오는 제자나 지인들이 있었으나 언제부터인가 찾아오는 이도 줄었다. 어느 날부터 선생님은 찾아오는 이를 거부했다. 전숙희, 조경희 선생님께서 사당동을 방문하시겠다고 해서 여쭤봤더니 처음엔 싫다고 거절하셨다.

그래도 선생님하고 오랜 친구분이셔서 만나시면 좋겠다고 사정하여 겨우 허락을 받긴 했지만 일간지, 잡지, 텔레비전 등 인터뷰 신청도 거절했다. 때론 집 앞에 카메라 기자 등이 어슬렁거리고 있었다.

"선생님 좋아하는 분들인데 왜 거절하세요?"

"사실은 말이다, 손님이 오면 수염도 깎아야 하고 옷도 바꿔 입어야 하는데 그게 귀찮다. 너는 내 딸 같으니까 괜찮다."

부숭부숭 나 있는 수염 턱을 한 번 쓰다듬으시며 소년처럼 씩 웃으시는 것이었다. 이해할 수 있을 것 같아 그다음부터는 권하지 않았다.

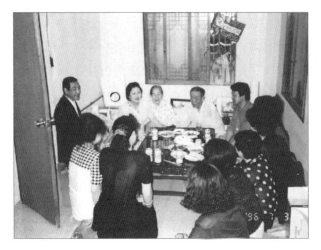

1996년 7월 3일 서정주 선생님 댁에서 제자들과 함께

그 와중에도 대구의 서지월 시인이 제자들과 함께 방문하겠다는 소식을 드렸더니 기뻐하시며 반겨 맞으셨다. 그날도 어김없이 맥주 파티부터 시작했다.

선생님은 알고 계셨다. 진실함과 정직함, 그리고 순수한 사랑을….

사모님이 돌아가시고 "이제 내 책임 다했으니 나도 할망구(선생님은 늘 사모님을 그리 불렀다) 따라갈란다" 하시곤 눈을 적셨다. 선생님의 눈물을 서너 번 보았다. 군정부를 지지했다고, 친일파라고 세상 사람들에게 내내 비난을 받았을 때, 그 괴로움에 홀로 울고 계신 선생님을 알고 있다.

그리고 성모병원에서 삼성병원으로 옮기실 때, 이미 선생님은 사모님 곁으로 가고 계셨다. 식사를 거부하고, 주삿바늘을 거부하고, 의학적인 모든 것을 거부하셨다. 제자가 시골에서 정성껏 준비해온 미음인지 죽인지를 한 모금 드시게 하는 것도 큰며느리 은자 씨와 함께 어린아이 달래듯 힘든 시간을 보내야 겨우 가능했다.

어찌 잊을 수 있을까!

그해 겨울 12월 23일, 2주 휴가를 받은 나는 가족을 만나러 뉴욕행 비행기를 탔다. 의사가 선생님이 석 달은 틀림없이 계실 터이니 안심하고 다녀오라고 했다.

선생님 귀에 속삭이듯 "선생님 뉴욕 갔다가 2주 후에 돌아올게요. 꽃 피는 봄에는 선생님하고 꽃향기 맡으며 산책할 수 있게 어서 건강 찾으세요."

선생님은 고개를 까닥하시며 눈을 마주쳤다. 뉴욕에 도착한 날 새벽 4시경, 서울에서 걸려 온 조경희 선생님 전화를 받았다.

"서정주 선생님께서 돌아가셨다는 뉴스가 나왔다. 송희 씨 생각이 제일 먼저 나더군."

개나리, 진달래 대신 내 마음속 한 송이 국화꽃이 지고 있었다.

> P.S. 선생님께서 돌아가시고 몇몇 잡지에서 인터뷰, 글을 청탁받은 적이 있다. 조심스러워서 쓸 수 없었다. 나는 선생님의 제자 중에서 가장 꼴찌로 겨우 시 생명만 이어가는 부끄러운 시인이기 때문이다.
> 뉴욕 방문기 등 많은 추억이 내 가슴에 그려져 있다.
> 이젠 나에게도 이런 기회가 더 이상 없을 것 같아 이 글을 남긴다.
> 〈미지근한 맥주〉는 현대문학관에서 발행한 《문학관》 잡지에 실린 글 중에서 참고했다.

김송희

글쓴이 김송희는 1963년 《현대문학》으로 등단했으며, 미동부한인문인협회 11대 회장을 역임했고 현재 동 협회와 국제 펜 자문위원을 맡고 있다. 재미 펜 문학상, 숙명여대 문학상, 미당 서정주 시맥상을 수상했으며, 문교부 장관상과 2세 교육으로 대한민국 대통령상을 받았다. 시집으로 《이별은 고요할수록 좋다》 외 7권이 있으며, 수필집으로는 《시도 때도 없이 외로울 땐 배가 고프다》 외 다수가 있다.

kimsonghi311@hanmail.net

3　문학이 나에게 주는 선물

김정기
시인

시의 길로 들어선 경로

"나는 왜 문학을 하는가"라는 제목의 수많은 문인 선후배의 글을 읽으며 모두 출발과 색깔이 다름에 감격한 적 있다. 문학이 주는 무엇이 있기에 우리는 그곳을 향해 가는가.

'나는 나를 드러내고 또 나를 감추기 위해 시를 써온 게 아닌가?' 반문해본다. 아니면 진실함을 찾아 나선 길일 수도 있다.

문학으로 인생의 절정을 만드는 꿈을 꾸며 나는 유년을 지났다. 내 자랑 같아 주저했지만, 문학이 주는 선물을 많이 받았기에 그 체험담을 여기서 풀어보려 한다.

공무원 가정인 우리 집은 선비정신을 제일로 하여 좋은 직장에 충실하면서도 오빠들도 소설과 시를 쓰며 젊은 날을 꽃피웠다.

6.25 직후 충북 음성이 고향인 나는 초등학교 5학년 시절 〈들국화〉라는 제목의 시를 써서 교실을 돌며 낭송했고, 청주여중 1학년 때는 '희망원'이라는 학교 정원에 대한 시를 써서 선생님의 큰 칭찬으로 친구들의 부러움을 샀다. 청주여고 시절에는 교내 백일장에서 장원을 했고, 고등학교 국어교사 자격시험 준비를 하면서 문학개론과 문학사조사를 공부하면서 윤동주 시 세계 논문도 썼다.

그 당시 카뮈와 사르트르의 실존주의 문학, 라이너 마리아 릴케의 시에 심취했다.

장미꽃이여, 오오 순수한 모순이여,
수많은 눈시울 아래
누구의 잠(睡眠)도 아닌
이 일락(逸樂)이여.
- 라이너 마리아 릴케, 〈비명(碑銘)〉에서

장미꽃 가시에 찔려 죽었다는 사실에 릴케에게 더 매료되었다. 릴케의 묘비에
는 장미꽃에 관련된 시가 있는데, 자기 죽음을 미리 예견하고 묘비명을 시로 쓸 수
있었던 시인이다. 여기서도 릴케의 삶과 죽음에 대한 사유의 깊음과 그 예견을 발
견할 수 있어서 릴케의 시집은 닳도록 읽었다.

세상을 바꾸는 작은 힘. 보이지만 보이지 않는 것이 가슴속에 있었다.

문학을 사랑하는 사람이면 누구나 문학적인 삶을 원한다. 사람이 죽을 때가 되
면 먹지 못한 밥보다 이루지 못한 꿈을 후회한다는 이야기는 그런 맥락인 것 같아
이렇게 젊은 날을 보냈다.

필자는 1969년 〈풍경(風磬)〉이라는 시로 당시 충청일보 신춘문예에 당선한 바
있었다. 결혼 후 1969년 우연히 200여 명이 모인 전국 주부백일장에 나가 장원을
하면서 문학으로부터 큰 선물을 받았다. 그 당시 한국일보 주필이던 신석초 시인
에게 사사하며 사랑과 격려를 많이 받았다. 다음 해인 1970년부터 1972년까지 추
천 완료되어 《시문학》지를 통해 등단하게 되었다. 문덕수 시인이 운영하는 서대문
쪽에 있는 시문학지 사무실은 그 당시 얼마 되지 않은 시인들의 사랑방으로 언제
나 사람들이 들끓었다. 그중에는 지금까지 활동하고 있는 시우들도 여럿 있다.

자고 나니 유명해져 있었다

1975년 여름 남편이 군인으로 전방에 있을 때, 서울 중앙일보 문화부장이던 손
기상 씨가 남편 용산고등학교 후배인데 그곳을 방문하여 나에게 시 한 편을 청탁

51

했다. 한국일보 1면에 게재되는 시만 가끔 썼던 나는 그때 중앙일보를 위해 시를 써야겠다고 생각했다. 〈당신의 군복(軍服)〉은 그런 과정을 겪고서 태어났다. 그때 햇살은 유난히 눈부셨고, 누가 심었는지 빨간 넝쿨장미 한 송이가 철망에 기대어 햇볕을 쬐고 있었다. 그때 내게는 사단 보안부대장인 남편이 휘하의 부대 장병들과 꽤 잘 지은 'ㄷ'자 막사가 가슴 뛰게 자랑스러웠다. 그 옆 테니스장에 있었던 휘날리는 태극기는 전국 방방곡곡의 어느 태극기보다 황홀하고 눈물겨웠다. 그건 그이와 나의, 우리 아이들의, 그 부대원의, 아니 대한민국 모든 국민의 가슴 벅찬 태극기였다.

> 당신의 군복에서
> 새들이 우짖는다.
> 빨강, 노랑 장미가 피고
> 아늑한 저녁 종소리가 난다.
>
> 산맥(山脈)이 뻗어가고 바다가 넘친다.
> 해가 뜨고 달이 진다.
>
> 당신의 군복에서
> 내가 던져져서
> 바람을 막고 비를 막고 총탄을 막으리라.
>
> 아카시아 그늘에서
> 흙을 털고 아픔을 털어내며
> 나는 구겨진 군복을 다림질한다.
> - 〈당신의 軍服(Ⅰ)〉

> 당신의 군복에 흐르는 한탄강
> 솟아있는 오성산
> 우거진 갈대밭

잠든 10리 비무장 지대

당신의 군복에서 애국가를 듣는다.
영하의 격전지 총성(銃聲)을 듣는다.
단기 4038년의
쓰르라미 울음을 듣는다.

푸울장에서 떠드는
우리 아이들 목소리를 듣는다.
당신의 군복에서
울산공업단지를 본다.
고속도로, 지하철, 빌딩을 본다.
시골집 마당에 핀 사루비아를 본다.
조국(祖國)을 본다.
나를 본다.
- 〈당신의 軍服(Ⅱ)〉

〈당신의 軍服(Ⅰ)〉은 1975년 6월 18일자 중앙일보의 '중앙 시단'에 게재된 것이다. 시작(詩作) 노트에도 "나는 군인의 아내로 주말이면 김치 항아리가 든 가방을 든 채 시외버스 정류장에서 눈비를 맞으며 일선으로 가는 버스를 기다리며 시를 씁니다"라고 썼다.

이 신문이 나간 지 이틀 후 신문사에서 전화가 왔다. 어떤 사람이 나를 찾고 남편의 소속을 물었는데, 그분은 당시 별 셋을 단 3군사령관 김종환 장군이라고 했다. 일선에 있는 남편에게서도 전화가 왔다. 3군사령관이 남편이 근무하는 사단을 방문하여 남편을 극진히 대하고, 사단 장교들에게 〈당신의 軍服〉을 보았느냐고 물으며 그 시를 칭송하셨다고 했다. 갑자기 집안이 환해지는 느낌과 함께 나는 기분이 들뜨기 시작했다. '삶이란 가끔 이런 만남을 통해 달라지기도 하는구나'라는 생각이 들었다.

그 직후 그이의 사단장이던 권익검 장군이 시집을 내도록 도와줘서 첫 시집
《당신의 軍服》이 상재되었다.

> 나는 몇 편의 여사의 시(詩)를 읽고 남편을 사랑하는 아내의 귀중한 감정이
> 무엇인지를 배웠다. 남편을 사랑하는 마음이 직능에까지 미치고 있는 김 여
> 사의 그 일상의 마음가짐에 나는 범상치 않은 감동을 받았다. 이런 아내를
> 가진 남편의 행복이 눈이 부시게 부러웠다. "당신의 군복에서 애국가를 듣
> 고, 울산 공업단지를 보고, 시골집 마당에 핀 사루비아를 보고, 조국을 보고,
> 나를 보는 아내는 결코 흔하지 않다."

위에 적힌 서문은《현대문학》주간이자 문인협회 이사장으로 계시던 조연현
선생님이 써주셨다. 약간 연한 벽돌색 표지에 새겨진 '당신의 軍服'이라는 제자(題
字)는 남편이 써주었다.

이 시집은 출판되자마자 날개 돋친 듯 팔려나갔다. 육군본부는 물론 각 부대에
서 이 시집을 구입했고, 3군단과 그 예하 부대 식당엔 이 시가 액자로 걸렸다고 했
다. 신문사와 잡지사의 인터뷰가 끊이질 않았고 조선일보, 중앙일보, 한국일보에
대문짝만 한 기사가 실렸다. 원주에 있는 군인 부인들은 이 시집을 구하기 위해 서
울까지 왔다는 전화를 하기도 했고, 특별히 육사 11, 12기생 계모임에서는 이순자
씨 등이 나를 만나고 싶어 한다는 소리를 여러 군데서 들었다. 군인 부인들은 이
《당신의 軍服》때문에 들끓고 있었다.

시집은 표지 색깔을 달리하며 2판, 3판 계속 찍혀 나갔다. 그렇게《당신의 軍
服》은 당시 군인 세도의 파도를 탔다. 매일 수십 통의 편지를 받았고 심지어는 일
본, 미국, 프랑스에서도 팬레터가 왔다.《당신의 軍服》으로 인해 세상이 변하고 있
다는 착각에 빠질 정도였다. '그해를 빛낸 여성 10인'에 뽑혀 여성잡지 표지에 정
경화와 나란히 사진이 실렸다. 그러나 서른네 살 젊은 나이에는 모든 것이 벅차고
힘겨울 뿐 그 명예를 누리지는 못했다. 그야말로 자고 나니 유명해져 있었다. 여기

서 내 자랑을 하는 것 같은데, 문학으로 인해 내가 받은 선물을 알리고 싶어서다.

그해 10월 25일 한국일보 13층 송현 클럽에서 출판기념회를 열었다. 월계초등 학교 5학년, 3학년이던 아들 준상과 건상은 단정히 이발하고서 교복을 입었고, 남 편은 곤색 양복을, 그리고 나는 연분홍 바탕에 진분홍 꽃수가 놓인 드레스를 입고 서 손님을 맞이했다. 지금은 이미 고인이 되신 조연현 선생님이 축사를 해주셨고, 오학영 문우가 사회를, 정의홍 시인이 작품평(作品評)을 해주었다. 그리고 김지향, 이향아 시우(詩友)가 낭송을 해주었다. 그 외에도 많은 문단 선배들과 동창들, 3군 사령관 부인, 사단장 부인 및 여러 군인 부인들이 와주었고, 특별히 남편의 동창인 김용호 장군을 비롯한 내 동기 후배들이 구름 떼 같이 들어섰다. 또 진종채 보안사 령관은 축하의 꽃다발을 보내주었다.

지금은 고인이 되신 오빠, 언니, 조카들도 왔고, 또 흰머리를 쪽지시고 양단 두 루마기를 입으신 홀시어머님과 시댁 식구들도 왔다. 시어머님은 쓸데없이 시를 쓰 는 게 아니라 남편을 위해 썼다니 다행이라며 글 쓰는 며느리를 인정해주셨다. 군 인식당마다 내 시가 대통령 사진 옆에 액자로 걸렸다는 소식도 난무했다. 이렇게 당신의 군복 잔치는 끝났다. 그때 계시던 사랑하고 존경하는 어른들과 친구도 많 이 세상을 떠나셨다.

뉴욕에서의 문학과 삶

10여 년 동안 많은 곳에 글을 써서 발표하던 나는 1979년 남편의 임지인 유엔 한국대표부가 있는 뉴욕에 외교관 가족 신분으로 왔다. 그리고 본국의 엄청난 사 정으로 뉴욕에서 표류할 수밖에 없었다. 3년이면 귀국할 것을 약속했지만…. 돌아 가고 싶었지만 돌아갈 수 없었다.

기술이라고는 모국어로 시를 쓰는 것밖에 없는 나에게 타국은 황무지였다.

그 당시 이곳 고원 시인이 주관하던 《한국인》이라는 주간지에 게재되었던 시

한 편을 소개한다.

> 뉴욕에서 보는 추석 달 속에
> 코스모스 무리지어 핀
> 고향 철길 있네.
>
> 장독대 뒤에 꽈리
> 한 타래 가을볕에 익어있네.
>
> 가난이 따뜻하고 아름답던
> 성못길 소슬바람,
> 송편 향기
> 마천루 위 달 속에 물씬거리네.
>
> 함지박에 가득담긴
> 차좁쌀, 들깨, 머루 이시고
> 흰 옥양목 적삼의 어머니 계시네.
>
> 울음 때문에
> 바라볼 수 없는
> 어머니 모습이네.
>
> (1981년 추석에 김정기)
>
> - 〈추석 달〉
>
> * 이 시는 한국 중앙일보와 동아일보의 '시가 있는 아침'에 게재되었다.

낯선 이 땅에서 커피숍, 커스텀 주얼리 가게를 하면서 문학을 붙들고 지냈다. 인생이 무엇인가? 작가에게 문학은 삶이고 꿈이고 황홀이다. 살아가면서 문학처럼 아름답고 매혹적인 것을 못 보았다.

문학은 삶을 윤택하게 한다.

문학은 흘러가는 것을 잡아놓는다.

문학은 속에 있는 덩어리를 치유한다.

나에게 있는 타인을 용감하고 솔직하게 내놓는 이야기가 문학이다.

그러나 숨겨져 있는 할 얘기를 드러내지 않고 감추는 것 또한 있어야

시의 신비함이 있다.

소설에도 수필에도 마찬가지로 설명을 절제해야 탄력이 있다.

그리고 통일성이 없으면 힘이 빠진다.

문학은 완성이 아니고 끝없는 시도이며 탐험이며 도전이다.

왜 사느냐는 질문에 문학 때문이라는 답을 할 수 있는 작가는 행복하다.

나를 위해 아홉을 버릴 수 있어야 참다운 문학의 길을 갈 수 있다.

그럴 때 아름답고 빛나는 감동이 있다고 믿었다.

'문학이 사회현실의 반영이냐, 사회현실을 변화시키는 것이냐'를 두고도 많은 논란이 되어왔다. 그러나 문학이란 결코 어렵기만 한 범주에 드는 것이 아니라 진실 하나로 표현하는 것이 옳다고 생각한다.

인간은 언어로써 존재한다. 정치도 언어이며, 지도력 또한 바로 대화의 기술이다. 말을 잘하는 사람이 글을 잘 못 쓰는 경우가 있고, 글은 잘 쓰나 말을 잘 못하는 경우도 있다. 말과 글 그리고 문학은 엄연히 다르다.

글은 어떤 사실을 쓰는 신문 기사 같은 경우도 있으므로 글을 쓴다고 모두 문학은 아니다. 문학은 언어가 동력이므로 필요 없는 장치가 들어오면 글에 긴장감이 없고 느슨해진다. 퇴치해야 하고 잘 맞아야 팽팽한 글이 된다. 나는 늘 이렇게 생각하며 이 거친 땅에서 한국의 시인임을 잊지 않으려 애썼다.

시에 있어서 언어배치가 딱 맞아야 동력과 힘이 생긴다. 숨겨져 있는 할 얘기가 남겨져 있는 것이 시의 비밀이다. 소설에도 수필에도 마찬가지로 설명을 절제해야 탄력이 있다. 통일성이 없으면 힘이 빠진다. 외롭지 않으면 안 되는 것이 문학이므

로 독서와 상상을 토대로 하되 멋 부리지 말고 꾸미지 말고 발효해야 썩지 않는다.

중앙일보 문학교실 18년 세월

나는 지난 18년간 뉴욕 중앙일보와 손잡고 수많은 글친구를 만나서 문학 이야기를 하고 있다. 이제라도 문학에 대한 성찰을 가슴 따뜻한 문체로 써 내려가고 싶다. 더구나 모국어를 떠나온 나로서 세월의 변화, 후회, 향수에서부터 슬픔, 꿈, 고독에 이르기까지 문학이 경험할 수 있는 다양한 영역을 두루 어루만지려 한다. 특히 지금 겪는 소외감은 미래로부터 벗어나 스스로를 고립시키려는 충동이 강할 때 찾아오기 때문에 세상을 향해 마음의 문을 열고 교류해야 극복할 수 있다는 지혜를 전하기도 한다. "문학은 오아시스이자 삶의 절정"이라고 주장하며, 삶을 정리해야 할 필요성과 내일에 대한 두려움, 영원함에 대한 이야기 등 우리가 겪어야 할 모든 변화와 감정에 어떻게 대처해야 하는지를 깊이 있으면서도 유쾌한 언어로 써 볼 것을 권한다. 중앙일보 문학교실에는 보석 같은 여러 시인, 수필가들이 모여 작품창작에 몰두하며 절차탁마(切磋琢磨)하고 있다. 여러 회원이 신춘문예나 문예지에 시, 수필로 당선하고, 작품집을 출판하며 한국과 미주지역의 사방에서 빛나고 있어 더없이 행복하고 흐뭇하다. 더구나 몇 해 전 한국 정부에서 수여하는 재외동포문학상의 시, 수필 부문에 모두 한꺼번에 대상으로 당선되어 주위를 놀라게 한 적도 있었다. 나의 문학친구들이 이 부족한 선생보다 나으니 청출어람(青出於藍)이 아닌가! 문명의 첨단도시에서 모국어로 글을 쓰는 이민자인 우리에게 외로움을 달래주며 유용하지 않은 것을 꿈꾸게 하는 문학은 보배로운 친구다. 한국의 젊은 세대가 지향하는 난해하다는 한국 미래시의 흐름도 섭렵해오고 있다. 틀리기 쉬운 맞춤법이 부지기수이고, 현대 유행어는 짐작도 하지 못하는 말이 많다. 그러나 "우리는 한국 작가만큼 노력하는지 자성하며 지역이나 언어 같은 것을 핑계 삼지 말아야 한다. 작품을 쓸 때 자신의 치부를 솔직하게 드러낼 수 있는 용기가 필요하다. 과장하거나 꾸미지 말고 진실하게 묘사해야 느낌을 준다"라는 말들을 서로 나누면서 노력하며 성장하고 있다.

시가 독자의 감각이나 감정에 호소하여 상상력을 자극함으로써 감동을 일으키는 것이라면, 소설은 현실적 문제를 허구로 구성해서 인간의 문제를 다루되 그 허구의 세계를 현실적 환경처럼 인식시킴으로써 감동을 일으키는 것이며, 수필은 현실적 · 체험적 내 이야기를 감정적으로 보지 않고 객관적 사실 개념에 충실하여 과장하지 않고 산문 정신에 입각하여 쓰되, 독자에게 공감을 일으켜 감동케 하여 이들 모두에게 인간의 고통과 소망이 함께 녹아있게 하는 것이다. 따라서 문학이란 결국 인간의 이야기며, 곧 내 이야기요, 내 이야기 같고, 내 이야기일 수 있는 얘기를 문자로 표현한 것이라고 할 수 있다. 작가는 작품창작을 통해 그 자신의 삶의 한계를 무한정 확대시킬 수 있으며, 독자는 독자대로 작가보다 더 확대된 다양한 삶을 간접 체험할 수 있기 때문에 문학은 인간 삶에 대한 깊고도 폭넓은 이해에 기여한다고 본다. "문학이 무조건 옳다. 위대하다. 그러니 많이 읽어라"라고 주장할 생각은 전혀 없다. 아무리 훌륭한 사람을 만나도 나를 바꾸기는 힘들다. 과거의 나만이 지금의 나를 조금 바꿀 수 있을 뿐이다. 비록 타국의 도시에서 장사해도 나의 시는 극명하게 살아있어야 한다.

문학이 주는 선물

생각해보니 떠난 사람이 너무 많다. 처음 뉴욕에 발을 딛고부터 가깝게 지내던 영문학자 최월희 교수와 소설가 김지원도 한 달에 한 번씩 맨해튼에서 점심을 함께하며 서로 믿고 외로움을 품어주며 끝까지 가슴에 묻어두고 있는 좋은 문우들이었다.

우리가 우울하고 슬프게 여기기 쉬운 노년을 뜻깊은 선물과 축복으로 알아듣게 해주는 것이 문학이라고 가정해본다. 작가 특유의 섬세하고 체험적인 통찰과 설득력 있는 가르침으로 문학을 시작한다면 노인뿐 아니라 젊은이들도 하루하루가 행복해질 것이라고 권하고 싶다. 문학이 현실에서의 삶을 가감 없이 반영하는 그 순간, 그 속에도 인간의 고통과 소망은 함께 녹아있기 때문이다.

뉴욕에 38년 살면서 LA에서 미국 전체를 대상으로 하는 '미주문학상'과 '고원문학상'을 받는 영광을 누렸다. 10년 전 남편과 LA 시상식에 갔는데, 작년에 '고원문학상'을 탈 때는 남편도 고원 선생님도 고인이 되어 있었다. 이번에 시상식장에서 헤어지면서 그곳 소설가 한 분이 "이제 노벨상만 남았네요!" 하며 농담해서 웃었다. 미주에서는 그만큼 타고 싶어 하는 중요한 상인 것 같다. 지금은 플로리다에 계신 마종기 시인이 언제나 격려해주고 북돋아주어서 감사한 마음으로 힘을 내고 있다.

내가 몇 년 동안 많이 읽은 신형철 평론가는 〈느낌의 공동체〉에서 아래와 같이 말했다.

> 문학은 얼마든지 지어내고 꾸며내고 느껴낼 수 있는 세계다. 하지만 실제가 필요하다. 실제가 없는 허상만으로는 허황된 환상에 머물러버리기 때문이다. 여하튼 이 두 장르가 공통으로 담보하는 것은 인간이다. 인간성이며 삶이다. 어떤 삶을 살았는가, 어떤 삶을 꿈꾸고 있는가. 역사와 문학이 주는 즐거움은 여기에 있는 것 같다. 저자가 제시하는 즐거움, 문학의 과업도 여기에 맞닿아 있다. 진정한 인간 되기, 진정한 인간으로서의 삶을 살아가기를 보여주는 것이다.

그래서 재미있고 감정적인 느낌을 풍성하게 안겨준다. 인간 됨의 가치에 대해 다시금 돌아보게 한다. 하지만 한편에서는 뭔가 모를 아쉬움이 있었다. 그러다가 마지막에 이르러 그 마음을 풀었다. 나 역시 실제적 삶을 살고 있었음을 발견했기 때문이다.

그렇다. 문학은 삶의 용기를, 사랑을, 인간다운 삶을 가르친다. 나는 문학 속에 등장하는 인물들의 치열한 삶을, 그들의 투쟁을, 그리고 그들의 승리를 배우고 가르쳤다. 문학의 힘이 단지 허상이 아니라는 걸 증명하기 위해서도 나는 다시 일어날 것이다. 인간, 인간 됨, 인간적인 삶, 이는 여전히 내게 중심된 화두다.

2013년 중앙일보 문화센터 문학교실 출신으로 재외동포재단(이사장 김경근) 주최 제13회 재외동포문학상 공모에서 필자가 지도한 장수화(수필), 임의숙(시) 씨가 대상을 수상했다. 앞줄 왼쪽 두 번째부터 필자, 장수화 씨, 김영목 뉴욕총영사, 임의숙 씨

마종기 선생님, 신경숙 작가, 남진우 시인과 회원들. 서량 시인 댁에서

나는 문학이 인간의 외로움을 달래주길 바라지만, 그 무엇도 인간의 외로움을 달랠 수 없다.

문학은 이 사실에 대해서 거짓말하지 않는다.
바로 그 때문에 문학은 필요하다.
— 데이비드 실즈의 《문학은 어떻게 내 삶을 구했는가》에서

다섯 번째 시집 《빗소리를 듣는 나무》

2014년 여름에 나는 뉴욕 용커스(Yonkers)에서 다섯 번째 시집 《빗소리를 듣는 나무》(문학동네 출간)를 상재하고 지금도 때로 소나기 같은 시를 쓰고 있다. 시집을 내고 나서 문학교실 친구들이 십시일반으로 마음을 모아 조촐하고 황홀한 출판기념회도 열어주었다.

시인들은 시를 낭송해주었고, 마종기 선생님은 멀리서 축사를 보내어 낭독하게 했다. 서량 시인, 서울에서 온 남진우 시인, 신경숙 작가도 참석하여 축사와 작품평을 해주었고 여러 회원이 노래와 기타, 클라리넷을 연주하며 축하해준 아름다운 밤이었다. 다음은 소설가 신경숙의 나의 시집 발문 중 일부다.

선생을 만날 때마다 나는 등을 곧추세우며 긴장하곤 했다. 서울에서 내가 미처 놓치고 읽지 못하고 지나갔던 시집이며 소설들을 선생이 거의 모두 꼼꼼히 챙겨 읽은 후 독후감을 말하고 내게도 의견을 구해서였다. 급기야 어느 날은 《몰락의 에티카》에 등장하는 시집들을 교재로 뉴욕의 중앙일보 문화원에서 시 창작 수업을 하고 있다는 것을 알게 되기도 했다. 모국어와 멀리 떨어져 사는 시인으로서의 절박함이 모국어로 된 책들에 더 몰입하게 하는 모양이었다. 선생에겐 자꾸만 멀어지는 모국어와 가장 가까이 있는 방법이 시 쓰기와 읽기였다고 나는 생각된다. 선생이 쓴 시들을 찾아 읽으며 나는 자주 나의 좁은 책 읽기 방식에 부끄러움을 느끼곤 했다. 나로서는 단 한

번도 모국어를 떠난 적이 없는 사람이었기에 내게 모국어란 당연한 것이지 그리 간절한 것이 아니었다. 당연히 모국어와 떨어져 살면서 글을 그것도 시를 쓰는 입장에 대해서는 생각해본 적이 없었으니 내가 선생의 글쓰기를 어찌 다 이해하겠는가. 모국어인 독일어가 그리워 숨이 가쁠 지경이 되면 어디에 살든 독일로 건너가 시끄러운 선술집에 홀로 앉아 있곤 했던 파울 첼란의 고독을 다시 떠올려보게 했던 건 선생 때문이었다.

쓰라리다, 라는 어휘를 잊어먹고
경마장으로 샤핑몰로 찾아 헤맸지만 찾을 길 없어서
집에 와서 펼쳐본 낡은 책자에서 찾아냈구나.
모국어를 어루만지며 그 하늘에 깃발을 꽂았지만
아직 몽고반점의 아이들이 초록빛 바닷물에
두 손을 담그다가 지독한 사춘기를 치루는 거리
조금씩 일렁이고 있는 부드러운 옷고름이 보인다
두고 온 하늘의 황홀하던 노을
주름진 손등을 어루만지니 져버리는구나
– 〈디아스포라의 가을〉 중에서

이런 의지로 나는 디아스포라의 혼란 중에서 모국어를 껴안고 글을 썼다.

뉴욕은 스피드를 중요시하는 도시라는 이야기는 많이 들어봤을 것이다. 이민 문학은 치열한 삶의 현장에서 각고의 노력과 열정을 쏟아 만든 주옥같은 '문학적 수확물'의 보고다. 서민의 애환과 문제의식을 담은 서정시들도 많이 쏟아져 나오며 본국 현대문학의 반열에 뒤지지 않기 위해 현대시 읽기에 몰두하기를 당부하고 싶어지는 것은 그저 염려일까. 뉴욕과 근교에 모국어로 문학을 하려는 사랑스러운 많은 후배들이 선배들이 떠난 텅 빈 자리에서 새로운 물결을 받아들이며 껴안으려 애쓰고 있다. 나는 이렇게 모국어로 시를 쓰는 것을 그리워하며 이곳에서 38년을 버티고 있다.

글을 쓰려는 친구에게

글을 쓰려는 친구에게 나의 당부는 언제나 이랬다.

우리는 살아가면서 많은 느낌을 품고 또 겪으며 지난다. 더구나 이민자로서의 삶을 엮고 있는 우리는 잊을 수 없는 체험과 감격의 순간순간을 어떻게 묘사해야 할까? 글은 어떻게 써야 하는가? 과연 문학이 선물일까? 어떤 사람들은 도대체 글은 못 쓰겠다고 처음부터 겁을 집어먹는 경우도 있다. 그런 사람들이 말을 못하느냐 하면 그렇지 않다. 사실 말을 문자화한 것이 글이므로 조금도 어렵게 생각할 필요가 없다. 오히려 말은 한번 뱉으면 되돌릴 수 없지만, 글은 언제든지 잘못된 것이 있으면 고칠 수 있다는 편리함을 가지고 있다. 나는 너무 억울하고 화가 날 때는 글을 쓰겠나는 무기를 꺼낸다. 그러면 마음의 응어리가 치유된다. 이렇게 문학이 한 생에 큰 선물을 주는 경우가 있다.

첫째, 글을 쓰려면 남의 글을 많이 읽을 필요가 있다. 읽지 않고 쓴다는 것은 감나무 아래 누워서 감 떨어지기를 기다리는 것과 같기 때문이다. 자꾸 읽다 보면 글이 숨 쉬는 것을 알 수 있게 될 것이다. 거인이 얕은 담을 쉽게 넘을 수 있듯이 글줄기가 풀려나온다.

둘째, 있는 대로 솔직하게 써야 한다. 너무 꾸미거나 형용사를 많이 쓰면 글맛을 잃게 된다. 설명을 너무 많이 하게 되면 하고자 하는 말의 감각을 놓치고 만다. 그러니 아름다움에 욕심부리지 말기를 당부한다.

셋째, 글에는 메시지가 확실해야 한다. 아무리 유려하게 잘 쓴 글이라도 핵(核)이 빠지면 생명이 없기 때문이다. 작가의 뜻이 분명하고 명쾌하게 나타날수록 좋은 글이다.

넷째, 감동이 있어야 한다. 글은 꾸며서 쓰는 것이 아니라 자신의 마음속에 숨어있는 것이 발효되면서 터져 나오듯 해야 하는 작업이기 때문이다. 자기도 감동하지 못하면서 독자를 압도하기를 바랄 수 없기 때문이다.

다섯째, 같은 단어를 반복해 쓰면 글이 궁색해 보이므로 되도록 이 점에 유의해야 한다. 수필이건 시이건 언제나 맞는 단어를 찾아 화살이 표적을 잘 겨냥해야 명중하듯 머리에 안테나를 꽂고 사물을 살펴나가기를 기대한다.

그 외에 자신만의 향기가 나타나야 하고, 순결을 바치듯 모든 생각을 모아야 하며, 체온이 있어야 한다. 그러나 무엇보다 중요한 것은 모든 사물과 인간을 애정의 눈으로 바라보는 것이다. 시에서는 구호, 목적, 설명, 평범 이론을 조심해야 하며 제목의 중요성을 생각해야 한다.

위의 이야기들은 나 개인의 경험과 의견을 말한 것이므로 어떤 논리와는 다를지라도 이해하기 바란다.

글 쓰는 것을 어렵게 여기지 말고 미리 생각한 것을 종이에 옮기는 작업으로 시작하면 된다. 순간의 느낌이 올 때마다 놓치지 말고 꼭 메모해두는 것이 쓰는 데 도움이 되고 연습도 되므로 필요하다. 글은 삶과 죽음, 영원과 찰나를 뛰어넘어 기록될 수 있으며, 정신적 자유를 누릴 수 있어서 자신을 둘러싼 외부세계에 대해 포용할 힘을 생기게 한다. 편안한 마음으로 용기와 자신감을 가지고 신선한 상상력으로 본인의 결핍을 모두 내놓을 수 있는 진솔함으로 모국어의 붓을 들어 문학이 우리에게 주는 선물을 만끽하기를 기대한다.

근작 시 한 편으로 마무리

풀꽃들은 지금도 젊게 핀다
해는 더 이상 늘어지지 않는다.
누구에게나 夏至의 뜨거움은 있었지
몸에서 불붙던 긴 낮은 꼬리를 내리기 시작한다
밤이 조금씩 잡아당겨 덧난 빛깔들 고였는가
집집마다 작은 풀꽃 피어 잦아드는 빛을 밝히고 있다
7월을 건너가지 못하고 떠난 사람의 황홀이었나

하늘에 흐르는 강물 속 찍힌 발자국을 더듬는다
힘센 시간은 비켜가고 다시 산나리도 피어난다
꽃의 뼈가 굳어지면서 꽃 살에 물집이 생겨도
당신은 오늘을 화창하게 한다.
한낮의 적막이 젖어와 정갈한 단어만 물려주려고
땅에서 돋은 별을 주어들고 계절의 가운데 몰려있다

얼마큼 와 있는지 가늠 못해도 그 강에 가까이 서있다
한 다발 눈물도 흘려보내면 그만인 발길도 뜸하다
가벼운 풍경을 몸속에 새기며 앳된 꽃잎 품에 품고
결국 가버리고 말 7월과 같이 떨고있다

- 〈7월〉

나는 요즈음도 난해하다는 시와 소통하며 즐거움을 찾고 있다. 오랜 세월 문학으로 만났던 소중한 인연들이 스쳐간다.

인간관계에 있어서 생각의 크기가 주는 만큼 받지 못할 수도 있다. 다 덜어내고 씻어내지지 않지만, 사람 사이에 맑은 강이 흐르고 있다는 것만으로도 큰 위안과 안정을 느낀다. 문학으로 나의 시간을 봉인하고 낯선 바람과 햇볕 아래서도 나는 행복하다. 칠십 후반의 시간도 나의 내면을 파괴하지 못하고 새삼 맑고 푸르고 힘차게 흘러간다.

문학으로, 황홀한 꿈인 두 아들로 인해 노년의 오늘이 빛나고 있다.

김정기

글쓴이 김정기는 1972년 문단에 데뷔한 뒤 1979년 도미했다. 시집 《당신의 군복》, 《구름에 부치는 시》, 《사랑의 눈빛으로》, 《꽃들은 말한다》, 《빗소리를 듣는 나무》를 출간했다. 수필집 《애국가를 부르는 뉴요커》는 미주문학상, 고원문학상 등을 수상했다. 18년 이상 뉴욕 중앙일보 문학교실을 담당해오고 있다.

poetjeong@hanmail.net

4 유전인자 이야기

노려
수필가

밥 딜런과 셰익스피어

노벨 문학상을 타게 됐다니까 꽁꽁 숨어버렸던 밥 딜런이 — 수상식에서는 다른 사람이 대신 읽었지만 — 결국은 수상 소감을 썼다. 밥 딜런의 수상 소감에는 문학의 거장 셰익스피어에 대한 말이 나온다.

밥 딜런의 이론에 의하면, 분장이나 소도구까지 신경 쓰면서 연극쟁이 노릇을 하던 셰익스피어의 머릿속에 '문학'이라는 개념이 들어있지 않았을 것이라는 것이다. '해골바가지는 어디서 구해올까?', '연극 비용은 어떻게 마련하지?', '이 연극의 배경을 덴마크로 할 것인가, 이탈리아로 할 것인가…' 셰익스피어는 매일매일 이런 일로 고민했으리라는 것이다.

밥 딜런 자신도 그저 노래를 부르고 노랫말을 썼을 뿐 문학을 한다는 생각은 전혀 하지 않았다는 뜻이다. 문학의 거장 셰익스피어를 자기와 비교한 밥 딜런에게 감탄했다.

> How many years can a mountain exists,
> The answer is blowing in the wind….

그 옛날 김민기가 흉내 내어 부르던 그 노래, 뜻도 모르며 좋아했던 밥 딜런이다. 아직도 바람 속에서 인생의 답을 계속해서 찾고 있는 늙수구레한 밥 딜런. 정말 좋아서, 신이 나서, 아니면 다른 건 할 수 없어서 자기가 제일 잘할 수 있고 정말 하고 싶은 것을 온 힘으로 밀고 나간 두 사람이 시간과 공간이 달라도 얼마나 통하고 있는가.

그들을 경외롭게 바라보며 감히 나를 돌아본다.

지금 내가 한국일보 기자라는 타이틀을 갖게 된 것, 그리고 저널리스트의 자리에 서있게 된 것은 그저 돌발적인 사건 또는 부수적 산물이라고밖에는 생각할 수 없다. 눈앞에 닥친 삶을 피하려고 선택한 일이었다.

영어 때문에

세계 제1의 나라, 미국이라는 나라가 내게는 너무도 답답했다. 너무 늦게 미국에 왔다고, 남편과 인생관이 다르다고, 운전을 잘 못했다고 온갖 핑계를 대보지만 한마디로 하자면 영어 때문이다. 영어가 안 되니까 매사가 답답했다. 그러니 모국어인 한국어로 하는 일이라서 무조건 기자 노릇을 시작했다. 때마침 대학 후배가 시작한 잡지《행복이 가득한 집》의 뉴욕 통신원 일까지 하게 되었다.

그러나 내가 글을 쓰고 있는 이유를 억지로 만들어보자면 아마도 태어나기 전부터 정해진 그 무엇이 있었던 게 아닐까. 어쩌면 코앞에 닥친 일상 속에서 홀연히 사라져가는 나라는 존재의 가치를 찾아보려고 했던 무의식적인 궁여지책이 아니었을까.

대부분의 한국 이민자가 돈을 벌기 위해 새벽부터 혈안이 되어 있던 시절, 나의 존재가치를 한국어에서 찾아보려고 했다는 건 사실 어디에서도 받아들여질 변명은 아닌 것 같다.

메트로 노스(Metro North) 기차를 타고, 다시 7번 지하철을 갈아타고 신문사까지 가려면 집에서부터 거의 2시간이었다. 말단 기자 월급은 또 어떤가. 나는 과연 어리석었던 것일까. 기자가 되지 않았다면 지금 나는 디자이너로 일하고 있었을지 의문스럽다.

환경 디자이너로 일했고, 지방 대학 교수가 되어 소박하게 살다가 어느 날 갑자기 어마어마한 도시 한복판, 맨해튼으로 유학 온 나는 이때부터 지레 쪼그라져버렸다.

1982년 스패니시 할렘에 살던 친구인 화가 김원숙의 집에 온 나는 매일 아침 눈을 뜨면 먼저 나라는 존재의 민낯으로 하루를 시작했다. 총소리가 나는 거리에서 가끔은 생명을 챙기기도 했다. 하지만 그보다는 단 한 번도 신경 써본 적 없는 '말하기'가 큰 문제로 다가왔다. 말을 안 하면 안 했지 콩글리시로 떠벌일 수 없었다. 웬 자존심이란 말인가. 한국에서 영어회화 공부까지 했는데, 현지에 와서는 영어가 복의 가시보다 더 아프게 걸렸다.

또 있다. 뉴욕 어느 상점에서나 멋지게 디자인된 일반 상품들이며, 가게 디스플레이며, 앞서가는 디자인 감각에 기가 죽었다. 그런 와중에 아무런 걱정과 준비 없이도 너무나 잘할 수 있는 한국어를 쓰면서 할 수 있는 신문기자를 마다할 용기는 없었다. 그나마 조금이라도 한국과 연결되는 한국 잡지사의 일도 거절할 수 없었다. 200자 원고지에 볼펜으로 글을 쓰던 원시시대에, 태평양 바다 건너 머나먼 뉴욕에 대해 뭘 좀 잘못 썼다고 해도 한국에서는 전혀 알 수 없던 그 시대에 나의 한국어는 봇물 터지듯 번져나갔다. 우체국에 가서 급행우편으로 보내던 200자 원고지가 어느새 팩스로 바뀌고, 그다음엔 이메일로 원고를 보내면서…. 아직도 나는 신문기자로, 잡지사 통신원으로 지내고 있다.

글 쓰는 사람

나는 누가 뭐래도 '글 쓰는 사람'이다.

으앙 울면서 태어난 인간은 곧 옹알옹알 말을 하고, 그다음엔 노래를 부르거나 그림을 그리기 시작하는데, 글을 쓰는 일은 그다음이다. 인류학자의 말이 아니라

나 나름대로 정해본 인간 발달의 순서다. 나도 태어나서 얼마 후에 "아쫑아줘(사탕 사줘)"라는 말을 시작했고, 조금 철이 나서는 그림을 그렸고, 초등학교에 들어가고 나서야 네모칸 공책에 '영희야 철수야, 나하고 놀자' 등의 글을 쓰기 시작했다.

말은 겨우 하면서도 노래는 음정 박자 정확하게 잘 부르고, 음악 소리만 나면 자동으로 궁둥이 춤을 추는 아이가 있는가 하면, 뭐든 손으로 하는 일이면 놀랄 정도로 잘하는 어린아이가 있다. 사람들은 그것을 '소질'이라 한다. 그러나 글을 쓴다는 건 처음부터 소질이나 재능과는 다르게 취급된다. 당연히 해야 할 일일 뿐 남들이 재능으로 봐줄 때까지는 상당한 시간이 걸리기 마련이다. 음악의 신동은 있어도 문학은 대기만성일 경우가 많은 이유일 것이다. 밥 딜런처럼 말이다.

홍익대학교를 다닐 때, 한 친구가 대단한 발견이나 한 것처럼 소질에 대한 이야기를 했다. 어린 조카에게 그림을 그려보라고 색연필을 쥐여주면 종이 한구석에 찍찍 금을 그어대지만, 라디오에서 나오는 노래는 다 따라 부른다고 했다. 친구의 언니는 음대 출신이었다. 이 아이는 분명히 음악성이 있는 것이다. 부모님 앞에 서서 두 손을 모으고 고개를 까딱이며 "깊은 산골 옹달샘…" 목청 높여 부르는 장면은 귀여운 어린아이의 상징이다. 나는 그런 식의 귀여움을 받아본 적이 없다. 나는 처음부터 그림을 잘 그리는 아이였다. 그림그리기를 좋아했다.

'글쓰기'는 똑똑하냐 바보냐의 차이만 빼고는 거의 모든 사람이 비슷하게 글을 익혀간다. 나 역시 글쓰기의 필요를 충분히 채우며 글을 썼다. 더구나 그림은 그리지 말라고 해도 그렸을 텐데, 애들에게 공부하라는 말을 해보신 적 없는 내 어머니는 나의 그림그리기를 적극적으로 부추겨주셨으니, 아무런 논쟁도 없이 미술대학에 가는 것은 미리부터 정해진 일이었다.

그런 나에게 나중에 글쓰기가 심각한 일로 다가올 줄은 몰랐다. 한 사람의 인생이 태초에 이미 정해져 있다고 하는 것이 맞는 말인가 보다. 미술에 소질이 있다고 인정받았을 때나, 필요에 의해 궁여지책으로 뒤늦게 선택하여 줄기차게 30년간 글을 써온 일 모두가 실은 내 부모님이 미리 다 겪어낸 일이다.

어머니의 스케치북

초등학교도 들어가기 전이다. 천장 한가운데에서 내려뜨려진 동그란 백열전등 불 아래서 밥상 위에 시험지를 놓고 그림을 그렸다. 한쪽은 매끈하고 한쪽은 거칠었던 누런 종이. 나는 매끈한 쪽에다 그림을 그릴 때의 손끝 감촉을 좋아했다. 결국 뒷면에도 그림을 그렸지만, 종이가 없어서 그림을 못 그리지는 않았다. 어머니는 시험지가 떨어지지 않도록 항상 한 뭉치씩 사다놓곤 하셨다.

전쟁 후 얼마 되지 않았을 무렵이어서 아무리 그림그리기를 좋아한다고 해도 어린 딸에게 시험지를 대주시는 것이 쉽지는 않았을 텐데, 분명한 이유는 어머니가 그림그리기를 좋아하셨기 때문이다. 처녀 때부터 스케치북에 차곡차곡 그림을 그려왔기에 쉽게 딸을 이해했거나 아니면 스케치북 여백마다 내가 크레용으로 마구마구 그림을 그려대는 것을 막기 위해서였을지. 아마도 두 가지가 다 맞을 것이다.

어머니는 유복한 가정에서 태어나 전교에서 한 명뿐인 피아노 치는 여학생으로 뭇 사람의 동경을 한 몸에 받으며 청소년 시기를 지냈다. 그때부터 전쟁통에도 버리지 않고 간직해온 어머니의 스케치북은 어린 시절 즐겨보던 그림책이었다. 감수성이 예민한 소녀였던 어머니는 일상에서 보고 느낀 것을 스케치북에 그림으로 옮기고 그 옆에 글을 써놓으셨다. 산문이 아니라 시였다.

볼이 발그레한 어린 소년의 웃는 얼굴 옆에 '내 이름은 황대유야요'라고 적혀있다. 어머니가 귀여워했던, 어릴 때 세상을 떠난 첫 조카라고 들었다. 너무 귀여워서 그 조카의 기저귀를 피아노 위에 올려놓고 피아노를 치기도 했단다.

또 하나. 파마머리에 어깨가 직각으로 올라간 양복 투피스를 입고 반듯이 서있는 여자. 그 옆에 "까마귀가 아옥아옥…"으로 시작하는 긴 시가 적혀 있다. 까마귀 울음소리를 '아옥, 아옥'이라고 하다니? 어린 마음에 생소했던 그 단어가 아직까지 그 그림을 생생하게 기억할 수 있게 해준다. 이 여성의 얼굴 역시 볼은 발그스레하다. 어머니 자신이다.

빛바랜 흑백 사진 속 어머니의 실제 모습은 다빈치의 습작 속 여인과 참 많이 닮아있다. 예뻐서가 아니라 고개를 옆으로 약간 돌리고 눈을 내리깐 표정 때문이다. 줄이 쳐진 하얀 컬러의 교복이 청순함과 얌전함에 정숙함을 더해주고 있다. 하지만 내 눈에는 얼굴 뒤에 깔려 있는, 그 누구도 닮지 않은 '원 앤드 온리(one and only)' 내 어머니의 모습이 선명하다. 엘리트 중의 엘리트임을 단 한시도 잊지 않는 지독한 자아도취형 여인이다.

어머니가 스물한 살이던 1949년에 그리신 자화상

여학교 때 농촌 봉사를 나가서 다들 논에 들어가 김을 매는데, 거머리가 싫어서 무서운 일본 선생님이 화를 내고 야단치고 달래도 결국 끝까지 논에 들어가지 않았다는 이야기를 즐겨 하셨다. 이화전문 시절 명동 뒷골목을 걸으며 친구들과 담배를 피웠다는 이야기도 자랑스레 하셨다. 보통 '어머니'하면 눈시울 뜨겁게 떠올릴 그런 전형적인 희생 봉사형의 어머니가 아니지만, 나는 그런 어머니를 '우리 엄마는 이렇게 다르다'라는 식으로 은근히 친구들에게 자랑하곤 했다. 엄마의 피다.

연필로 밑그림을 그리고 그 위에 수채 물감을 입히는 화법 하나뿐인 어머니의 그림을 잘 그렸다고 평하기는 어렵다. 그림 그리는 재능은 없으셨다고 본다. 하지만 어머니의 그 스케치북이야말로 눈에 보이는 나의 뿌리가 된 셈이다.

어머니와 한 살배기 필자

피아노 레슨으로 가정을 지탱하시면서도

"나는 문학소녀였어"라는 말을 할 때 아련히 눈초리를 흐리신 어머니다. 어머니의 문학소녀 타령이 어쩌면 내가 문학소녀라는 말을 싫어하게 된 동기일 수도 있다. 왠지 꿈을 이루지 못한 청승함으로 보였기 때문이다.

문학소녀였던 어머니는 피아노를 가르치셨고, 우리 집에서 '글쓰기'는 무조건 아버지의 몫이었다.

아버지의 원고지

아버지 하면 먼저 떠오르는 건 담배 연기 자욱한 골방에서 원고를 쓰시던 모습이다.

아버지 친구들은 법 공부하러, 의학 공부하러 일본엘 갔는데, 내 아버지는 그림으로 우에노 미술대학에 가셨다. 1940년대 해방 전 일이다.

아버지가 미술로 일하신 건 평양 국립극장 무대 담당을 잠시 하셨을 뿐, 부산으로 피난 가서 글을 쓰기 시작하여 영원히 극작가로 남으셨다. 평양에서 연극 하는 사람들과 어울렸던 아버지는 부산 '미국의 소리' 방송국 국장을 하시던 친구 이범석 씨가 고생하는 피난민의 마음을 달래줄 재미있는 이야기를 써보라고 해서 즉흥적으로 시작한 일이라고 했다. 일일 드라마는 정말로 피난민에게 잠시나마 웃음을 주었고, 그 일이 아버지의 직업이 되었다. 후에는 영화 대본도 쓰시고 직접 배우까지 하셨다. 피난지의 일화를 다룬 〈아무리 옷이 날개라지만〉은 김승호가 나온 영화가 되어 대종상 후보에도 올랐다.

그래서일까. 나의 그림 실력은 여학교에 들어가서는 스토리가 있는 그림으로 발전했다. 만화다. 스토리는 이렇다. "어린 딸을 데리고 사는 방송국 프로듀서를 사랑하는 여대생. 여대생의 이름은 세현. 코가 오뚝하니 예쁘게 생긴 세현은 우연히 방송국 프로듀서를 알게 되어 좋아하게 되었는데, 알고 보니 그 남자는 상처가 있는 사람이고 어린 딸아이가 있다. 자기를 좋아하는 예쁜 대학생인 세현을 멀리

74

아버지(왼쪽)가 출연한 영화 〈무영탑〉

하려고 도덕적인 갈등을 하는 중년의 미남 프로듀서…"

내가 그린 만화는 친구들에게 인기였다. 공책에 그려진 만화를 수업시간에 돌려보고 쉬는 시간이면 내 자리로 몰려와서 자기가 원하는 스토리로 그려달라고 간청하는가 하면, 신성일을 좋아하던 한 친구는 남자 주인공 얼굴을 신성일처럼 그려달라고도 했다.

내 스토리의 주인공이 방송국 PD였던 것은 우연이 아니다. 아버지의 원고를 배달하러 방송국에 자주 드나들었기 때문이다. 〈오늘도 푸른 하늘〉, 〈아차부인 재치부인〉 등 일일 드라마를 몇 년간 계속해서 쓰셨다. 아버지는 주로 밤을 새우며 원고를 쓰셨는데, 저녁때 머리맡에 담뱃갑이 하나밖에 없으면 불안해서 한 갑을 더 사오라고 심부름을 시키셨다. 어둑한 골목을 걸어나가 구멍가게에서 담배를 사오는 심부름은 제일 큰딸인 내가 했고, 밤새 쓰신 원고를 방송국에 갖다주는 심부름도 자주 했다. 진명여중 시절, 나는 동아방송국에서 엘리베이터라는 것을 처음 타봤다.

광화문 네거리 한 모퉁이에 있던 동아방송국 스튜디오에서 〈세시의 다이알〉이라는 프로그램을 진행하던 최동욱 아나운서를 유리창 너머로 바라보곤 했다. 빌보드 차트에 오른 미국 노래를 들려주던 그 방송 덕분에 일찍이 미국 팝송을 들었다. 미국 팝송을 한국 가요보다 좋아했다. 팝송 클럽에도 들었다. 동숭동 서울대 어느 작은 강당에서 있었던 팝송 클럽에 초대되어와 어눌하게 밥 딜런의 노래를 부르던 김민기를 처음 보았다.

분명한 사실을 가지고도 마감시간까지 신문 기사를 쓰는 일이 힘든데 없는 이야기를, 그것도 일일 방송극 일주일 치를 한꺼번에 써내야 했으니 피를 말리는 일이었을 것이다. 늘 작품 소재를 찾던 아버지는 "니네들 이야깃거리 좀 만들어봐. 돈 줄게" 하시기도 했다. 아버지가 일찍 돌아가실 수밖에 없었던 이유를 세 가지로 생각해본다. 밤새워 글을 쓰시며 피워댄 줄담배, 그리고 하루도 빼놓지 않고 드신 소주. 그리고 절대로 지지 않는 어머니로부터 받은 스트레스일 것이라고.

아버지의 그림

59세에 돌아가신 아버지가 남긴 유일한 그림이 하나 있다. 내 평생 언제나 벽에 걸려있는, 하얀 접시에 담긴 석류 두 알을 그린 그림이다. 어머니 아파트 거실 벽에 붙박이로 걸려있는 이 그림은 100년 세월을 살아온 지친 모습이다. 마치 골동품상 한구석에 먼지 쌓인 채 비뚜로 걸린 잊힌 그림과도 같다. 붉은색과 짙은 초록이 섞인 석류껍질이 살짝 벌어진 속에는 영롱한 빨간 알이 꽉 차 있지만, 열매 자체의 입체감이 좀 떨어진다. 그러나 접시 둘레에 이가 빠진 것은 진짜 같다. 고등학교 때 교내 미술대회에서 상을 탄 그림이라고 한다.

또한 분명히 아버지의 작품이라 하고 싶은 건 피난 시절 그려서 파셨다는 크리스마스카드다. 도화지를 네 번 접어 만든 카드인데, 아버지가 펜으로 밑그림을 그려 인쇄한 후에 어머니랑 둘이서 그 위에 물감을 입혔다고 했다. 초가집 굴뚝, 한복 입은 산타클로스 할아버지. 나는 팔다 남은 카드에 색칠하기를 하고 놀았다.

크리스마스카드라면 나도 한마디 할 것이 있다. 고등학교 때 미군 부대를 다니던 친구의 오빠에게 얻은 〈스누피(Snoopy)〉 만화에서 귀여운 장면을 카피한 카드를 만들어 팔았기 때문이다. 한창 미국 문화가 물밀듯 들어오던 시대에 미국스러운 카드는 이대 앞 가게에서 비싼 값에 팔려나갔다. 카드를 팔아 번 돈으로 나는 르누아르 화집을 샀다. 다음 해에는 아버지한테 배운 수법으로 동네 인쇄소에서 밑그림을 찍어와 색만 칠해 명동 시라노백화점까지 진출해 대량으로 팔기도 했다.

그렇다. 카드를 그려 판 것뿐 아니라 미술대학 나와서 글을 쓰고 있는 인생조차 나는 아버지를 똑 닮았다.

내 이야기

나는 아직도 통화 중이거나, 뭔가를 기다리거나, 지루한 연설을 듣거나, 설교가 빨리 끝나기를 기다릴 때 아무 종이나 빈자리에 사람 얼굴을 그린다. 주로 예쁜 여자 얼굴을 그리지만, 어떨 땐 건너편에 앉아 있는 사람을 그리기도 한다. 세 살 적 버릇이다.

어머니가 시험지를 한없이 쓰게 해주셨지만, 나의 미술 재능은 분명히 아버지로부터 물려받은 것이다. 집에 있던 이탈리아 대가들의 화집도 아버지의 책이었다. 나는 〈비너스의 탄생〉에서 비너스에게 다가가는 천사의 보송한 몸매를 휘감으며 나붓이 접힌 옷자락과 공기 중에 날고 있는 꽃송이를 한없이 바라보곤 했다. 몇 년 전 우피치 미술관에서 그 그림을 실물로 봤을 때 전율을 느꼈다. 그때 사온 〈비너스의 탄생〉 포스터가 사무실 방에 걸려있다.

초등학교 3학년 무렵 미술 시간에 우리 반 여학생 한 명이 칠판 앞에 나가 서 있고 다들 그애를 그렸는데, 담임 선생님이 "이거 좀 봐라" 하시며 내 그림을 높이 들어 애들에게 보여주셨다. 멀리서 바라보는 내 눈에도 그림 속 여자애가 바로 그 친구랑 똑같아서 놀랐다.

운명인가보다. 결국 그림과 글이 번갈아 얽히며 한평생 걸려 나라는 인간이 꾸며졌다. 빨강도 파랑도 아니다. 30년 글을 써온 문인이라고 하기엔 아직도 보라색으로 정체가 묘연하다.

글을 쓰게 된 이유가 현실도피였으니 순수한 문학으로의 소망이라기보다는 열심히 안 해도 할 수 있다는 자만심과 게으름이기도 했다. 또한 좁은 틀에 갇힐 수밖에 없는 이민자의 삶 속에서 기자가 되어 인터뷰하러 다니며 각 분야의 대단한 사람들을 만나는 것도 재미있었다. 제사보다는 젯밥인가. 마치 예수 믿는 것보다는 한국 사람 만나기 위해 교회를 다니는 것과 같다고나 할까.

《행복이 가득한 집》에 글을 쓰는 일은 더 재미있었다. 주로 뉴욕에서 활동하는 한인 화가들의 독특한 생활 공간에 대해 썼는데, 인터뷰에 가서는 조명을 들어주거나 필름을 빼고 정리하는 등 사진가의 조수 노릇도 많이 했다. 나와 같이 일하던 사진작가들은 후에 한국에 가서 교수가 되거나 또 니키 리라는 여자는 메트로폴리탄 박물관에 작품이 들어갈 정도로 성공했다.

많은 작가를 만났다. 할렘의 헌집을 뜯어고쳐 살던 김원숙, 소호 황량한 로프트에 사시던 황규백 씨, 식당용품 도매상이 줄지은 바워리 애비뉴(Bowery Ave.) 한 건물의 2층에 깔끔한 인테리어를 한 거실과 스튜디오를 갖고 있던 김웅 씨 등. 또 커널가(Canal St.) 근처 비좁은 건물 작은 방 하나에 스튜디오를 갖고 있던 강익중 씨와는 인터뷰가 끝나고 그가 안내하는 차이나타운의 맛있고 싼 월남국수집까지 걸어가기도 했다. 1990년도 초 라파예트가(Lafayette St.)에 옥상정원까지 갖춘 5층 건물의 주인이던 김포 화백은 한인 커뮤니티에 전혀 알려지지 않은 상태였고, 한국말도 떠듬거리셨다. 그 후 그분은 자신을 소개할 일이 있을 때마다 내가 《행복이 가득한 집》에 쓴 인터뷰 기사를 보여줬다고 하셨다. 2년 전 김 화백의 컨트리 하우스에 같이 가 그가 만든 조각이 있는 야생의 정원이며 지난 이야기를 신문에 썼던 것이 그분과의 마지막 일이 되었다. 그 후 한 6개월 만에 갑자기 돌아가셨다.

미국 화가 제니퍼 바틀렛의 웨스트 빌리지 하우스에서 사진가 박일용 씨랑 종일 사진을 찍었는데, 인물 사진이 잘못 나와 당황한 적도 있다. 필름 수십 통을 들고 원 아워(one-hour) 사진점에 가서 기다리던 시대였다. 나와 함께 가장 많은 일을 한 박일용 씨와의 추억거리가 많다. 그의 랜드로버를 타고 4시간 거리의 뉴저지 남쪽 바닷가 케이프메이(Cape May)에 갔다올 때는 맛있다고 알려진 '저지 토마토'를 한 보따리 싣고 오기도 했고, 미술평론가 엘리노어 하트니와 래리 리트를 인터뷰하러 캐츠 킬로 갈 때 산에서 길을 잃고 고생했던 것도 잊을 수 없는 일이다. GPS가 세상에 나오기 훨씬 전의 일들이다. 더더욱 나와 동갑인 박일용 씨를 잊을 수 없는 것은 몇 년 전 한국에서 레이스 카를 몰다가 세상을 떠났기 때문이다.

《행복이 가득한 집》, 아시아나 기내지, 한솔 사보 등에 글을 쓰며 철들 때부터 그림과 함께했던 나는 뉴욕의 화가들을 취재하며 점점 더 나 자신의 그림과는 멀어져갔다. 그러나 수많은 화가와의 인연과 그로 인해 쌓인 아트 세계의 경험은 뉴욕 한인 미술재단인 '알(AHL) 파운데이션' 일을 하고 있는 오늘의 나를 만들어준 밑거름이 아닐 수 없다.

철 이른 코스모스

철이 다 들도록 편지 말고는 글을 써보지 않던 내가 글이라고 정식으로 써본 것은 대학 4학년 때 일간스포츠 부장을 하던 분이 대학생 글 코너가 있으니 한번 써보지 않겠냐 해서 '아르바이트'에 대해 쓴 것이 처음이었다.

내용은 족히 소 한 마리 정도 되는 크기의 생가죽을 사서 그 위에 그림을 그리고는 동네 가방수선 가게에서 핸드백을 만들어 팔던 이야기다. 이화여자대학 앞 부티크와 조선호텔 안에 있던 선물 가게에 위탁판매를 했다. 그런데 가방 몇 개 만들고 남은 자투리로 만든 벨트와 시곗줄이 더 불티나게 팔렸다. 꽃무늬와 히피 심벌이 들어간 디자인은 미처 그려내지 못할 정도로 인기가 있었다. 그 얘기를 쓴 건데, 일간스포츠 부장은 재미있다며 신문에 실어주었다.

사실, 한참 더 역사를 거슬러 초등학교 5, 6학년 때쯤까지 올라가면 정식으로 쓴 글이 하나 더 있긴 하다. 여름방학 때 정릉 할머니 댁으로 가던 언덕길에서 철이 아닌데도 뻘쭘히 피어있던 딱 한 송이 코스모스에 대해 교내 글짓기대회에 시로 적어낸 적이 있다. 아마도 여러 명에게 주는 장려상 정도 받은 듯하다.

코스모스 하면 가을바람에 무더기로 산들거리는 파스텔 조의 코스모스밭이 연상되는 것이 상식인데, 뙤약볕에 멋 모르고 피어있던 진분홍 코스모스 한 송이의 애처로운 모습. 그 시를 보관해두었으면 좋았을 것을…. 구절은 전혀 생각나지 않지만, 꽃을 바라보며 내가 가졌을 느낌은 지금도 상상할 수 있다.

요즘도 문득 한여름에 홀로 빨갛게 물든 하나의 나뭇잎을 볼 때의 그 느낌일 테니 말이다.

문학 아줌마

그런 내가 지금 미동부한인문인협회 회원이다. 생각지도 못한 문학에의 길이다. 애초에 문학에 대한 꿈은 없었다. 한국일보에서 일할 때 가까이 지내던 사람들이 김송희 시인을 위시한 문인협회 회원이었다. 가끔 문인협회 회보의 표지를 그렸던 인연으로 혹시 준회원이라도 되면 그들과 계속 만날 수 있으니 좋지 않을까 했다. 일종의 노후대책이랄까. 그런데 수필가 김명순 씨가 정식 회원을 권유하면서 등을 밀어주어 가까스로 문단 등단이라는 것을 했다. 멍석이 깔린 것이다.

그리하여 문학소녀를 거치지 않고 곧장 문학 아줌마로 들어서게 되었다.

'그래, 글을 쓰자' 하고 마음을 먹자마자 쓰고 싶은 것이 오로지 내 이야기뿐이었다. 수필이라는 명목으로 쓴 첫 글은 뉴욕에 처음 도착한 날 밤에 대한 것이었다. 이상 높은 문학으로의 발돋움이 아니다. 철 지나 피는 꽃이 왠지 좀 어거지로 보이듯, 한바탕 천둥도 번개도 다 지난 뒤 이미 다 지나가 버린 젊음을 찾아 나선

듯 부질없는 욕심을 막지 못했다.

65년 전에 태어난 이후 눈덩이가 커지듯 부풀려진 나라는 존재에 내가 아닌 껍질이 얼마나 두껍게 쌓여 있는지 그것을 깨보고 싶기도 했다. 알몸이 나올 때까지 확실하게 정확하게 가장 알맞은 표현으로 나를 찾고 싶었다. 한평생 나 스스로 거미줄 같은 줄로 나를 동여맨 눈에 보이지 않는 실타래. 그 얽매임에서 풀려나오고 싶었다. 천천히 한 줄씩, 한 글자 한 글자씩. 나를 위해 쓰는 글이니까, 나만 알아보면 되니까 쉽게 자판을 두드리며 써 내려갔다.

결국은 유전인자

얼마만큼이나 내 이야기를 해야 할까. 저 멀리 둥글게 둥글게 쳇바퀴를 돌고 돌아 다시 홀로 핀 코스모스가 내 눈에 뜨일 때까지는 계속 내 이야기만 속속들이 쓰게 될 것 같다. 내 얘기를 하려면 구구절절 내 어머니와 아버지가 빠질 수 없는데, 두 분의 이야기는 내 기억 속에 두껍게 깔려 있기 때문이다.

아버지가 돌아가시자, 극작가이신 아버지께 뉴욕의 브로드웨이를 보여드리지 못한 것이 안타까웠다. 인자하고 믿음직스런 아버지는 아니셨지만, 딸만 넷 두신 억울함을 효도라도 좀 받으시고 가셨으면 하는, 너무 일찍 가신 데 대한 안타까움이다.

하지만 아버지는 그 어디가 아니라 바로 아버지를 빼닮은 내 속에 계시는 게 아닐까? 어느 종교를 뒤져봐도 그런 대목은 없지만, 그 정도로 아버지는 내 마음에 담겨있다.

자주 편지를 보내주시는 어머니는 그동안 열 번 이상 미국엘 다녀가셨다. 오실 때마다 집안에 갇히긴 했어도 어머니는 뉴욕을 한껏 즐기셨다. 일기장에는 흑인의 머리 스타일이 그려져 있고, 손녀딸의 여러 모습을 그리셨다. 해가 마당 나무 사이로 떠오르는 것을 그리고, 새벽하늘에 나타나는 초생달과 금성을 그리셨다. 한번은 타판지 브리지를 건너며 까만 강물에 다리의 불빛이 길게 줄지어 비치는 광경을 어떻게 표현하나 고민하시기도 했다.

무종교인

어머니와 아버지는 정말로 의가 나쁜 부부였지만, 각자 나름대로 자식 사랑은 대단하셨다. 우리는 '자유'라는 말을 할 필요도 없이 자유롭게 살았다. 엄격한 규율은커녕 나와 같이 만화 보시는 엄마, 딸들에게 소주를 따라주시는 아빠였기에 우리 네 딸은 각자 자기 일은 자기가 알아서 했다.

그러다가 미국에 와서 남에 대한 배려만이 삶의 목적인 듯한 독실한 기독교인 남편을 만나게 된 것은 무슨 인연이었는지. 법도 많고 규율도 많은 종교인의 생활이었다. 젊을 때부터 사람은 왜 사는가, 과연 사람은 어떤 존재인가를 생각하던 나에게 기독교로의 문이 활짝 열렸다. 그러나 우선은 내가 상식으로 알고 있던 기독교 가르침과는 정반대인 교인들의 가식적 행동이 눈에 보였다. 과연 기독교 교리가 뭔지 확실히 좀 알아보려고 열심히 성경을 읽어봤다.

평양의 초기 교회 목사님의 딸이셨던 외할머니 탓으로 내 어머니는 아버지가 싸움 끝에 집을 나가시면 대여섯 살 나와 두세 살짜리 동생과 한 이불에 누워 '아버지 빨리 돌아오게 해주세요' 소리 내어 기도를 하긴 했어도 90세인 지금까지 어머니는 무종교인이시다. 외할머니가 후에 불교에 귀의하셔서 삼촌과 이모들은 각각 기독교와 불교로 갈라졌고, 내 어머니는 그 어느 것도 믿지 않으셨다. 믿으려 했지만 믿을 수 없었다. 사도신경의 "몸이 다시 사는 것을 믿사옵고…" 그 말은 정말 믿기가 어렵다고 하셨다. 길에서 한 여자가 다가오며 "예수 믿으세요?" 하길래 솔직히 말하면 길어질 것 같아서 "믿어요"라고 말하고는 가려고 했더니, 쫓아오면서 "그럼, 우리 예수님이 왜 돌아가셨는지는 아세요?" 하더란다. 어머니는 "네, 본디오 빌라도에게 고난을 받아 돌아가셨지요"라고 정답을 말했다고 한다. 내가 좋아하는 어머니 에피소드 중 하나다.

동네 친구들 따라 교회 성경학교를 간다니까 외할머니는 "그래, 교회 가서 좋은 말씀 많이 들으면 좋지"라고 하셨다. 색종이로 크리스마스 장식을 만들거나 어린이 연극을 하는 것이 재미있어 방학 때는 꼭 성경학교를 가곤 했는데, 어느 날 갑자기 교회 문을 열어젖히며 뛰어 들어온 사람이 "아래 교회에서 쳐들어온다"고 해서 모두 우르르 도망 나간 기억이 있다. 교회라는 곳을 그런 곳으로 알고 있던 내가 모태 신앙인인 남편을 만난 것은 무슨 섭리였을까.

어린이 세계 명작 10권

종교라고는 미신조차 믿지 않으셨던 아버지와 급하면 기도를 하시던 무종교 어머니. 두 분의 공통점이라고 한다면, 한 가지 더 내 부모님의 마음이 서로 맞은 것은 책 읽기였다. 두 분 다 독서광이셨다. 천만다행이다.

가난했던 우리 집에 책은 참 많았다. 일본 책들 빼고는 셰익스피어도 홍길동 전도 다 아버지 책꽂이에서 찾아 읽었다. 초등학교 때 학교에서 세계 명작 동화집 50권을 주문하라고 했다. 50권을 살 형편이 안 되는 내 부모님이 밤늦도록 내 머리맡에서 심각하게 책을 고르던 일이 생생하다. 나는 《그리스 로마 신화》, 《피노키오》, 《안데르센 동화집》, 《이상한 나라의 앨리스》, 《이솝우화》, 《알프스의 소녀》, 《피터 팬》, 《아라비안 나이트》… 빨간색 딱딱한 표지의 이 책들을 겉장이 떨어져 나갈 정도로 읽고 또 읽었다. 아직도 까만 곱슬머리의 하이디를 기억하는 것은 삽화 때문이다. 코가 길어진 피노키오와 할아버지를 그린 삽화도 생생하다. 요즘 요란한 총천연색 어린이 책을 볼 때마다 내 어린 시절 가느다란 선으로 그려진 흑백 삽화가 흘러간 명화처럼 그립다.

중학교 1학년 때 아버지가 사다주신 《빨강 머리 앤》과 《작은 소녀들》이 나의 사춘기를 잠재웠고, 《바람과 함께 사라지다》로 인생의 짜릿함을 느꼈으며, 전혜린

과 도스토옙스키로 깊은 사색의 맛을 본 나의 독서는 아직까지다. 읽던 책의 뒷장
이 얇아지면 그다음 책을 정해놓아야 안심이 된다. 한밤중에 담배가 다 떨어질까
봐 초조하시던 아버지 스타일이었나. 내가 신문 기사 이외의 글을 안 썼던 이유가
혹시 내가 읽은 책의 저자들만큼 못 쓸 바에야 관두자는 오만이 아니었을까. 겸손
함이 결여된 내 성격 역시 아버지와 어머니의 연장선상에 있다.

아버지는 고등학교 3학년 졸업식이 얼마 남지 않았을 때 교실 창문에서 지나
가는 일본인 교무주임 선생님을 향해 "야! 누구누구"라고 부른 것이 걸려 퇴학을
당할 위기에 놓였다. 교장 선생님까지 나서서 가서 빌면 퇴학은 안 시키겠다고 했
고, 할머니는 아들을 붙잡고 울면서 가서 빌라고 했지만 아버지는 버티셨다. 결국
평양 병문 고등학교의 졸업장을 못 받으셨지만 아버지는 동창회지 졸업생 명단에
버젓이 들어있다. 친구들 사이에서는 영웅 취급을 받으셨단다.

아버지가 한번은 천경자 씨에 대해 "그림 그리는 사람 치고 글을 꽤 잘 쓴다"라
고 말씀하셨다. 지금 생각해보니 혹시 아버지는 나에게 너도 글을 좀 써보라고 하
셨던 게 아니었을까?

내다 버린 나의 일기장

남들 다 겪는 이민 생활의 어려움을 나도 남들처럼 성경에 매달려 버렸다. 신앙
을 갖기 위해 읽었지만, 동시에 한국어 책을 읽는다는 즐거움도 있었다. 독실한 기
독교인인 어머니 배 속에서부터 성경을 익혔을 남편은 의외로 성경책도 잘 읽지
않았고, 이민자 집안이라 읽을 책도 없었다. 그래서 성경책을 자꾸 읽었다. 다 알고
있는 스토리였지만, 따지면서 의심하면서 분석하면서 반복해서 수차례 읽었다. 성
경 속에서 인간과 신의 관계를 알아챘고, 삶의 지혜가 뭔지도 조금은 터득했을 것
이라고 믿고 싶다. 세기의 명작 중의 명작, 세계적 베스트셀러인 성경을 반복해 읽
어낸 일이 어쩌면 내가 글을 쓰는 일에 바탕이 된 것은 아니었을까.

어린 두 아이를 키우며 매주 열심히 교회를 다니며 답답하고 괴롭던 때, 시화전에 그림을 그리게 된 것이 인연이 되어 한국일보의 문화부를 맡고 있던 김송희 시인의 권유로 신문에 삽화를 그리기 시작했다. 신춘문예 당선작, 생활 정보란, 문인들의 시 그리고 어린이판에까지 삽화를 그렸다. 그러다가 전문인이 부족했던 뉴욕 한인 커뮤니티에서 차차 미술 기자로 자리를 잡아갔다. 어색한 이민 생활을 기자 생활로 풀어낸 것인데, 35년이 넘은 지금도 미국에서 살고 있는 매일매일이 어색한 것은 마찬가지다.

오랜만에 한국에 가면 도착한 다음날 아침, 비닐 주머니를 들고 걸어서 목욕탕 갈 때의 그 자연스러움, 식당에서 실컷 먹고 나서 달콤한 자판기 커피를 한잔 빼 들고 나올 때의 그 여유로움을 미국에서는 가질 수 없다. 그렇다고 한국서 살고 싶은 것도 아니다. 거세게 흘러가는 물결 같은 한국이 눈에 거슬리기만 하다. 미국과 한국 사이에서 정체가 묘연한 채로 살고 있지만, '노려 오는 날'이라고 달력에 동그라미 표시를 해놓고 기다리고 있는 어머니, 아니 그보다는 어머니를 옆에서 보살피고 있는 동생들을 만나러 한국에 될수록 자주 가려고 한다.

작년에 갔을 때, 어머니가 일기장 한 권이 다 끝났다면서 동생에게 얇은 공책 하나 사달라고 하셨다고 했다. 나는 교보문고에 가서 두꺼운 공책 하나를 사드렸다. 방안에만 계시는 어머니는 창문으로 내다보신 아파트 바로 앞 세상, 경비 아저씨, 청소차, 이사 오고 가는 집의 세간살이, 등교생에 대한 이야기를 일기에 쓰신다. 요즈음엔 하루 24시간을 분 단위로 쓰시고 있다. 여학교 때부터 일기를 쓰신 어머니가 이렇게 일기를 쓰시는 한 아직은 안심하고 싶다. 이번에 가서 또 두꺼운 공책 한 권 사드리고 와야지.

나도 일기를 열심히 썼다. 미국 생활이 몇 년 지난 어느 날, 옛날 일기를 들춰보다가 기겁했다. 첫 장부터 늘어놓은 한탄과 불만불평, 다짐과 결심, 반성이 장장 몇 년 동안 변함없이 반복되고 있었다. 모아두었던 일기 대여섯 권을 한꺼번에 다 버렸다. 그때까지 나의 미국 생활이 고스란히 담긴 것이지만, 후회하지는 않는다. 지금까지도 늘 그렇게 살고 있으니까.

달라졌다면, 아니 좀 발전했다고 한다면 이제 좀 한탄과 불평이 아닌 글을 쓰게 된 것이라고나 할까. 얼마 전 나의 일기라고 할 수 있는 수필집 《그랜드 센트럴 역에서 달리기》를 출판하고 나니 마음속에 쌓인 한탄을 얼마쯤은 해소한 듯했고, 내가 글 쓰는 사람이라는 것에 조금 더 실감이 났다. 좀 더 잘 쓰고 싶은 생각도 들었다.

필자의 수필집 표지

이어지는 유전인자

인터넷 시대다. 인터넷 속에는 수억 개의 글이 난무하고 있다. 클릭 한 번에 어떤 정보라도 내 손에 쉽게 들어온다. 온 세상이 클릭권에 있는 지금은 한국으로부터 뉴욕 통신원을 통해 기사를 써달라는 주문이 줄어들고 있다. 바야흐로 저널리스트의 자리에서 은퇴할 때가 된 것이다. 아이들도 각자 인생을 잘 꾸려나가고 있다. 드디어 문학에로의 길에 한발 한발 더 걸어 들어갈 차례가 된 것인가?

70세 넘어 그림을 그리고 성공한 모세즈(Moses) 할머니를 생각해본다. 뒤늦게 시작한 문학 아줌마가 터벅터벅 걸어가면서 절대 앞서간 사람들을 따라잡을 마음은 없다.

어쩌면 내가 쓴 글에 그림을 그려 넣는 일을 할 수도 있다. 아니면 혹시 영어로 글을 써보는 것은 어떨까. 시도 쓰고 싶다. 펜클럽에도 가입했다. 조용하게 의욕이 솟는다.

어머니의 스케치북과 하나밖에 없는 아버지의 그림, 그리고 담배 냄새가 꽉 배었을 아버지의 원고지, 여고 동창회지에 매년 글을 써 보내시는 어머니. 그 두 분의 DNA가 태평양을 건너와 길게 이어지고 있다. 순수 미술을 전공하고는 '에델만(Edelman)' 광고회사에서 프로덕션 일을 하고 있는 딸아이와 뉴욕타임스에서 기자 노릇을 하고 있는 아들에게서 그 유전인자가 명백하게 드러난다.

내 부모가 나를 통과해서 아이들에게 흘러 들어간 것이다. 물론 내 남편의 DNA도 내 아이들 속에 들어있겠지만, 내 아이들의 글과 그림은 전적으로 나로 인한 것이다.

내 아이들에게서 피어나는 내 부모의 유전인자에서 하나님의 섭리와 내 인생의 의미를 찾는다.

노려

글쓴이 노려는 1952년 노능걸, 황재옥 씨의 네 딸 중 장녀로 태어났다. 진명여고, 홍익대학교, 홍익대학교 산업대학원을 다녔고, 1974년 한국종합조경공사 설계부에서 공공 시설 디자인을 했으며, 1979년부터 전주 기전전문대학 공예과 전임강사를 하다가 1982년 뉴욕에 와서 '아트 스튜던트 리그 오브 뉴욕'과 파슨스 스쿨에 잠시 다니고, 계치호 씨를 만나 결혼하여 희련(Diana), 인준(Andrew) 두 아이를 두었다.

1987년부터 한국 '디자인하우스'의 《행복이 가득한 집》, 《디자인》지의 통신원으로 일하고 있으며, 아시아나 기내지, 한솔 사보 등에 글을 썼고, 1988년부터 1994년까지 뉴욕 한국일보 문화부 기자를 지내고 한동안 프리랜서로 칼럼을 쓰다가 현재는 30년 넘게 살고 있는 웨체스터 지역의 한국일보 웨체스터 지국장직을 맡고 있다.

2008년 《한국수필》 신인상으로 문단에 등단했고, 2009년 미동부한인문인협회에 가입했으며, 2016년 한국펜 미동부지회에 가입했다. 뉴욕의 한인 미술재단인 'AHL 파운데이션'의 이사를 맡고 있다.

nohryo@gmail.com

5 나의 수필 모음: 아버지와 고국을 그리며

방인숙
수필가

나는 우리 가족의 해외 생활 시작점인 호주 퍼스(Perth)에서 1985년 여동생이 사는 뉴욕으로 왔다. 정착하는 과정에서 겪은 삶의 고난과 애환, 외로움은 평생 옆에 두고 하소연해오던 일기장에 풀어놓는 것만으론 부족했다. 그래서 뉴욕에 온 후, 마치 냉동실에 보관한 양 가슴속에 쟁여져 있던 생각과 말들을 해동시키기로 했다. 뉴욕 거주 딱 5년차 되는 해부터 신문에 투고하기 시작했다.

이후 글쓰기는 나 자신의 유일한 목표이자 버팀목이자 위안이 돼주었다. 내 글에 자신감을 잃을 때도 많았다. 그럴 때면 더욱 열심히 써서 숱하게 공모에 응모하곤 했다. 행운이 따라줘서 수상하는 기쁨도 몇 번 누려봤다. 그러나 이민 생활이 오래될수록 떠나가신 부모님과 할머니에 대한 그리움과 회상은 조금도 희석되지 않았다. 한국인으로서의 정체성 또한 전혀 줄어들지 않았다. 그래서 그런 마음들이 사무칠 때면 쏟아냈던 글로 세 편을 골라봤다. 아마도 나의 이런 애모가 줄어들지 않는 한, 나는 영원히 글을 쓸 수밖에 없겠다.

나에게 큰길의 의미는?

나한테 처음으로 '큰길'에 대한 꿈과 동경을 심어준 곳은 고향인 원주다. 아버지가 남전전기회사(한전의 전신)를 다니셔서 원주 외곽인 가매기의 변전소 옆 사택에서 살았다. 집 앞의 큰길인 신작로 왼쪽으론 횡성, 홍천을 통해 춘천까지 가는 길이고, 오른쪽으로 쭉 가면 원주 시내가 나왔다. 내가 다니던 봉산초등학교는 원주 시내도 지나가서야 있었다.

2학년 때 운동회 날이었다. 지금도 그날의 기억이 또렷하다. 운동회가 끝나자 할머니와 엄마는 먼저 가셨다. 땅바닥에 가마니가 깔려 있던 교실 청소를 끝내고 나오니까 사람들이 몰려서서 운동장의 단상에서 하는 마술쇼를 구경하고 있었다.

'뭔가?' 하고 보았더니, 단상의 아저씨가 전구를 입 안에 넣고 막 씹고 있었다. "어머!" 꼭 내 입 안이 찢어지고 피가 나는 것처럼 끔찍해 얼른 눈을 가렸다. 그런데 그 아저씨는 신기하게 피 한 방울 안 나고 말짱했다. 그다음엔 막대기에 불을 붙여서 또 입속에다 넣는 거였다. '아, 뜨거워라! 입 안이 다 데일 텐데' 하고 질겁하는 순간, 아저씨는 태연한 얼굴로 불 막대기를 입에서 꺼내는 거였다. 너무나 불가사의해 눈이 의심스러울 정도였다. 그런데 그 아저씨가 서울에서 왔다는 거였다. 도대체 서울은 어떤 곳이기에 저런 희한한 재주를 가진 사람이 살까. 어마어마하게 거대하고 신비로운 곳인가 보다. 언젠가는 나도 그런 미지의 땅에 꼭 한 번 가보고 싶은 마음이 솟구쳤다.

교문을 나섰는데, 나도 모르게 발걸음이 집과 반대쪽인 서울 가는 방향으로 틀어졌다. 늘 그쪽 길이 궁금해 한 번 가봐야지 벼르면서도 엄두가 안 나 여지껏 발을 내디뎌보질 못했다. 그날따라 혼자서 겁도 없이 용기가 생겼나. 아니 그보단 마술아저씨로 인해 부쩍 서울에 대한 호기심이 용솟음쳐서겠다. 그래, 오늘은 기필코 서울을 향해 가까이 다가가보자. 서울은 어디쯤 얼마나 가면 있을까? 서울 가는 큰길은 도대체 어떻게 생겼을까? 왠지 직접 눈으로 그 길을 확인하면 서울에 대한 궁금증이 조금이라도 풀릴 듯싶었다.

인가가 뜸해질 때까지 한참을 걸어갔더니 슬그머니 길이 오르막으로 꼬부라졌다. 어쩔까 하다가 오르막에 올라가 보니 꼬불꼬불 아래로 난 큰길이 보였다. 그런데 까마득하게 이어진 서울 가는 길이 그만 산등성이 너머로 꼬리를 감춰버리는 거였다. (지금도 그 길의 정경이 사진처럼 선명하다.) 아쉽게도 길이 숨어버려 더 이상 서울 가는 쪽을 볼 수 없는 데다 인가가 끊긴 산길이라 갑자기 무서움이 엄습했다. 그래도 꾹 참고 망연히 서서 한참이나 그쪽을 보며 다짐하고 또 다짐했다. 기필코 서울에 꼭 가보리라고….

어느새 저녁때가 됐는지 땅거미가 지고 있었다. 그제야 길을 잃을까 더럭 겁이 나서 막 뛰어 학교로 갔다. 뛰다시피 집으로 가면서도 머릿속엔 가물가물 사라지던 서울 가는 큰길만 떠올랐다. 동시에 마음속에다 서울에 대한 동경과 꿈을 더욱 깊게 아로새겼다.

꿈을 꾸면 이루어지는 법. 딱 1년 후, 아버지가 서울로 전근하시게 돼 우린 서울로 이사하게 됐다. 드디어 이삿짐 트럭을 타고 할머니 무릎 위에 앉아 하염없이 눈도장 찍어뒀던 서울 가는 그 큰길을 지나 서울로 향했다. 얼마나 설레고 감개무량했던지….

밤에 서울이라는 데로 들어갔는데, 그때 본 돈암동 큰길은 왜 또 그리 넓던지. 거기다 길 가운데는 전차라는 것까지 달리고 있었다. 하늘에 붕 떠 있는 얼키설키 걸린 많은 전깃줄도 신기한데, 전차가 긴 손을 뻗어 땡땡거릴 때면 공중에서 파란 불이 번쩍번쩍 일어나서 얼마나 놀랐는지 모른다. 시골뜨기 아이의 눈에 비친 전차의 첫인상이다.

우리가 처음 이삿짐을 푼 곳은 안암동이었는데, 가까운 큰길은 신설동이었다. 1년 후에 삼선교로 이사하면서 큰길도 돈암동으로 바뀌었다. 그다음엔 홍릉에서 초등학교 5학년부터 대학 졸업할 때까지 살았다. 큰길도 청량리 밖으로 변했고.

홍릉에서 종암초등학교를 가려면 제기천(川)을 건너야 했다. 오래전에 복개돼 지금은 흔적도 없지만, 그땐 다리조차 없어서 징검돌로 건넜다. 비가 많이 와 물이 불면, 징검돌이 군데군데 떠내려가거나 잠기고 물살이 세진 바람에 건너는 게 무서웠다. 그런 날은 동생보고 "오늘은 큰길로 가자!" 하고는 서울사대를 지나 용두동으로 갔다. 학교에선 용두동이 큰길이었으니까. 용두동엔 홍릉 가는 버스가 다녀서 남자 차장 아저씨한테 "태워주세요. 아저씨!" 하면 "그래!" 하고는 얼른 공짜로 태워줬다. 그럼 우린 따뜻한 보닛 위에 앉아서 얼마나 신났던지. 너도나도 참 마음이 따스하고 인심 좋던 아름다운 시절이었다.

중학교 때는 학교가 재동에 있어서 큰길인 종로2가에서 걸어 다녔다. 1학년 갓 들어가서인데, 그만 4.19가 났다. 선생님은 아침녘에 수업을 중지하곤 모두 빨리 집에 가라고 하셨다. 그런데 집에 가는 버스를 타야 할 종로3가에 가니, 경찰이 데모대에 총탄을 퍼붓는 공포의 아수라장이었다. 잔뜩 겁에 질려 아버지가 계신 화신백화점 뒤의 한전 건물로 갔지만, 아버지는 이미 퇴근하셨고 신문사에선 불길이 치솟고 있었다. 모든 교통수단이 끊어진 상태라 도대체 집으로 가는 방법이 막막한 거였다. (물론 집에 전화도 없을 때니까)

그래도 새로운 길에 대한 겁이 없는 데다 새벽이면 아버지랑 홍릉 산을 올랐기에 걷는 것엔 이력이 붙은 게 그나마 다행이었다. 허둥대는 사람들을 따라 우왕좌왕하다가 종묘 옆의 생전 모르던 샛길로 빠지니 원남동 큰길이 나왔다. 전에 삼선교 살 때 온 가족이 창경원에 와봤기에 종로통을 피해 우회해서 가는 큰길의 지도를 머릿속에다 그릴 수 있었다. 창경원에서 혜화동, 돈암동까지 쭉 간 다음에 오른쪽으로 돌아 신설동까지 가서는 다시 왼편의 청량리 쪽으로 꼬부라져 가는 방법이었다. 파출소란 파출소는 다 불에 타는 것을 보며 가슴을 콩닥거리다 집에 도착하니, 밤 10시 30분이었다.

꼴딱 점심 저녁을 굶은 채 거의 12시간을 나 혼자 행로를 판단하고, 나 홀로 줄 창 걸었으니 장한 일 아닌가. 생전 걸어보지 않은 낯선 밤길임에도 뇌리에 그린 지도에만 의지해 씩씩하게 무사히 집을 찾아갔으니까. 예전 큰길에 대한 감각을 익히고 훈련을 쌓았기에 가능한 일이 아니었을까. 여하튼 4.19 날의 고생길 후, 낯선 큰길은 두려움보다는 새로운 세계에 대한 갈망 또는 도전 의식을 품게 했다.

큰길에 얽힌 또 하나의 에피소드가 있다. 당시엔 홍릉이 막다른 차도라 경희대 가는 쪽은 산길로, 종암동으로 가는 길은 골목골목 샛길로만 연결돼 있었다. 온 가족이 큰길인 종암동까지 걸어 나가서 버스를 타고 도봉산에 놀러 갔다 온 적이 있었다. 그때 내 머릿속엔 종암동 큰길만 쭉 따라가면 미아리, 수유리, 그리고 계곡이 나온다는 지도가 새겨졌다.

마침 마당에 설치한 조그만 연못에 알록달록한 금붕어만 있다 보니, 영 시골 개울 정취가 안 살아났다. 시골에 살 때, 계곡에서 빨래하는 할머니를 따라가서는 송사리, 피라미, 버들붕어를 잡으며 놀았던 일이 몽매에도 그리웠다. 그런 고기들을 연못에 넣고 키워야 진짜 연못처럼 자연적인 맛이 날 것 같았다. 그래야 그 시절의 고향 기분이 들 거라는 관념만 머릿속에 꽉 박혔다.

나는 하고 싶은 게 있으면 기필코 해야 직성이 풀린다. 더구나 4.19 의거(義擧)로 휴교 중이라 하루하루가 무료하던 참이었다. 드디어 어느 날, 겁도 없이 덜컥 일을 저질렀다. 내 친구랑 쪼르르 동생들 셋까지 데리고 깡통을 챙겨 송사리 잡으러 가는 대장정에 나선 것이다. 아마도 잠재적으로 큰길에 대한 열망이 간직돼 있던 터였고, 미답의 큰길은 생경스러운 호기심의 대상일 뿐이라 겁 없이 그런 모험에 도전했을 거였다.

주택가 골목을 돌아 종암동 큰길까지는 그런대로 수월히 찾아갔다. 그다음이 문제였다. 동생들은 처음엔 아스팔트 길의 감촉이 좋다고 신나 하며 신발을 벗어 들고 아예 맨발로 걸었다. 그러나 미아리를 지나 수유리까지의 그 큰길이 어찌나 멀고도 멀던지. 아무리 걸어가도 눈여겨둔 계곡이 안 나오는 거였다. 내처 가보나? 그냥 되돌아갈까? 얼마나 갈등했는지 모른다. 정말 '고기 찾아 삼만리'였다. 결국은 겨우겨우 찾아간 우이동 계곡에서 고무신으로 송사리를 잡아 소원대로 깡통에다 넣긴 했다.

그러나 오다 보니 날은 어느새 깜깜하게 저물었다. 환한 낮에 갈 때보다 얼마나 더 끔찍하게 멀고 힘들던지. 게다가 올망졸망한 동생들은 배고프다, 배 아프다, 다리 아프다며 징징대고 난리도 아니었다. 달래며 업어주고, 별을 보며 제대로 무사히 집에 가게 해달라고 빌면서도 깡통에 든 고기들이 죽을까 봐 애면글면했다.

혹시나 지금 가고 있는 이 길이 엉뚱한 길일까 봐, 내가 대장인데 집을 못 찾게 될까 봐, 내 속은 까만 밤하늘보다 더 막막하고 새카맸다. 바람 잡고 어린 동생들을 선동한 책임감 때문에 얼마나 더 마음 졸이고 걱정했던지. (내 평생 어디를 갔다가 집 가는 길에 그렇게 마음고생하고 애를 태워본 일도 없다.)

다행히 깜깜한 밤길임에도 하느님이 보호하사 제대로 왔다. 집에선 말도 없이 애들이 몽땅 없어져선 밤이 돼도 안 들어오니 온통 걱정 속에 찾고 난리가 났나 보았다. 그런데 눈물자국과 흙먼지로 얼룩져서 피카소 그림의 얼굴이 된 데다 깡통까지 든 거지떼 4형제가 우르르 오밤중에 들이닥쳤으니, 엄마와 할머니 얼굴이 어땠을까? 상상불허(想像不許)였다.

나는 엄청 야단을 맞고 나서도 깡통을 쳐들며 연못에 부을 진짜 고기를 잡아왔다고 큰일이라도 한 양 으스댔다. 그러곤 부랴부랴 연못에 부었는데, 고기들이 다 빳빳하게 하얀 배를 보이며 떠버리는 게 아닌가. 이미 몽땅 저승 행차한 사실도 모르고 신주 모시듯 들고 왔기에 더 기막혔다. 민물고기는 반드시 흐르는 물에서나 살지 고인 물에선, 더구나 그 비좁은 깡통 안에선 생존 불가능인 상식을 왜 중학생인데도 몰랐는지…. 여하간 고생고생 끝에 챙겨온 수확물이 물거품 되는 바람에 어찌나 실망스럽고 허탈했던지. 그때의 상실감 역시 생생하다.

어쩌면 버스가 마주치면 트위스트라도 추며 비켜주던 신작로를 큰길로 여기던 촌구석 애가 무작정 서울 가는 길을 찾아 나서던 때부터 큰길에 대한 무한한 동경이 자라서였는지도 모른다. 그 버릇이 서울 와서도 고기 잡으러 간다며 유감없이 발휘됐던 것이리라.

그 시골 꼬마가 차츰차츰 큰길을 넓히다가 어른이 돼선 드디어 큰 하늘까지 횡단했다. 그리고 큰 나라 호주의 퍼스에서 살다가 세계 제일의 큰 도시인 뉴욕까지 와서 살게 됐다. 넋 놓고 서울 가는 길을 바라보던 자그마한 그 아이가 짐작은커녕 상상조차 하지 못했던 진짜 큰길과 세계를 직접 대면했다.

지금 내가 사는 집 앞의 큰길은 8차선 하이웨이다. 이만하면 촌 가시나가 어마

지금도 매주 토요일 새벽엔 산이나 바다, 공원을 거닌다.

어마하게 출세한 건가. 아니, 그보단 우리나라가 그만큼 세계화된 여파이자 증거
겠다. 그래도 나 자신이 늘 큰길을 지향하며 밟아보고 싶어 했기에 용기 있게 과감
히 해외 생활을 선택하게 됐는지도 모르겠다. 자고로 역사는 꿈꾸는 자의 몫이 아
니던가.

그런데 격세지감이지만, 이제는 솔직히 큰길 하이웨이가 피곤하다. 더구나 모
르는 길은 겁부터 난다. 아는 길이라 해도 큰 고속도로보다 좁은 서비스 도로, 아
니면 시골길을 운전하는 게 마음에 부담 안 가고 여유가 느껴져 좋다. 걷는 길도
편하고 넓은 아스팔트나 콘크리트 길보다는 아늑하고 호젓한 오솔길이나 황톳길
이 더 정취가 느껴지고 포근히 다가온다.

어렸을 때부터 마냥 앞으로 뻗어나가고 큰길 밖으로만 돌고 싶어 하던 인생길
이었는데, 이제 큰길은 그만 찾으라나 보다. 오르막길은 힘에 부치니까 내리막길
로 가라나 보다. 큰길은 안으로 꼭꼭 접고, 좁은 길에 만족하고 안주하며 살라는
때가 온 건가 보다. 어느새…

기차

1950년대 중반쯤 원주의 외곽 '가매기'라는 곳에서 살던 아홉 살짜리 여자아이의 이야기다.

그 아이가 다니던 학교는 집에서 꽤 멀었다. 뽀얀 신작로를 따라 한참 가고 나서도 샛강을 끼고 또 타박타박 걸어야 했다. 그 샛강은 강이라고 하기엔 좀 낯간지러웠어도 가운데 수심은 한 길이 넘고 강 위엔 철교가 있었다. 개구쟁이 남자애들은 강에서 헤엄치는 게 시들해지면 둑 위로 올라가 철교를 건너는 객기를 부리곤 했다. 여자아이들은 학교에 가다가 그 철교만 보이면 소름이 끼친다며 조잘댔다.

"어제 또 누가 철교 건너가기 내기를 하다가 기차에 치였대."

"밤에 술 취한 어떤 아저씨가 술김에 철교를 건너다가 기차가 오는 바람에 강물로 뛰어 내렸는데 죽었대."

"남자애가 기차에 치여 다리 하나가 잘렸고, 어떤 애는 가까스로 헤엄쳐 나와서 살았대."

실제로 걸핏하면 철교에서 사람이 다치고 죽는 사고가 다반사였다. 그런 실정이라 여자아이에겐 철교가 은근히 공포의 대상이면서도 꼭 한번 건너보고는 싶었다. 그러나 아무리 남자애들이랑 잘 놀고 겁이 없다 해도 그 철교를 건넌다는 담력은 꿈도 못 꿀 일이었다. 서울을 간다는 새까만 기차가 마음껏 굉음을 질러대며 철교를 건널 때면, 사람이 치는 것만 연상돼 그 아이는 진저리를 쳐댔다. 기차를 그렇게 무서워하면서도 꼭 타보고는 싶으니 묘했다. 기차를 타고서라도 그 철교를 꼭 한번 건너보고 싶어서였다. 철교에서 밑으로 강을 내려다보면 너무 근사하고 아찔할 것 같아서였다.

마침 그 이듬해에 아이의 아버지가 서울로 전근 가시게 됐다. 드디어 대망의 기차를 타고 철교를 건너볼 수 있는 절호의 찬스가 도래한 거였다. 뭐든지 너무 벼르면 무산된다더니 그 아이는 할머니랑 이삿짐 트럭을 타야 했다. 그 바람에 기차를 타는 꿈과 철교를 건너보는 기대를 접은 채 가매기를 떠나오고 말았다. 이 없으면

잇몸이라고, 기차에 대한 시골아이의 소박한 소망은 한동안 처음 본 작은 기차인 전차를 타는 것으로 대리만족했다. 하지만 기차 타고 철교 건너보기는 늘 소망으로 마음속에 쟁여졌다.

서울 생활이 안정된 몇 년 후부터 그 아이의 아버지는 애들 여섯 명의 정서 함양을 위해 가족들을 데리고 들로 산으로 바다로 다니셨다. 비로소 그 아이도 경인선, 경춘선, 중앙선을 타보고, 여기저기 철교도 건너보고 했다. 그 아이는 철교를 건너며 강을 볼 때마다 상상했던 대로 기분이 너무 색달라서 환호성을 치곤 했다. 물론 그 무섭던 기차하고도 친해졌다. 아니, 기차여행을 너무너무 좋아하게 됐다. 단발 소녀로 성장한 그 아이는 친구들과 교외선을 타고 돌 줄도 알게 됐고, 옥빛 파란 바다를 끼고 달리는 강릉행 기차여행도 해보았다.

그 아이가 대학생일 때 아버지가 부산으로 발령이 나셨다. 자주 오르내리시는 아버지로 인해 온 식구는 배웅과 마중 차 서울역 단골손님이 됐다. 우리 가족에게 서울역은 늘 반가움과 아쉬움 그 자체였다. 자연히 기차도 밀접한 생활의 일부분으로 친밀하게 다가왔다. 그 아이는 방학 때면 부산을 오가느라 기차를 원 없이 타면서도 매번 새롭고 좋았다. 기차랑 연관된 영원히 잊지 못할 아름답고 소중한 풍경과 기억들이 그때 많이 머리에 입력됐다.

그 아이의 아버지가 서울역 안의 양식당에 데려가셨을 때였다. 그땐 양식당이 조선호텔에나 있는 정도였다. 영화에서 이별하는 장면이 있다 하면, 감초처럼 등장하는 장면이 서울역 시계탑 아니면 그 양식당이었다. 예전에 김포공항이나 지금의 인천공항 식으로 말이다. 그때 그 아이는 양식을 먹는 게 생애 처음이라 식사를 하면서도 꽤나 호사스러운 기분에 취했던 느낌이 간직돼 있다.

또 아버지가 열차 안의 식당 칸에 데려가셨던 기억도 남아있다. 영화 장면을 보며 흔들리는 기차 안에서 어떻게 나이프와 포크가 안 떨어질까? 나도 과연 수프를 안 쏟고 먹을 수 있을까? 어렸을 때부터 그런 괜한 궁금증과 염려가 있던 터라 비로소 의문을 풀어보게 된 거였다. 생초짜이면서도 익숙한 단골 손님인 척, 우아한

숙녀인 척하던 게 재미있으면서도 아주 행복했다.

늘 삼등칸 애용자였다가 처음으로 아버지랑 같이 비둘기호 2등칸을 탔을 때, 차별화되고 고급스러웠던 느낌도 저장돼있다. 3등칸의 조각조각 난 틀에 낀 유리창으로 밖을 보면, 늘 시야가 막힌 듯 답답하게만 보이던 들과 산이었다. 그런데 2등칸에서 커튼을 젖히니, 탁 트인 통유리창을 통해 눈에 확 펼쳐지는 논과 산들이 얼마나 더 푸르고 시원스럽고 달라 보이던지….

초가집 지붕 위에 피어 있던 박꽃과 둥그런 박들, 싸리 넝쿨을 타고 올라간 노란 호박꽃과 탐스런 호박들, 온갖 농작물을 엿보는 즐거움이 너무나 소중하고 행복했다. 환상적인 석양의 노을빛과 오색으로 물든 구름들, 검게 웅크리고 있던 야산들의 인상적인 그림. 그 명장면들은 지금까지도 해 질 녘이면 자동으로 연상될 만큼 뇌리에 도장처럼 새겨졌다. 나는 그런 아름다운 순간들을 놓치는 게 아까워서 결코 기차 안에서 잠을 자본 기억이 없다.

기차를 타는 낙 중에서 또 하나 빼놓을 수 없는 즐거움이 있었다. 대구나 대전 역전에서 아버지랑 같이 후루룩대며 우동을 먹던 일이다. 기차를 놓칠 것 같은 조마조마한 스릴감과 한없이 따뜻하신 아버지랑 먹어서 그런지 추억의 감칠맛으로 남아있다. 고로 그때부터 지금까지 이어진 기차역 우동에 대한 나의 사랑과 그리움은 변함이 없다. 아버지는 그렇게 아이에게 기차와 연관된 멋진 경험과 추억들을 처음으로 아로새겨주셨다. 어릴 적에 무서워만 했던 기차에 대한 이미지를 꿈과 낭만으로 변하게끔 해주신 거였다.

그래선가! 그 아이는 아무리 나이를 먹어도 기차만 보면, 가슴이 싸해지며 무조건하고 반갑다. 동심으로 돌아가 아버지와의 추억을 회상한다. 소녀 때 네 잎 클로버를 찾았을 적마냥 행운의 예감에 설레기도 한다. 그 두렵던 기적소리조차 정겹고, 한없이 로맨틱한 감정에 젖게 한다. 근심 걱정 없던 옛 시간들이 아련한 향수 속에 되살아나 그리움마저 불러일으킨다. 까마득히 멀어진 시절에 접었던 꿈마저 되살리고 싶을 만치.

집 마당의 참나리꽃. 경춘선 기차를 타고 가다가 차창 밖으로 보인 주황
색 점박이 꽃에 반하곤 했다. 그래서 고국의 산천이 그리울 때, 기차
생각이 날 때 마음을 달래려고 집 마당에 잔뜩 번식시켰다.

　세월은 기차보다 빨라 어느덧 그 아이도 중년에 접어들었다. 샛강을 따라 학교
를 오가던 그 시골 아이도 태평양을 돌아 먼 뉴욕까지 와서 살게 됐다. 그런데 그
아이에겐 검은 괴물 같기만 하던 기차를 따뜻한 연민의 시선으로 보게 해주신 아
버지가 허무하게도 너무나 빨리 기차 연기처럼 사라지셨다. 너무도 따스하고 행복
스런 추억만 잔뜩 남겨주신 채…. 아! 정말 나는 사랑하는 사람들과 너무 많은 것
을 잃고 포기하며 고국을 떠나왔던 거였다. 이민 생활 한다며 조국의 생생한 역사
과정과 발전상까지 너무 많이 놓치며 살고 있는 거였다. 조국에서 주관적인 입장
으로 안 살고, 그저 이민자라는 객관적인 입장에서 사는 셈이었다.

　그런데다가 소소하고 생경한 문화적인 충격까지 접하게 되니, 누군가에게라도
실상을 알리고 싶었다. 고국의 산천이, 인연 맺었던 사람들이 너무 그리웠다. 또한
알게 모르게 많은 회한도 쌓여 가슴 속이 터질 듯 와글거렸다. 지나간 세월이 가슴
아프도록 못내 아쉽고 허(虛)해왔다. 그런 내 마음을 스스로 위안 삼아 낱낱이 기
록해야 했다. 엉킨 실타래 같은 어수선한 마음속 갈등과 참회를 글로라도 풀어내

야 했다. 회개하듯 고백해야 했다.

그래서 지금도 자식 도리를 하지 못한 채 보내드린 아버지를 회상하며, 이렇게 기차에 앉아 글을 쓰고 있다. 비록 일터로 가는 여유 없는 길이지만, 여명의 안개에 싸여 잠자고 있는 집들과 나무들을 본다. 모처럼 아버지랑 연관된 기차 안에서 사색에 젖으며, 마냥 행복하기만 했던 그 시절로 돌아간다. 이 세상에서 그 누구보다 따뜻하실, 사랑하는 아버지와의 기억에 빠져 마음 놓고 그리움에 젖어본다. 촉촉한 일탈이다.

이렇게 기차는 자동으로 아버지를 연상시켜서 기차 사진만 보면 오려놓았다. 그 사진들을 갤러리마냥 냉장고나 벽에 붙여놓거나 침대 머리맡에다 쭉 놓고 보았다. 깊은 산의 짙푸른 나무들과 호수 사이로 꼬리를 감춘 채 달려오는 기차. 새파란 바다를 옆구리에 끼고 허리가 활처럼 휜 채 가물가물 사라지고 있는 기차. 단풍든 산과 절벽을 휘돌아 쪽빛의 강물과 물안개에 살짝 숨은 구름 철교 위를 아슬아슬하게 건너고 있는 기차. 하얀 눈 천지를 외롭게 달려와서 눈 모자를 뒤집어쓴 시골 역사에서 숨을 고르고 있는 기차 등등. 그렇게 내 주위에선 기차들이 사계절을 시도 때도 없이 달리고 있다. 그런 기차 사진들을 보면서, 기적 소리를 들으면서, 즐겁던 어린 시절과 아버지를 추모하며 살고 있다.

그럼에도 왜 나는 그 아이가 꿈꿨던, 아버지가 기대하셨던 당당한 삶을 살지 못했을까? 맹꽁이처럼 외곬으로만 빠져 얼마나 약지 못하게 살았던가. 자아를 유기한 채 얼마나 허우적대며 살았던가. 뭣 하나 제대로 똑 부러지게 잘해놓은 것이 없다는 사실에 새삼 가슴을 친다. 지향하고 꿈꿨던 삶과는 한참 거리가 멀다. '이건 아니다.' 뼈저린 각성과 아쉬움에 너무너무 나 자신이 미워진다. 완전히 헛살았다.

아! 다시 한번만 아버지 곁에 그 아이로 되돌아갈 수 있다면, 모든 걸 다시 시작하고 새로 엮어볼 수 있다면 시행착오 없이 좀 더 나은 삶을 누릴 수도 있을 텐데. 적어도 지금 모습보다 나을 것은 너무도 확실한데. 하지만 이미 엎질러진 물. 불가능한 생각일랑 접자. 노루 꼬리만큼 남은 인생이나마 하루하루 충실히 사는 것밖엔 대안이 없다. 그게 내게 주어진 내 몫의 현실이니까.

솔개의 수명은 대략 70년이란다. 그런데 40년 정도가 지나면 부리와 발톱, 깃털이 낡아 위기가 온단다. 인간에게 성인병이 찾아오듯이. 그러면 솔개는 산꼭대기에 둥지를 틀고는 부리가 뽑힐 때까지 바위에 부딪친 다음 새로 나온 날카로운 부리로 무뎌진 발톱을 뽑는단다. 그런 고통 속에 새 솔개로 탈바꿈해서는 여생인 30여 년을 아주 멋지게 산다는 글을 읽은 적이 있다. 인간도 그럴 수만 있다면 후회 없게끔 다시 잘살아볼 수 있으려나? 부질없는 욕심에 실소한다.

사람의 일생에서 적어도 세 번의 기회가 주어진다고 한다. 어느새 기차 끝 칸의 앞자리쯤에 와있는 나는 이미 세 번의 찬스를 다 놓친 거나 아닌지 모르겠다. 그래도 아직 한 번의 마지막 기회가 남아있다고 여기자. 지금부터라도 눈 똑바로 뜨고 좀 지혜롭게 살자. 더 부지런히, 더 열심히 보람된 순간들을 만들어나가자. 그러다 보면 마지막 자리로 옮겨 앉았을 땐 지금보다는 나은 모습이겠지. 생에 대한 회오가 좀 덜해지겠지.

이렇게 늘 마지막 기회가 찾아올 거라는 기대와 희망의 끈을 놓지 않고 사는 게 인간인가 보다. 아무리 늙어가도, 아니 삶을 내려놓을 때까지도….

김치 예찬

어제 저녁을 먹을 때였다. 열네 살 딸아이가 된장국에 밥을 말아서는 땅콩 주워 먹듯 김치만 부지런히 집어갔다. 먹는 모습이 하도 맛있어 보였던지 남편이 물었다.

"영아야! 너도 김치가 없으면 막 먹고 싶고 그러니?"

영아는 뜬금없는 아빠의 질문에 처음엔 "아니!" 하더니 잠시 생각해보는 눈치다. 그러곤 저도 새삼 놀랍다는 듯이 웃으며 정정했다.

"으응! 밥 먹을 때 김치가 없으면 이상하고 김치 생각이 나!"

"그래! 그럼 고기 먹을 땐?"

"고기 먹을 적엔 김치가 더 먹혀!"

남편이 이번엔 열한 살짜리 아들애에게 물었다.

"현민아! 너는 어떠니?"

"나는 아직 안 먹으면 먹고 싶고 그러진 않는데, 고기랑 먹을 때는 김치가 아주 맛있어."

나는 남편과 애들 간의 대화를 들으면서 속으로 쾌재를 불렀다. '드디어 성공! 이젠 됐다' 하는 기분으로. 그동안 얼마나 나 나름대로 노력했던가. 애들이 한국 음식을, 특히나 김치는 엄마 아빠처럼 중독까진 안 가도 없으면 아쉽고 생각이 날 만큼 만들려고 말이다.

우린 딸애가 여섯 살, 아들애가 세 살 때 호주의 퍼스로 데리고 나왔다. 하루하루 그곳 생활에 적응되는 것과 반비례해 애들의 입맛도 변해갔다. 느끼하기만 한 서양 음식에 동화되는 수준이 아니라 너무너무 좋아했다. 샌드위치, 햄버거, 피자는 물론이고 스파게티, 고기파이(meat pie), 양식(우리 애들은 스테이크를 양식이라 부른다) 등. 어떤 때는 서양 음식만 거푸 먹으려 들고, 이틀 사흘을 김치는 물론이고 밥까지 외면했다. 이해가 안 돼서 애들에게 확인해봤다.

"아니, 밥 생각이 안 나니? 김치 해서 밥 안 먹고 싶어?"

놀랍게도 애들 대답이 다 "No!"였다. 이거 안 되겠다 싶었다.

자고로 밥과 김치란 한민족에겐 얼마나 소중한 음식문화의 선두주자인가. 먼 삼국시대 때부터 이어져온 가장 전통적인 대표 음식이 아닌가. 더한 건 김치는 영양학적인 발효음식이라는 우수성 외에도 맛은 얼마나 뛰어나며, 종류 또한 얼마나 다양한가. 과연 어느 나라의 어떤 음식이 만드는 순간부터 몇 달 후 아니 1년 후까지 먹을 수 있는가. 시간이 경과함에 따라 달라지는 맛의 묘미와 유산균의 증식 또한 타의 추종을 불허하지 않는가. 그렇게 명품인 김치에 한 가지 흠이 있다면 냄새가 지독하단 것이리라. 기실 그로 인해 외국 사람들한테 경시도 당하지만, 사실 냄새 고약한 종류의 치즈에 비하면 양반이다.

재미있는 건 각종 재료에 따라 김치 이름이 다 다르다는 사실이다. 거기다 각종 김치 재료로 파생된 요리 종류 또한 부지기수다. 예컨대 오래 되어 시어지면 살짝 씻어 볶아먹거나 김치밥을 한다. 찌개와 국도 끓이고, 전도 부치고, 만두도 해먹고, 국수나 냉면에 비벼도 먹는다. 하여간 상해서 못 먹거나 오래 돼서 버려지는 경우는 절대 없다. 진짜 변화무쌍하게 변신에 변신을 거듭하는 식재료다. 정말 고맙고 정겹고 자랑스러운 우리의 1등 음식이다.

예전 호주 살 때의 일화다. 테니스 동호인으로 일본인 친구가 있었다. 어느 날 테니스를 끝내곤 집에 데려와 점심을 먹였다. 김치를 알기에 김치 종류 몇 가지하고 남편이 좋아해 남겨둔 통김치에 넣는 양념을 내놓았더니 너무 좋아했다. 예전부터 김치를 좋아해 일본에 있는 한국인 식당에 가곤 했단다. 불고기를 시키면 김치를 조금 주는데, 부족해서 한 접시 더 추가해 먹곤 당연히 돈을 더 지불했다나. 야박한 한국식당 인심에 내가 괜히 미안해서 자기 남편도 무척 좋아한다는 양념 속을 싸주었다. 그다음 주엔 그 친구 부탁으로 친구 집에서 통김치 담그는 실습까지 했고.

그런데 정작 한국인인 우리 애들이 탁월하고 오묘한 그 김치 맛을 모르게 된다면, 그들 자신에게 엄청 손해인 거였다. 또한 김치를 계속 외면한다면 이건 한국인도 아닌 거였다. 그런 관점으로 보면 정말 심각한 문제였다. 큰아이는 그런대로 서울서 김치 먹던 생각이 조금은 나는지 어쩌다가 김치를 집어갔지만, 작은아이는 김치 맛 들이기 전에 떠나선지 맵다고 인상 쓰며 도통 먹으려 들지 않았다.

하여, 호주에서 살 적에도 배추를 안 팔 땐 양배추로 김치를 담그고, 노란 단무지 만드는 기다랗고 맛없는 무지만 열심히 깍두기를 만들었다. 열무와 총각무는 언감생심이라 빨간 차돌멩이 같은 래디시(radish)로 총각김치를 대신했다. 그러곤 밥을 먹을 때건 서양 음식을 먹을 때건 무조건하고 애들 앞에 김치를 곁들여 내놨다. 그랬더니 어느 날부턴가 딸은 물론이고 시큰둥해하던 아들애도 서서히 김치랑 친해졌다. 미국에 와선 풍성한 김치 재료 덕에 우리 집의 김치 종류가 다양해졌고,

애들도 김치를 골고루 음미하게 됐다.

갈비 먹을 때만 김치 생각이 난다던 아들애도 성인이 되더니 밥상에 김치가 없으면 먹어도 먹은 것 같지 않단다. 이는 확실히 김치의 참맛에 빠진 거니 더 이상 김치 먹이려고 애쓸 필요도 없게 됐다. 얼마나 다행인지. 그야말로 할렐루야! 아닌가. 이제 오랜 세월 내공한 내 김치 작전은 100% 안착했다. 우리 애들만큼은 여기서 살아도 김치로 인해 코리안인 걸 본능적으로 절실히 깨달을 테니까. 나아가 자부심까지 느끼며 살아갈 테니 말이다.

한번은 아들애가 대학생 때 마이애미로 여행 갔다 오더니 납작하고 둥그런 하얀 돌을 내밀었다. 언젠가 내가 김치 담은 통에다 돌을 넣는 걸 보고는 이상하다며 왜냐고 물었다. 돌로 눌러놓아야 김치가 국물에 잠겨 맛있다고 설명해준 적이 있다. 그랬더니 마음에 새겼다가 해변가에서 김칫돌을 주워온 것이다. 그만큼 저도 김치를 사랑하고 김치 맛에 일가견을 갖고 있다는 증거였다.

딸애는 내가 담근 김치면 무슨 종류든 거침없이 싸달란다. 하다못해 물김치에 하루나김치까지 같이 일하는 사람들에게 준다나. 친구 별장에 놀러 갈 때도 갖고 가면 요즘 말로 인기 '짱!'이란다. 그때마다 내가 반드시 물어보는 게 "어느 나라 사람이냐?"인데, 가히 국제적이다. 딸애가 얘기하는 김치 선호인들 뿌리가 유럽인, 호주인, 아시아인 등 다 포함되니까.

지금은 김치가 세계 5대 건강식품에 선정됐다. 외국인도 김치의 진가와 맛이 과학적으로 증명되면서 달리 주시하게 됐다. 많은 나라의, 많은 사람이 관심을 갖고 너도나도 김치 맛의 매력에 매료돼가는 추세로 변했다.

물론 최근의 이런 김치 상승세는 공개적으로 김치를 상찬한 전 영부인 미셸 오바마 영향도 크겠지만, 맛의 신비함이 없다면 그리 사람 미각을 사로잡겠는가. 내가 일할 적에 만났던 남미에서 온 애들도 라면 먹을 때 김치는 더 최고라 했다. 한국 슈퍼에서도 김치병을 들고 오는 외국인이 제법 있다. 혼자 온 것으로 보아 한국인과 결혼했기 때문은 아닐 것이다.

그래서 요즘은 멀리 타국에 와서 살면서도 어깨가 으쓱거려진다. 자동차, 가전제품, 핸드폰 등 각종 첨단 공산품 외에도 한류문화에다 김치를 포함한 한국 음식들이 재조명받으며 뜨기 때문이다. 산업과 달리 우리 고유의 문화나 음식이 각광이나 인정받는다는 건 '한민족의 혼'이 격상되는 거니까….

*   *   *

수필가로 등단 후 8년째 되는 해인 2003년 운 좋게 재외동포문학상 수필 대상을 받게 됐다. 그때 재외동포재단이 주최하는 상도 받을 겸 한국에 갔다. 재단의 배려인 견학 프로그램의 하나로 김치박물관에도 갔다. 김치의 유래(由來)와 관련된 해설, 모조였지만 종류별로 맛깔스러운 김치를 재현하여 전시해놓았다. 몰랐던 김치의 역사와 새로운 김치 종류들은 나까지 침이 꼴깍 넘어가게 했다. 다시금 김치에 감탄하고 자긍심을 가졌다.

그때 절실하게 머리에 각인된 점이 있다. 요즘은 한국에서도 김치를 잘 안 먹는 애들이 많다고 한다. 그런 추세가 마음에 걸리고 자꾸 나를 불편하게 한다. 그런 애들 부모들은 기필코 애들과 같이 김치박물관을 관람할 것을 적극 추천한다. 한마디 더 보탠다면 한국인에게 김치는 일종의 절대명제(絕對命題)라는 거다. 김치를 안 먹는 사람은 어디 가서 한국인이라고 주장할 자격조차 없다는 거다.

방인숙

글쓴이 방인숙은 강원도 원주에서 태어나 창덕여자중·고등학교를 거쳐 1970년 경희대학교 영문과를 졸업했다. KBS, MBC 등에서 약 10년간 연기자로 활동했으며, 1983년 호주 퍼스로 이주하여 2년간 거주하다가 1985년부터 뉴욕에 정착했다. 1995년 뉴욕 라디오코리아 방송국 주최 에세이 콘테스트에서 장원을 수상했으며, 이듬해 《한국수필》로 등단했다. 1999년 미주 중앙일보 신춘문예 입상, 2003년 재외동포재단 주최 재외동포문학상 대상 수상, 2004년 국제 펜 한국 본부 펜 문학상, 한국무역협회 해외동포주재원 가족 수필공모전 최우수상을 수상했다. 한국문인협회, 미동부한인문인협회, 미주한국문인협회 회원이며 작품집으로는 《뉴욕의 미루나무 길을 달리며》가 있다.

insookbang@gmail.com

6 어떻게 이 길로 오다니!

변수섭
소설가, 수필가

신탁인가? 무속인가?

조금은 황당한 생각이 들었다. 장난삼아 따라나선 것이 망신당하기에 충분했다. 어쩌면 막연한 내 마음이었는지 모른다. 대청마루에까지 줄지어 앉아 있는 그들의 몰골을 보니 기분이 상했다. 그들 중엔 나를 아는 학우도 있었다. 나는 기윤에게 불평했다.

"난 그만 가봐야겠어! 아무래도 잘못 온 것 같아!"

기윤은 여전히 느물거렸다.

"너 복채가 아까워서 그래? 이봐! 그 돈값은 해! 여기 있는 이 사람들 바보가 아니야! 들은 풍월이 있어 온 거야!"

"나 바빠서 그래! 어떻게 이 많은 사람을 기다려!"

기윤은 나를 끌어당겨 마루에 앉혔다. 나는 그에게 중얼거리듯 말했다.

"야! 쪽팔리게 이게 무슨 짓이야! 우리 과 친구들 여기 왔다가 저 관상쟁이 말에 분통을 터뜨리던데! 되도 않은 소리 들으려고 돈 주고 시간 보내! 말도 안 돼! 쓸데없는 짓거리 말고 우리 가자! 너 안 갈 거면 난 가야겠어!"

기윤은 일어서는 나를 잡아당겼다.

"넌 한번 꼭 봐야 해! 나도 관상 공부를 해서 좀 알지만, 이 외팔이는 신통력이 다르다고 소문이 나 있어!"

한 무리의 사람들이 나오자 대청에 앉았던 우리는 대기실로 옮겨 복채를 냈다. 나는 한심한 생각이 들었다. 이러다간 가정교사 집에 제시간에 들어가지 못할 것 같았다. 그러면 체면 바람에 저녁을 굶게 되는 게 아닌가. 늦은 것도 미안한데 밥 차려 달라고 할 수 없기 때문이다.

기윤이 말대로 그는 건장한 신체에 팔이 하나 없었다. 그의 조부가 왈패짓을 하지 못하게 낫으로 그의 오른팔을 잘랐다고 했다. 그런 연후 자신의 주역을 전수했다는 것이다. 그래서 그는 왼팔로 막대기를 휘휘 두르거나 던졌다 받았다 하면서 최면을 걸듯이 정신을 혼란스럽게 했다. 더불어 거침없이 소리를 내질렀다. 함께 간 우리 4명은 멍청하게 그의 계시를 기다리고 있었다. 도대체 무슨 이야기를 들을까 궁금해졌다.

어쩌면 내가 여기 온 것도 인간의 운명에 관심이 있어 수상, 관상, 작명, 사주팔자 등의 책을 섭렵한 적 있었기 때문이다. 그래서 그렇게 용하다는 소문에 이끌려 더욱이 기윤이 자기 들러리로 나를 은근히 꼬드기는 바람에 따라나선 것이다. 외팔이 그의 기괴한 행동거지에 어쩌면 최면이 걸리고 있는지 모른다. 옆에 앉은 기윤을 노려보다 말고 막대기로 겨누면서 일갈했다.

"훈장 팔자구먼!"

기윤의 친구인 법대생에겐

"팔자에 없는 시험은 걷어치우고 가업에나 매달려!"

나와 같은 화공과 경준에겐

"땜장이를 하겠군 그래!"

다음은 나를 째려보다 말고 고개를 저었다.

"혹성은 아니고 행성? 문창성이구먼! 해외 나가 살 팔자구먼!"

허무, 무아를 그린 만화

나는 다섯 살 때 해방을 맞아 일본 고베시에서 고향인 경남 울주군 삼남면 하잠리 왕방이라는 두메산골로 돌아왔다. 아버지는 고베 고상(高商)에서 신문 배달을 하면서 고학하다가 미친개에게 물려 학업을 중단하게 되었다. 정녕 운이 없었던 것 같다. 그런가 하면 같은 삼동초등학교 출신 중에는 억세게 운이 좋은 재일교포 재계 인사가 있다는 사실이다. 같은 하잠리 서갑호(徐甲琥) 회장은 판본방적을, 그 다음 아랫동네인 둔기리 신격호(辛格浩) 회장은 롯데 재벌을 일구었지만, 우리 아버지는 하는 일마다 제대로 되지 않아 고향과 부산으로 이주하며 살았던 그 시대의 일반 영세민에 불과했다.

60년도 더 오래된 세월이어서 삼동초동학교 담임선생 이름이 기억나지 않는다. 단지 6학년 담임선생은 노진환(?) 선생님이라고만 기억된다. 그것은 롯데 신격호 회장의 처남이라는 것, 4학년인 신영자(삼동복지재단 이사장)의 외삼촌이었기 때문이다. 그리고 신 회장의 막냇동생인 신준호(푸르밀 회장)는 그때 5학년이었고, 경남 중·고 나의 한 해 후배이기도 하다. 그들이 민초였다면 이렇게 이름을 기억할 수 있을까?

하긴 고교 시절 후배인 신준호에게 놀러 갔을 때 그는 국제시장 뒷골목 상가 이층집에 기거하고 있었다. 격세지감(隔世之感)을 느낄 수밖에 없었다. 그러니 1950~1960년대 학교에 다닌 나는 공납금을 제때 지불하지 못해 수업을 받다가 쫓겨나기가 다반사였다. 중·고등학교 교과서도 선배가 사용한 책들을 반값에 사서 공부했던 게 아닌가. 그런데 하필이면 그로부터 화학책을 분양받지 못했다. 그래서 친구에게 책을 빌려 그 한 권을 베꼈으니 자연히 흥미를 느끼게 되었다. 그런 연유로 화학에 취미를 가지게 되었고, 더욱이 당시 대학마다 화공과가 인기 학과여서 부산대학에 가게 된다. 하긴 서울에선 공부할 경제적인 능력이 없으니 지방 대학이라도 대학을 간다는 것이 감지덕지할 일이었다. 그러니 대학의 등록금은 가정교사를 해서는 가당치도 않았다. 그래서 생각해낸 것이 만화책을 만들어 팔면 될 것 같은 막연한 생각이 들었다. 당시 김종래(金鍾來) 만화집이 잘나갔다. 그의 사실적인 기법으로《허무아 세상일기》라는 만화집을 40페이지 정도 그렸다.

내 딴에는 허무와 무아적인 경지로 세상을 보면서 그린 것이다. 그걸 들고 국제시장 2층에 있는 김종래 만화가의 출판사를 찾아갔다. 그는 페이지를 다 넘긴 다음 낮은 음성으로 단호하게 말했다. "학생! 학생이 사고 싶을 정도로 다시 그려오게!" 하긴 그때 그린 만화 실력으로 대학신문에《허무아》라는 이름으로 시사 연재를 하게 된다.

대학신문 편집국장 시절

5.16 군사정부에 의해 대학이 통폐합될 때, 나는 대학신문 취재 면을 담당하고 있었다. 바로 군부 언론관에 의해 백지 반쪽 신문을 발간할 때였다. 나중엔 검열 흔적을 없애기 위해 편집실에 검열관이 상주하기까지 하면서 불온(?)하다는 기사를 대체하여 군부 어용의 신문을 제작하게 했다.

신임 총장이 부임하고 대학 내 동향을 감시하던 군인들이 물러났다. 대학신문사는 주간 교수가 바뀌고 총장 주재하에 학원신문 방향의 지시사항이 있었다. 그 자리에서 총장의 명에 의해 나는 선임자를 제치고 편집국장이 되었다. 하긴 당시 라이벌이던 정치과 배정웅 시인(한국문인협회 전 미주지회장, 작고)이 학과 통폐합으로 경북대로 가야 했다. 총장은 예비역 대령 출신 학자였다. 그는 내가 인문계 학과가 아닌 공과대 학생이라서 시류에 영합하지 않을 것으로 내다본 것이 아닌가 생각되었다. 다음 해에 김순식 총장이 숙명여대로 떠나고, 나 또한 졸업해서 편집국을 떠났다. 내가 대학신문을 발간할 때 부산대학은 국립수산대학 그리고 교육대학이 병합되었을 때다. 만화《허무아》가 부산시를 동서남북으로 돌면서 이곳도 저곳도 다 '부산대학 캠퍼스'라고 했다가 수산대학 학생회 간부들에게 몰매를 맞을 뻔한 적 있다. 그들은 대학이 통폐합된 데 분통이 터졌던 것이다.

1960년 4.19 학생혁명, 1961년 5.16 군사 쿠데타로 이어지는 역사의 장에서 대학생들을 선도하기 위해 어용인 전국대학생연합회가 구성되었다. 그들은 새로 지은 서울대학 관악 캠퍼스에서 학생회장단 그리고 대학신문 편집자, 지역사회개발위원회 3개 분과로 세미나를 개최했다. 반세기 전만 해도 대학이 많지 않아 그렇게 많은 수가 모인 것은 아니었다. 단지 내가 기억되는 것은 그때 서울대 학보 편집자는 나처럼 이공계 출신인 의과대학생이었다는 것과 이화여대 학보의 편집자 장명수(張明秀)만 기억된다. 당시 그녀는 이대 학보에 〈여대생 은어(隱語)〉라는 칼럼을 연재하고 있었다. 나중에 그녀는 한국일보 편집위원으로서 〈장명수 칼럼〉을 연재하며 지가(紙價)를 올렸다. 반세기 전 호랑이 담배 피우던 시절의 이야기겠지만, 제작비와 쥐꼬리만큼의 편집비가 나올 뿐 학보사 기자들에게 어떤 보수도 지불되지 않았다. 단지 열정적으로 일할 뿐이었다. 신문을 발간하는 날 편집비로 중국집에서 회식하는 것이 고작이었다. 나는 10여 명의 기자와 대작하다 보니 항상 술에 취해 체신을 잃는 경우가 많았다. 그래서 술을 몇 잔 받아 마신 다음 미리 변소에서 게워내야 했다. 이후 술만 마시면 조건반사적으로 구토하는 기억하기 싫은 버릇이 생겼다. 하긴 군대에서 그 버릇을 고치긴 했지만. 그런데도 그것도 감투라고 일하다 보니 학점을 제대로 따지 못해 한 학기를 더 해서 졸업했다. 수학인 미분방정식은 고교 때 선생이던 이형기(李衡基) 교수 앞에서 재시험을 치기까지 했다. 하긴 장학금이라는 명목으로 한 번의 학비를 감면받았으니 그런대로 수혜를 입은 셈이다. 그러나 캠퍼스가 멀리 떨어져 있는 수산대학과 의과대학 담당 기자는 졸업을 하지 못했다는 것이다. 가슴 아픈 일이 아닐 수 없다.

어쩌면 이런 일들이 내 인생의 밑거름이 되었는지 모른다. 나는 학보를 통해 만화가 행세를 했고, 소설과 수필을 발표했다. 시는 〈어제 그저께〉라는 졸작을 발표했다가 당시 《현대문학》을 통해 등단한 영문과 이유식(李洧植) 평론가의 혹평으로 아예 시작(詩作)은 포기했다. 정보보고서만 다루어 병역의무를 다하기 위해 면사무소에 가니 병무 담당 서기가 차일피일 미루는 게 아닌가. 결국 아버지가 나뭇짐을 상납해서 논산훈련소에 입소하게 되었다. 훈련을 마칠 즈음 대졸 출신자만 특수 병과 차출 인터뷰가 있었다. 25연대 경남 부산 병력의 대졸자 수십 명이 대기하고 있었다. 면접자는 사복을 입은 자였다. 그는 개인 신상 명세서를 보다 말고 백지에 '변진수(卞進秀)'라는 이름을 쓴 다음 '변규수(卞奎秀)'라고 적었다.

"내가 네 아저씨네!"

"그렇군요! 이렇게 아저씨를 만나 뵈어 반갑습니다."

아버지의 항렬이 수(秀) 자이니 분명히 아저씨임에 틀림없었다. 더욱이 변(卞) 가는 기껏 수십만에 불과해서 그렇게 먼 인척도 아닌 셈이다.

"어디 가기를 원해?"

나는 군대조직 부서를 알지 못했다.

"이왕 군대 3년 각오하고 왔으니, 어디 기술이라도 배울 수 있었으면 좋겠습니다."

"글쎄! 기술이라니?"

"운전기술이라도 배웠으면 합니다."

"운전기술이라니? 글쎄! 달구지라? 거기 가면 넌 맞아 죽기 딱이야! 알았어! 기다려!"

나는 한 달간 배출대에서 병과를 받지 못한 채 대기했다. 28연대 서울 병력이 모두 배출될 때까지 기다려야 했다. 바로 10명의 이등병이 통의동 방첩대 본부로 전속되었다.

신고식에서 인사 담당 대위는 나더러 "누구 빽으로 왔어?"라며 다그쳤다. 그때야 사복 아저씨가 후견인이 된 것을 알았다. 바로 그가 논산훈련소 방첩대 대장 변규수 중령이었다. 정말 우연한 만남이었다. 후일 그는 육본 방첩대장 준장으로 전두환 쿠데타에 의해 강제로 예편되었다.

나는 본부 방첩대 조사과에서 존안 업무가 주어졌다. 군대 생활이 아닌 마치 일반 사회 직장에서 일하는 분위기였다. 그래서 이곳에 배속되려고 인사 청탁을

하는 게 아닌가 싶었다. 급식 또한 훈련소와 달랐다. 포만감이 들 정도로 식사를
했다. 석식 이후 군기를 잡는다면서 통의동에서 효자동 청와대 인근 순환도로로
구보를 시켰다. 가뜩이나 식탐한 음식이 당장 배설될 것 같았다. 더 이상 참을 수
없어 선임하사에게 말하자 못 들은 척하면서 선두로 가버렸다. 주변은 조용했다.
나는 얼른 남의 처마 밑에서 쾌변을 보았다. 반세기도 더 지난 지금 권부를 향해
배설물을 뿌렸다고 생각하니 가학성 쾌감이 느껴진다.

　　곧 우린 홍능 방첩교육대에서 교육을 받았다. 성적 최우수자가 되면 자기가 원
하는 부대로 갈 수 있다기에 최선을 다했다. 하지만 군 경험이 없으니 성적이 좋을
수 없었다. 502에서 온 김 상병이 1등 해서 본대로 귀환했고, 2등 이 일병은 교육
대에 잔류했으며, 나는 본부로 갈 것을 권유받았으나 모두가 내 상사라고 생각하
니 나락하는 기분이 들어 전방부대를 지망했다. 소양강이 흐르는 221부대는 마당
이 넓은 민간인 집 같았다. 사단 방첩대 부임 신고를 하자 기다렸다는 듯이 정보계
에서 정보보고서를 담당하게 했다. 각 조 및 거점에서 올린 정보보고서를 취합해
서 본부 방첩대로 상보(詳報)하는 것이 내 임무였다. 각대의 보고서를 대하면서 후
방에서는 느끼지 못했던 분단의 비극, 절대 조직에서의 인간 비극, 마치 조지 오웰
의 《동물 농장》을 생각하게 했다. 곧 나는 새장 속의 앵무새처럼 새로운 환경에 적
응하게 되었다. 한 수 더 떠서 개요에 이어 정보 내용 그리고 반향과 대책을 강도
있게 다루었다. 어떤 작은 사건도 간과하지 않고 거시적인 안목으로 판단해 대처
하게 했다. 본부에서 매달 발간되는 《군부동향》(2급 비밀)에서 일개 사단 방첩대의
보고 문건이 전체의 절반을 차지한 적도 있었다. 하긴 그 덕(?)에 대장인 박 소령은
본부 조사과장으로 영전되었는지 모른다. 그래서 나더러 방첩대에 말뚝 박을 생각
없느냐고 회유하기까지 했으니 말이다.

금권이냐? 권력이냐?

첫 직장인 동의학원과 인연을 맺게 된 것은 예춘호(芮春浩) 의원(당시 공화당 부산 시당 위원장)의 소개 덕분이다. 중학교와 공업고등학교가 있는 동의학원 이사장은 공화당 부산진구 김임식(金任植) 의원(6선, 국회 재경분과위원장)이었다. 취업이 어려운 때라 교직이나마 갖는다는 것이 다행이라고 생각했다. 출근하니 교감이라는 자가 시간을 줄 수 없다고 버티는 것이었다. 그것도 같은 학과 화공과 출신 하 교감이 아닌가. 아마 자신이 소개한 교사가 임용되지 않은 데 대한 반발이었거나, 그렇지 않으면 상납을 원했던 것인지 알 수 없었다. 아무리 목구멍이 포도청이라도 그렇게 그의 게임에 놀아날 수는 없었다. 그가 시간을 줄 수 없다면 자기가 맡아야 하니 그럴 수는 없을 것이었다. 나는 재단 상무에게《동의학보》를 제작할 것을 건의했다. 학원의 선전은 물론 전문학교 설립을 목전에 두고 있어 필요성을 절감했기 때문이다. 또한 이사장의 재선을 위한 전초 작업이기도 했다. 편집 기능과 국가 정보를 담당해서 학원 내 그 누구도 그런 기능을 가진 사람이 없었기 때문이다. 그래서 그들을 제치고《동의학보》를 창간했다. 그때 학생 편집장은 기계과 고치환(高致煥) 재미 시인이었다.

마침 수업을 마치고 나온 나에게《국제신보》장양수(張良守) 기자가 나를 찾는다는 서무과의 전갈을 받았다. 장 기자는 내가 대학신문사 편집국장 시 취재부장이었다. 그는 대뜸 나에게 물었다.

"변형! 그 학교에서 학생들에게 돈을 거두고 있다는데 사실이오?"

"무슨 말이야? 돈을 거두다니? 돈 안 내고 학교에 다닐 수 있어? 기성회비 각출한 걸 말하는 거야?"

나는 적당히 얼버무렸다. 그는 "알았다"라면서 전화를 끊었다. 나는 그 사실을 재단 사무실에 알렸다. 나중에 안 일이지만, 교내 비밀을 유출한 자는 바로 공고 실습생을 인솔한 하 교감이었다. 장 기자는 조병창에서 기사를 취재하다가 그로부터 그런 사실을 은밀히 제보받았다. 하긴 그때 담임들은 10만 환 할당액을 채우기에는 무리였다. 나부터 불평했다. 그러나 자체 비밀을 더욱이 관리자가 폭로했으니. 결국 그는 더 이상 문제화하지 않겠다면서 상당한 대가를 받고는 인근 학교로 옮겨갔다.

장양수 기자 또한 재일 거류민단 한국어 학교에서 한국어를 가르치던 서울대 국문과 출신 형을 동의중학교 교사로 전입시켰다. 그 또한 1980년대 언론 통폐합으로《국제신보》가 폐쇄되자 사회부장이었던 관계로 삼청교육대에서 고초를 당한 후 언론으로 갈 길을 찾지 못하면서, 대학에서 박사학위를 취득한 다음 동의대학교 국문과 교수가 된다. 지금도 취업이 힘들다고는 하지만, 반세기 전에는 대학 졸업자가 적은데도 직장 자체가 없었다. 공개 취업시험이 있다고 해도 미리 짜놓은 판 게임이었다. 나부터도 거절할 수 없는 인사의 소개로 들어갔으니 빽이 없으면 어떤 일도 할 수 없었다. 그렇잖으면 땅을 팔아 돈 주고 직장을 사든지!

1971년 총선 때는 김 이사장 재선팀에 선전전략책으로 참가했다. 상대 후보는 야당인 민주당 의원으로 혜화학원 이사장인 정상구(鄭相九) 시인이었다. 그는 5대 때 참의원이었고, 6대 때 공화당 김임식 의원에게 패했다가 1967년 7대 때 재선된 국회의원이었다. 그러니 1971년 8대 선거야말로 쌍방 정치생명을 건 일전이 아닐 수 없었다. 나는 중앙당 선전유세반 교육을 받고 천산기(千山崎) 재단 상무와 함께 선전물을 만들기 시작했다. 지난번 선거 때 패전한 이유가 정 의원이 살포한 선전 책자였기 때문이다. 100페이지 미만의 휴지로도 쓸 수 있는 저질의 갱지로 만들어진 여당에 대한 반감을 고도화시킨 책자였다. 그리고 민초의 애환을 그려 여촌야도(與村野都)의 경향에 맞게 만들어져 있었다. 나부터도 이해가 상반되지 않았다면, 자신이 신동이라고 자화자찬한 그를 지지했을 정도였다.

우린 1967년 그의 선거 전략전술을 다방면으로 분석 검토했다. 유언비어 유포, 흑색선전, 역용공작, 자해조작사건 등으로 냉정하고 우둔한 민중을 우롱하고 세뇌시켜 분노하게 한 것이다. 그래서 먼저 이에 대한 당시 조작된 실체를 낱낱이 밝혀 다시는 이런 선거 전술에 속지 않도록 대처했다. 당시 부산 진구는 도시와 농촌이

반반이었다. 그래서 개발해야 할 사업이 많은 지역이었다. 지난 4년 야당 의원으로 인한 개발 부재를 낱낱이 까발려 신랄히 비판했다. 그리고 지역구의 숙원사업을 청사진화하여 공약하고, 여당만이 할 수 있다는 확신을 주도록 보고서 식으로 편집 작성했다. 《김임식, 바로 이사람!》이라는 선전책자는 약속증서처럼 표지부터 코팅했으며, 내지 또한 모조지를 사용해 향후 4년 동안 공약사항이 이행되는지를 확인 점검하도록 했다. 당원용이라는 이름으로 지역구에 수만 권을 살포했으니 선거가 역전되지 않을 수 없었다. 선거 결과는 37표라는 근소한 차로 이겨 재점검 결과 18표라는 역대 선거 사상 미증유의 기록을 남겼다[뉴욕문학 제8집(1998), 《보호자》라는 제목으로 소설화함].

나는 그 공과로 조교수인 주제에 더욱이 서른한 살밖에 안 된 총각이 전문대학 행정 실무자인 교무처장이 되었다. 선배, 후배, 특히 스승과 제자 관념 사회에서 이변이 아닐 수 없었다. 1972년 5월 15일 《완전한 직장인》(아성출판사, 4×6판, 324면 양장)이라는 직업지침서를 출판했다. 공업계 계열의 학교여서 초판 2천 권이 쉽게 매진되어 1천 권을 재판했다. 하긴 그 당시 책 출판이 드문 일이었고, 특히 재단 내에서는 처음 있는 일이어서 반응이 좋았다.

그해 헌법이 개정되고 통일주체국민회의에서 박정희 대통령이 3선에 당선되면서 1973년 2월 제9대 국회의원 선거를 다시 하게 되었다. 이번 선거야말로 쌍방 정치 운명이 결정되는 3선 고지였다. 나는 다시 선거대책본부에서 선전 전략을 맡게 되었다. 준비기간이 2개월밖에 없었다. 더욱이 수성해야 하는 입장이어서 어떻게 방어 전략을 세워야 할지 막막했다. 전처럼 글을 써서 출판한다는 것은 시간적으로 불가능한 일이었다. 다행히 짧은 의정활동 기간이었지만, 활동한 사진은 많았다. 그래서 공약을 수행한 순위대로 4×6배판 50면 상당의 화보집을 편집했다. 다시 《바로 이사람!》이라는 책자를 당원용이라는 이름으로 수만 부를 아트지에 오프셋 인쇄해서 지역구에 배포했다. 더욱이 정국 분위기에 편성해 3선 고지를 기만 표 차이로 무난히 넘길 수 있었다.

그 여세로 학원은 종합대학 인가를 신청했다. 나는 정치 주변 외도를 청산하고 대학에 남기 위해 내 전공인 화학공학에 매진하기로 했다. 그러기 위해선 논문이나 저술이 필요했다. 1974년 9월 5일 《IUPAC, Nomenclature of Organic Chemistry(유기화학명명법)》(아성출판사, 국판, 242면 양장)라는 전공서적 500부를 출판했다.

토사구팽(兎死狗烹)

전문대학 학장은 동아대학교 공과대학 학장이던 김주봉(金柱奉) 화학공학 박사였다. 당시 나는 교무·학생 업무를 겸임하고 있었다. 어느 날 이사장이 다녀간 후 주변 사람을 물리치고 나와 독대하기를 원했다. 그는 한숨을 쉬다 말고 중얼거리듯 말했다.

"내가 왜 동아대학에 아직도 적을 두고 있는지 아십니까?"

나는 의아한 표정으로 그를 바라보았다.

"학원사회라고 다르게 생각하면 안 됩니다."

나는 갑자기 불안한 생각이 들었다. '근간 학원 내 일말의 사건에 대한 일이구나' 하는 생각이 들었다.

"학생회 사건 때문입니까? 주 조교 사건 때문입니까? 어떻게 처리하라고 하십니까?"

다시 한숨을 쉬었다.

"글쎄 말입니다. 사표를 내라는군요!"

"그 일이 사표를 낼 정도의 사건이 되는 것입니까? 이해가 잘 되지 않는군요!"

"사표를 받으라는데 어떻게 하겠습니까?"

나는 울컥 성을 냈다.

"정말 수준 이하군요! 저러니 배신자가 생기는군요! 전부 이사장 때문에 생긴

116

일이 아닙니까? 그걸 왜 제가 책임을 져야 합니까? 왜 제가 사표를 내야 합니까? 그렇게 못하겠습니다. 무얼 잘못했는지 가르쳐주면 사표를 내든지 말든지 하겠습니다."

김 학장은 한숨만 쉬었다.

"학장님은 어떻게 생각하십니까? 제가 어떻게 했어야 합니까? 통신과와 토목과 선거관리 위원들이 함께 투표함을 재검하지 않았습니까? 14표에서 2표의 무효표를 처리해서 12표로 당선을 확인한 게 아닙니까? 선거관리위원도 인정한 사건입니다. 토목과 이선근 군의 아버지가 제가 자기 아들을 위해 선거를 치러야 하는데, 그렇지 않고 통신과 양유선 군을 당선토록 부정 선거를 했다는 말도 안 되는 소리를 하면서 관리장을 못 하겠다고 이사장에게 어거지를 부린 모양인데, 제가 왜 그들의 선거에 개입해야 합니까? 그런 상식 이하의 말에 의한 것입니까? 그렇지 않으면 주 조교 사건은 섬유과 자체 문제 아닙니까? 단지 제가 학과장에게 소개한 것밖에 없는데, 그걸 책임지라면 어떻게 져야 합니까? 잘못은 재단에서 한 것 아닙니까? 조교 3명 중 남자 둘은 시간이라도 맡게 되고, 주 조교만 여자라고 결혼하면 그만두어야 한다면서 제외했으니 그런 성차별을 여성단체에 고발한 게 아닙니까? 재단에서는 정원 이외로 부정 입학시켜 우골탑을 쌓아가고 있으면서, 내 기가 차서! 똥 묻은 개가 겨 묻은 개를 나무란다더니 그것도 사표를 쓰고 나가라니! 공고의 하 교감 심정을 지금 알 것 같군요! 토사구팽이라더니! 참 기가 막혀서!"

김 학장은 이성을 잃고 떠드는 나를 보다 말고 말을 끊었다.

"글쎄요! 그 일 같지는 않은 것 같은데, 무슨 다른 일이 있는 게 아닙니까? 나로서도 이해가 되지 않아요! 개인적으로 실망스러운 일을 한 일은 없습니까? 한번 곰곰이 생각해보세요."

"실망을 시키다니요, 무얼까요? 그렇다고 해도 사표를 쓰라는 말은 너무한 것 아닙니까? 저승사자도 아니고! 제가 실망했습니다."

"잘 생각해보세요. 이사장님을 화나게 한 일은 없습니까?"

"글쎄요, 무얼까요?"

양주 한 병의 기억, 지난 선거 때 이사장 사모님이 내어준 양주 한 병을 마시고 기억을 잃은 사건이 떠올랐다. 그 자리에는 아버지의 선거를 도우러 온 숙명여대 교육학과에 다니는 딸 소영(素暎)과 사모님의 최측근인 송 여사, 그리고 가정부 순이(順伊)가 전부였다.

"변 선생은 술을 좋아하는 모양이지요? 집에 술을 두고 왜 하필이면 바깥에서 마셔요?"

그러자 송 여사가 말을 받았다.

"술집에야 색시들이 있는데 술맛이 같을 수야 없지! 그렇지 않소, 변 선생?"

내가 아무 말도 하지 않고 덤덤히 그들을 쳐다보자 소영 어머니는 큰 글라스에 양주를 반 잔 부어 내밀면서 말했다.

"자! 변 선생! 늙은 색시라고 생각하고 한잔 받아요. 노래도 한 곡 부르고!"

내가 얼굴을 붉히자 소영은 못마땅하다는 듯이 말했다.

"엄마는!"

내가 어정쩡해하자 송 여사가 술잔을 받으라고 권한다. 나는 얼떨결에 술잔을 받아 호기스럽게 마신 후 몸을 한번 부르르 떨었다.

"사모님께서 하사하신 술이라서 술집 술보다 맛이 좋습니다."

송 여사가 나를 부추겼다.

"성질대로 시원하게 마셔 좋수다."

나는 얼결에 또 술을 받아 마셨다. 반병을 마신 것까지는 기억했다. 그러나 그다음은 그들이 시킨 대로 노래한 것은 희미하게 기억되지만, 어떤 말을 했는지 도무지 생각나지 않았다.

아침 늦게 일어나 주방으로 가자 순이와 소영이가 있었다. 순이는 나에게 꿀물을 건네주면서 느물거렸다.

"변 선생님 배짱은 보통이 아닙디다. 사모님께 소영 아가씨를 달라고 떼를 쓰는데…, 아이! 소영에겐 변 선생님 같은 이 도령이 있는데, 나는 언제 방자가 나타날까? 소영의 손을 끌어당기고, 대단했습니다. 송 여사는 그냥 맨입에 안 된다면서 사랑가라도 불러야 한다니까, 오페라 가수처럼 노래를 부르면서 프러포즈를 하는데 변 선생님을 달리 보았습니다."

나는 둘을 번갈아 보면서 어쩔 줄 몰라했다.

"그랬다면 큰 실례를 했군요! 전혀 기억이 나지 않는데요!"

"너무 취했으니 그럴 테지요. 운전기사 김 씨는 괜히 변 선생님 바람에 날벼락을 맞았지요. 송 여사를 모셔다주고 가야 하는데, 변 선생님이 시간을 끄니 졸다 말고 변 선생님 방에서 눈을 조금 붙이고 있다가 '어떤 놈이 내 방에서 자고 있어!'라면서 툭툭 찼단 말입니다. 어이구! 술이 원수지! 변 선생님! 소영에게 하듯이 김 씨에게 무릎을 꿇고 사죄해도 용서가 안 될 겁니다."

"그런 짓까지 했단 말입니까? 도무지 기억이 나지 않으니, 이제껏 술을 마셨지만 이런 실수를 한 적이 없는데, 그랬다면 죽을죄를 지었군요!"

마침 사모님이 지역구 순방을 마치고 돌아왔다.

"술 먹은 개라더니, 용서해주십시오! 사모님! 제가 너무 큰 실수를 한 것 같습니다."

"술이 죄지요! 변 선생도 우리 김 의원처럼 술을 좋아하니, 참! 김 씨에겐 사과하는 것이 좋을 것 같군요!"

믿을 수 없다고 생각했던 순이의 말이 사실로 확인된 게 아닌가. 나는 기가 찼다. 아무리 생각해도 어젯밤 일이 생각나지 않았다. 단지 술집에서처럼 노래한 것 같은 기분이 들었을 뿐이다. 아마 정신이 없었던 나는 이층 내 거처에서 자고 있는 김 씨를 밟고 넘어갔을 것으로 유추했다. 그러나 소영에게 프러포즈를 했다는 것은 도저히 믿기지 않았다. 단지 선거 때만 함께 기거한 나이 어린 여학생으로 생각했을 뿐이다. 어쩌다 학우들과 부산으로 내려오면 과제물 작성에 대해 물어본 것이 고작이었다. 어쩌면 내 위치를 굳히기 위해 술을 핑계 삼았는지 모른다.

간이 배 밖에 나온 여자

사표에 대해 이사장과 신경전을 벌이는 동안 나는 교무처장이라는 기득권을 이용해 탈출을 시도해야 했다. 그것은 학원 내 이사장 측근들이 내가 새로운 실세가 되는 것을 원치 않았기 때문이다. 그래서 나는 배수진을 치고 내가 아닌 직위를 보고 나를 맞을 배우자를 찾겠다면서 중매를 해 달라고 방을 놓았다. 어쩌면 소영을 위해 기다릴 시간이 필요했는지 모른다. 약사, 간호사, 교사, 발레리나 등을 만나보았으나 내 야심을 구현할 길이 보이지 않았다. 더욱이 소영과 대비되어 더 이상 맞선을 볼 수 없었다. 나는 모든 직위를 내려놓을 생각을 했다. 그런데 마침 해외로 나갈 길이 트였다.

일본의 교포는 초급대학을 나와 신부수업 중이었고, 대만 대학에서 오빠와 함께 유학 중인 학생, 그리고 미국 뉴욕에서 영양사를 하고 있다는 예비신부였다. 나는 이곳에서 떠나기 위해 가장 먼 뉴욕을 택했다. 그녀는 1965년 숙명여대 식품영양학과를 나와 여자도 능력을 가져야 한다면서 그다음 해 미국으로 유학을 떠난 간이 큰 임정옥(林靜玉)이었다. 1965년 미국의 새 이민법이 통과하여 1970년부터 본격적으로 이민이 시작되어 당시 뉴욕엔 1천 명 미만의 한인이 거주할 때였다. 나는 동생들과 함께 살면서 공부를 시키다 보니 결혼 자체를 생각하지 못할 때여서 탈출하고 싶었다.

1974년 그녀를 중매한 사람은 천산기 비서관의 여동생 천취자 시인이었다. 나는 이 기회를 통해 새로운 인생길을 설계했다. 우린 그해 8월 1일에 서로 의기투합해 인생살이를 함께할 것을 서약했다. 서른이 넘은 나이의 만남은 어설픈 낭만이 아닌 함께 새 삶을 창조하기 위한 것인지 모른다. 그다음 해인 1975년 1월 미국으로 갔다. 부산에서 떠나기 전 중앙정보부 요원으로부터 출국 확인 방문을 받았다. 나는 한 기관의 2인자여서 중점대상자로 분류되어 동향 감시 대상자였기 때문이다.

출국 전 김포공항에서 김 의원 사모님이 찾아와 환송해주었다. 당시 1인당 100달러만 가지고 갈 수 있는 상황이었는데, 200달러를 건네주었다. 여러 가지로 마음이 아팠다. 그 이후 20년 세월이 지나 소영과 사모님이 뉴욕을 방문했을 때 그녀는 나에게 "왜 떠났느냐?"고 물었다. '오! 나의 영원한 베아트리체!' 그때야 내가 앓고 있던 낭만이 그녀와 이루지 못한 사랑이었음을 알았다.

아내가 마련한 삶터에서 나는 그냥 빈둥거릴 수 없었다. 먼저 학위를 위해 뉴욕대학 랭귀지스쿨에 등록했다. 그리고 취업을 위해 직업소개소를 찾아나섰지만, 문화차이를 절감하게 되었다. 모든 것을 새로 시작해야 했다. 오히려 내 의식의 관성이 발목을 잡아 적응하는 데 불편하게 만들었다.

먼저, 소통할 수 없었다. 내가 강자일 때는 그들이 들으려고 노력하겠지만, 그렇지 않은 약자인 나를 이해하려고 하지 않았다. 더욱이 내가 배운 영어로는 변형된 미국말을 잘 알아들을 수 없었다. 그리고 독해를 위한 문자 위주로 공부했지 소통을 위한 것이 아니었다. 직업소개소에서 can't를 can으로 알아듣고는 멍청하게 기다리다가 can not으로 퇴박을 맞았다. 그리고 미국에서 대학을 나왔냐고 묻는데 아니라고 하니 역시 도와줄 수 없다고 했다. 그래서 이곳 미국에서 제대로 된 일을 가질 수 없었다.

가까스로 얻은 일은 다운타운 봉제공장에서 100파운드도 넘는 옷감을 옮기는 허드렛일이었다. 그것도 마약을 복용하고 있는 흑인과 함께 일해야 했다. 결국 1주일을 넘기지 못하고 위약금만 물고 말았다. 내가 이곳에서 할 수 있는 일은 아무것도 없었다. 나는 말을 잘 알아듣지도, 그래서 제대로 말할 수도 없는 정말 별 볼일 없는 한 동양인에 불과했다. 가까스로 같은 아파트에 사는 한인의 소개로 일본식당에서 접시닦이를 할 수밖에 없었다. 학교도 언어생활을 하는 데 별 도움이 되지 않아 한 학기만 하고 걷어치웠다. 언어는 10세 이전이면 모방이 용이하지만, 이미 의식화된 자에겐 모국어가 될 수 없다. 단지 단어들을 '나는 학교를 간다'를 '나는 간다 학교로' 식으로 바꾸어 생각하고 말해야 한다. 더군다나 그들은 단어 하나하나를 알아듣게 말하는 게 아니라 연결해서 강약으로 구사하니 무슨 개소리를 하는지 알아들을 수 없다.

당시 이민자의 구성은 의사, 약사, 간호사, 영양사 등 전문직 위주였다. 그들은 나와 달리 현지어를 그런대로 습득하고 왔다. 그렇지 않은 나 같은 사람은 동네 구멍가게를 하기 시작했다. 마침 반세기 전에 몰려온 이탈리아인이나 유태인이 하던 생업을 노령으로 그만두게 되자 그것을 한인이 이어받게 되었다. 주로 청과상, 어물전, 세탁소 등 언어가 별 필요 없는 단순노동 직업이었다.

나는 장사나 해야겠다고 생각했다. 노동집약형인 청과상 일을 비교적 쉽게 구할 수 있었다. 그러나 일은 만만찮았다. 한 트럭의 채소와 과일을 냉장고에 넣었다가 다시 꺼내어 좌판을 채우는 단순한 일이지만, 온종일 움직여야 했다. 가까스로 가사과(?)를 나왔다는 주인 여자 밑에서 6개월을 버텼다. 그러던 중 마침 브롱스 지역 5번 전철역 코너에 있는 유태인이 경영하는 청과상을 소개받았다. 주변은 이탈리아인 집거지에서 서서히 서인도제도(West Indian) 지역 출신 흑인의 집거지로 바뀌고 있었다. 그리고 아내가 일하는 브롱스에 있는 병원(당시 Bronx Municipal Hospital, 현 Jacobi Medical Center)에서 가까운 거리였다. 늙은 영감이 한자리에서 오래 했으니 장사가 제대로 될 리 없었다. 더욱이 주변이 바뀌고 있는 상황에서 말이다.

나는 아내가 가진 돈을 투자해 가게를 인수하여 개·보수했다. 그리고 바깥 좌판에 흑인과 이탈리아인이 자주 찾는 청과물을 배치했다. 실내 선반에는 그들의 식음료들로 채웠다. 계산대는 양쪽으로 배치하고, 뒷집에 사는 릴리안이라는 흑인 여성이 계산대를 보았다. 그녀는 인근 흑인교회 성가대 독창자였다. 그리고 아내와 함께 일하던 영양사의 교사 딸이 방학 때면 함께 일했다.

전철을 이용하는 모든 주민이 그냥 지나가지 않았다. 좌판에 깔린 물건 회전이 빨라 신선한 과일과 채소를 공급할 수 있게 되니 장사가 잘되었다. 이렇게 바쁘다 보니 아내가 아침저녁으로 도와야 했다.

도미한 지 3년 만에 지금 살고 있는 25마일 교외 플레전트빌(Pleasantville)에 정원에 집채만 한 바위가 있는 집을 구입했다. 그것은 아내가 이제껏 세금 보고를 한 것을 바탕으로 했기 때문에 현금을 전용화할 수 있었다.

장로님, 바로 그들!

한숨을 돌린 나는 초대만 받았던 중·고교 동창들을 집들이로 불렀다. 의사인 이재환(李在煥)이 자기 교회에 나올 것을 권유했다. 한인 목사가 미국 교회에서 목회해서 주변 한인이 모이기 시작했다는 것이다. 지난날 나는 먹고살기가 각박해서 종교를 생각해본 적 없었다. 무엇보다 중·고교 때 성당 뒤 '팔칸'이라는 셋방에 살면서 신자들의 이중생활을 많이 보아 종교에 대한 혐오감을 가지고 있었다.

"너나 열심히 해서 천당 가라! 내 생리엔 안 맞아! 하긴 서구사회는 물론 미국에서도 종교가 사양화되고 있다는데, 더욱이 과학을 한 내가? 사양하겠어!"

"야! 한국 사람들을 만나볼 수 있는 곳이라고 생각하면 되는 거야! 예수 믿으라고 하는 게 아냐! 하긴 아브라함도 이라크 갈데아에서 터키 남부 하란으로 옮겨 살다 보니 우리처럼 공동체가 필요하게 되었던 거야! 한국적인 것 그리고 미국적인 것이 아닌 오로지 우리 것이 필요하듯이 아브라함은 토착 잡신들을 버리고 그들만의 하나님이 오늘의 기독교가 된 걸 너도 알고 있지? 바로 우리처럼 이민자의 공동체를 위한 것이란 말이다. 지금 네게 이런 이야기해봐야 무슨 수작이냐 하겠지만, 그냥 친구 만난다고 생각하고 와봐!"

의사인 곽동명(郭東明)이 그에게 말했다.

"너 장로 되더니 많이 늘었다. 미국 교인들과 알력이 있다고 들었는데, 괜찮은 거야?"

"그래! 별도로 예배를 드리고 있어! 더 잘된 셈이지! 어차피 영어 예배는 폼으로 앉아 있었는데 말이다."

의사인 김두태(金斗泰)가 관심을 보였다.

"그럼 당회는 어떻게 되는 거야? 본교회에서 그냥 목사와 예배당을 그렇게 공여하지 않을 텐데!"

이재환이 침통한 표정을 지었다.

"그래! 간단치 않아! 한국인 목사가 시무한다는 소문에 주변 한인이 모여들기 시작해서 지금은 미국인 신자들보다 많고, 헌금도 많이 내는 거야! 그래서 내가 장로가 된 건데, 역시 물과 기름이야! 얼마나 함께할 건지 예상할 수 없어!"

음악을 전공한 배정삼(裵正杉)이 물었다.

"성가대는 있는 거야?"

"너 좀 와서 도와줄 수 있겠어?"

"그래야지! 한인 교회가 이 지역 웨스터체스터에는 없는데, 우리가 세워야지. 그럼 그렇지!"

이재환이 한 말이 생각나서 아내가 일하지 않는 주 일요일에 포체스터교회를 찾았다. 몇몇 지인을 만날 수 있었다. 한기범(韓起範) 목사가 서툰 한국말로 우리를 반갑게 맞이했다. 그는 바로 신사참배에 불복하고 고려신학대학을 세운 한상동(韓尙東) 목사의 동생인 한명동(韓明東) 목사의 장자였다. 1950년 도미해서 웨스턴 대학에서 신학을, 그리고 프린스턴 대학에서 신학석사 후 목사 안수를, 템플 대학에서 박사학위를, 하버드 대학에서 박사후과정을 한 후 로드아일랜드 대학에서 가르치다가 미국장로회 미드허드슨 노회장을 거쳐 포체스터 장로교회 담임목사로 온 것이다.

그는 한인으로 인해 마치 모세의 출애굽기처럼 본교회에서 "너희 종족이니 한 목사 데리고 나가라"며 스카스데일 교회로 쫓겨가게 되었다. 곧 팰함 교회로 옮겨 '웨스트체스터 연합교회'를 창립하게 된다. 내가 이렇게 장황하게 소개하는 것은 그와의 관계 때문이다. 나는 창립예배 때 아내와 함께 안수를 받았다. 내 일터가 가까운 거리에 있어 그는 자주 방문했다.

"변 선생! 전 한국 사람에 대해 잘 알지 못합니다."

당시 나는《주간중앙》에 뉴욕 한인의 이민 생활 애환을 위컴(Wickham)이 한국 사람 심성을 표현한《들쥐새끼들》이라는 이름의 소설로 연재하고 있었다. 아마 그걸 읽고 나에게 도움을 바랐던 것 같다. 그는 일본에서 태어나 부산중학을 나와 미국으로 바로 왔기 때문에 한국인의 정서에 대해 잘 알지 못했다.

"목사님! 제 의견만 들으시고 가타부타하지 마십시오! 저도 인간이어서 목사님하고 사이가 나빠지면 '한 목사가 그러더라!'라고 할 테니 말입니다."

먼저 나는 교회 부흥을 위해 말했다. '2세를 위한 한국어 학교', 그리고 '신앙을 위한 도서실', '내 교회를 위한 성전건립위원회' 등을 건의했다.

"교회가 왜 한국어 학교를 해야 합니까?"

그 이유를 알지 못하겠다는 것이었다.

"단도직입적으로 말씀드리면 장수를 잡으려면 말을 쏘아야 합니다. 아이들에게 한국어를 가르치기 위해 교회에 나오면 그게 바로 일석이조(一石二鳥) 아닙니까?"

"사실 제가 뉴욕한국학교 이사가 되어서 그래요!"

그래서 이런 일들을 위해《주간소식》지를 증면 발행하기로 했다. 당시는 타자기로 전사해서 손으로 일일이 등사해야 했다. 그것도 거의 열 페이지를 주마다 발행하다 보니 지원자가 필요했다. 그리고 더 일해야 하는 비서의 원망에 찬 눈빛을 의식해야 했다.

나는 만화는 물론 기사를 타이프로 쳐야 했다. 그래서 월요일 헌츠포인트 도매시장도 가지 못하고 한 목사와 함께 이 일에 매달렸다. 그렇다고 믿음이 있는 자도 아닌데! 아마 한국에서 못 다 한 일을 한다고 그랬는지 모른다.

그 결과 한국학교가 시작되었고, 도서실을 가지기 위해 고려서적에서 신앙도서를 주문하여 전시했다. 정혁(鄭赫) 장로가 제목만 보고 '이것은 안 되고' 식의 취사선택을 했다. 그리고 서점에서 보내온 25% 할인된 청구서가 배앓이가 되었는지 '채소 장수 앞'이라고 써서 되돌려주었다. 그리고 성전 건립에 대한《주간소식》칼럼은 이종호(李鍾浩) 장로의 "앞으로 제 지시를 받으시오!"라는 명령으로 하던 일을 멈추게 했다.

"그렇잖아도 그만두려고 했는데 잘됐습니다. 잘해보세요!"

결국《주간소식》은 4페이지로 발간되었지만, 얼마 후 성전건립위원회가 구성되어 모금하게 되고, 라이브룩에 2에이크의 BBS 비영리단체 건물을 구입하게 된다. 그러나 한기범 목사가 소천하자 교회당을 증축하려던 계획은 무산되고, 지역 경찰서 대지용으로 팔아치웠다.

30년이 지난 후 그때 부지를 판 돈이 이자가 불어 200만 달러가량 되었다. 이런 사실을 안 노회가 교인이 적어 관리하기 힘든 뉴로셸(New Rochelle) 위그노 교회를 공여했다. 1924년 건축된 교회당은 제퍼슨 기념관을 설계한 에로 사리넨(Eero Saarinen)의 건축물이다. 칼뱅파의 개신교로 프랑스 남부 라로셸(La Rochelle)에서 가톨릭으로부터 종교 박해를 받던 위그노(Huguenot)들이 18세기 뉴욕 북부에 새로운 로셸이라는 이름의 뉴로셸에 정착하게 된다. 워싱턴은 물론 루스벨트 등 미국 대통령 24명이 장로교 교인이다.

세대가 바뀌고 현대 문명과 과학으로 인해 종교의식이 결여되자 수십 명의 교인으로는 건물을 관리하기 힘들 수밖에 없었다. 그래서 거의 1,500만 달러를 들여 보수해서 자체 성전을 가지게 되었다. 현재 같은 건축물을 짓는다면 시가 2천만 달러라니, 그때 믿음이 적은 자의 무리수였지만 잘한 것 같다.

19대 뉴욕한인회 부회장 시절

1986년 19대 뉴욕한인회 조병창(曺秉昌) 회장의 권유에 따라 부회장으로 2년간 함께 활동했다. 15대 이성종(李成鍾) 회장단 그리고 17, 18대 강익조(姜益造) 회장단은 청과상조회가 주축이었다. 당시 한인사회 조직의 중심축이 상조회였기 때문에 19대는 내가 회장단으로 나간 것이다. 맨해튼 브로드웨이 애비뉴를 중심으로 한 도매업체인 한인경제인협회 출신인 조병창이 회장이 되었기 때문이다.

마침 전대의 강 회장이 맨해튼 23가에 4층짜리 한인회관을 구입하여 명실상부한 한인사회의 중심축 노릇을 할 때였다. 그래서 19대의 역점사업은 이민자의 정착을 돕는 복지를 위해 차이나타운의 중국개발협회와 협력 · 발전시키는 것이었다. 유태인이나 중국인 이민자는 그들의 협회를 통해 현지 적응훈련 교육을 시키고 있었다. 엔지니어는 정비공으로 일하게 해서 언어와 문화에 적응되면 자기 전공을 찾아가게 한다. 주정부에서는 그들에게 투입된 비용의 절반을 제공하는 매칭펀드로 더욱 발전시킬 수 있도록 했다. 그러나 한인회가 구심점 역할을 하지 못해 제대로 성과를 거둘 수 없었다.

실질적인 한인 사업 계획을 추진할 수 있도록 한인 수 조사에 나선 인구조사위원회의 구성 업무에도 나섰다. 또한 효율적인 회관 관리를 위해 위원회를 구성했다. 그러나 이것도 자금이 필요한 일이어서 성과 없는 계획에 불과했다. 사실 한인회를 운영할 자금은 작은 교회의 헌금 수준이어서 회장단과 이사장단의 출연이 전부일 정도로 희생이 컸다. 한인회를 위해 회비를 낼 사람이 있을 리 없으니 예산이 확보되지 않아 제대로 된 사업을 할 수 없었다.

그런 그들 간부의 희생 대가가 공명심을 채우기 위한 것인지? 나는 아내의 바가지에 회의를 느끼지 않을 수 없었다. 과연 무엇일까? 그러니 언론 줄타기나 한국 정부에 줄 대기를 위한 포석이 아닌가 할 정도로 개인의 출혈이 심했다. 하긴 한인회를 통해 한국 정부에 입신한 박지원(朴祉源), 김경재(金景在), 김혁규(金赫奎) 등은 보상을 받은 셈이지만, 한국 정가를 기웃거렸음에도 썩은 동아줄조차 잡지 못한 채 방황하는 사람이 적지 않았다. 나는 일찍이 정치 주변에서 배회했기 때문에 그럴 의사가 없었다. 단지 '뉴욕문인협회' 창립에 관여하게 된 것과 뉴욕의 언론에 관여해 칼럼이나 소설을 연재할 수 있던 것이 나 나름의 보상이었다.

작가의 길로 나서다

한인회 활동을 하다가 자연스럽게 뉴욕 언론과 접하게 되었다. 《주간중앙》의 편집자인 김신일(金信一) 기자를 만나게 되었는데, 그는 대학신문 후배 기자였다. 1986년 그의 권유에 따라 소설 《들쥐새끼들》을 연재하게 되었다. 한 2년간 연재하

다가 편집자가 바뀌자 "연재를 빨리 마무리해 달라!"고 했다. "왜 그러느냐?"고 반
문하자 "교회에서 반발이 심하다"라는 것이다.

그 당시 연재물은 무속화한 신앙을 그린 것이었다. 방귀 뀐 놈이 성낸다고 이런
교회가 한둘이 아니었던 모양이다. 나는 마무리를 제대로 하지 못하고 중도하차하
고 말았다. 그 이후 내용을 보완해서 《들쥐새끼들》(상·하권)을 1993년 10월 12일
예하출판사에서 발간했다.

1989년 2월 9일 이계향(李桂香) 수필가를 중심으로 미동부문인협회 발기인 대
회를 가졌다. 그리고 1990년 《한국수필》(여름호)에 〈LA로 가는 길〉로 실질적인 수
필가가 되었고, 다음 해 뉴욕한국일보 현상문예에서 단편소설 〈사모님, 그 여인
들〉이 당선되어 소설가가 되었다.

1991년 《뉴욕문학》 창간호가 발간되어 소설을 발표할 공간이 생기게 된다. 그
리고 한국일보에 1994년부터 거의 3년간 매주 칼럼 〈뉴욕春秋〉를 연재하는 한편,
《시대문학》에도 33호부터 37호까지 각 권 5편씩의 칼럼을 연재했다. 그리고 1997
년 신년호 38호부터 44호까지 《장군의 딸들》이라는 소설을 연재했는데, 이 소설
은 1999년 7월 30일 도서출판 지혜네에서 발간되었다.

1997년 뉴욕조선일보에 거의 1년간 폐간할 때까지 〈변수섭 칼럼〉을 연재했다.
《뉴욕문학》,《월간문학》,《시대문학》 등에 게재된 중단편 소설을 취합한 중단편집
《뻐꾸기 둥지》 그리고 장편소설 《나비의 꿈》(Dream of the Butterfly) 한영판을 2009년
12월 27일 도서출판 소소리에서 함께 발간했다.

은퇴할 나이에 연방공무원이 되다

1980년대부터 대기업들의 소비시장 진출로 소상인들이 설 자리를 잃게 된 것
과 더불어 문학이라는 외식을 즐겼으니 장사가 제대로 될 리 없었다. 더욱이 온라
인 쇼핑센터까지 생겼으니 소매업은 완전히 한물가게 되었다. 그래도 전철역 옆

구멍가게라서 그런대로 명맥을 유지할 수 있었다. 타종의 장사를 타진했으나 대기업이 할 수 없는 세탁소나 네일숍은 공해는 물론 경쟁이 너무 심해 다들 문 닫기 일보 직전이었다.

마침 우체국에 근무하는 막내 처제 임혜옥(林惠玉)의 권유로 우정국 시험에 응시했다. 60세 가까운 나이에 암기를 요구하는 시험이었으니 쉬운 게 아니었다. 그것도 최소한 80점 이상을 받아야 3개월 이내에 면접을 볼 수 있었다. 시험은 암기와 이해 능력에 따라 집배원과 서기 그리고 우편 진행자와 우편 취급자의 두 가지 성적으로 평가된다. 다행히 87점, 89점을 받아 집배원 면접 후 바로 뉴욕시에서 회계사를 하는 뉴델리 출신 백계 인도인 비누와 함께 터카호 (Tuckahoe) 지역 우체국에 근무하게 되었다.

비누는 인도 남부 출신의 집배원을, 나는 백인 슈퍼바이저를 따라다니면서 업무를 익혀야 했다. 비누는 이틀 하고는 사직했다. 연방 공무원을 하겠다는 의지를 빨리 포기한 셈이다. 너무 일이 힘들었거나 그렇지 않으면 인도의 사성 계급제도인 카스트 인식 때문이었는지 모른다.

하긴 나도 1주일 하고 그만두었다. 얼굴이 시뻘겋고 코털이 길게 난 슈퍼바이저는 우체국의 업무 설명이 아니라 명령만 하니 생소한 일을 제대로 따라 할 수 없었다. 그리고 언덕이 많은 지역에 차도 없이 우편물을 배부하게 했으니 초여름 더위에 물강아지 신세가 되었다. 내가 사의를 표하자 그때야 한인 집배원을 내세워 이해시키려고 했다. 나는 그자가 중국인인 줄 알았다. 중국계 여자는 출근 첫날 "중국인이냐?"고 물었는데, 그런 동족에 대한 무관심과 더불어 "그렇게 영어를 할 줄 모르니 어떻게 일하려고 하세요?"라는 어처구니없는 모멸감이 나를 바로 그만두게 만들었다.

나는 슈퍼마켓에서 3개월 임시직으로 일하다가 다시 시험을 쳐서 한국 같으면 은퇴할 나이인 60세에 2001년 1월 17일 관할 본부 우체국인 웨스트체스터 (Westchester) P&DC 우편 취급자로 일을 시작하게 되었다.

그곳은 1,200여 명이 3부 교대로 우편물 소인을 분류하는 곳이다. 임시직 2년 6개월 동안 지역별 소포 분류부서에서 일하다가 정직원이 되어 야간반에서 오후반 대형 편지 분류부서로 옮겼다. 그곳에서 일한 지 얼마 되지 않아 '자동화'라는 이름으로 록히드사에서 거의 100만 달러짜리 AI(Automatic Induction) 기계를 네 곳에 설치했다. 그리고 기계 사용 설명회를 가졌다. 그자는 대단한 발명품인 양 설명한 다음 거만하게 질문 있느냐고 물었다. 그렇잖아도 불필요한 기계로 작업을 지연시키고 있는데, 배알이 뒤틀린 나는 대뜸 질문했다.

"왜 이중 일을 해야 합니까?"

그러자 그는 다짜고짜 호통을 쳤다.

"윗선에서 결정한 사항이니 그것을 수긍할 수 없다면 문을 열고 나가라!"

어처구니없는 답변이었다.

"국민이 낸 돈이고 국가 재산인데, 그렇게 무책임하게 말할 수 있소?"

나의 힐책에 50여 명의 수련생이 폭소를 터뜨리자, 담당 슈퍼바이저 중국계 아이엔이 당황했는지 손을 흔들면서 서둘러 종료를 선언했다. 하긴 그 기계로 인해 50여 명의 우편물 취급자를 더 선발해야 했으니 노동조합에서는 대환영일 수밖에 없었다.

그날 밤 퇴근하기 전 우리 집에 괴전화가 걸려왔다. 아내는 경찰에 신고하는 한편 이웃에 살고 있는 동생네들을 불렀다. 경찰이 아홉 번째 걸려온 전화를 받았다.

"당신이 누군지 알고 있으니 한 번 더 이런 전화를 걸면 당장 체포하겠소!"

그다음 날 기계 앞에서 일하고 있는데, 어제 그 업자가 나타나 느물거렸다.

"어떻게 일은 할 만해?"

나는 한번 쳐다보고는 퉁명스럽게 말했다.

"네 말마따나 선택지가 없잖아!"

"그럼! 그만두면 될 거 아냐!"

"뭐라고? 네가 나를 협박하냐? 한마디만 더해 봐! 나 작가야!"

그는 태도를 바꿔 손을 내밀었다.

"나 케니 로저스야! 우리 잘해보자!"

나는 그를 째려보다 말고 악수했다.

황혼에 깃을 펴다

4대의 대형 편지 분류기계는 본래 대당 1명의 우편 진행자가 일했다. AI 기계를 설치하자 대당 6명의 우편 취급자가 더 필요했다. 문제는 전에는 시간당 1만 3천 개의 편지를 분류했으나, AI 기계를 설치하자 시간당 7천 개 정도밖에 분류하지 못한다는 사실이었다. 그러니 돈만 먹는 어처구니없는 기계를 팔고 산 것이다.

나는 더 이상 문제의 장소에서 일하기를 원하지 않았다. 그래서 조합에서는 골치 아픈 나를 소인부서로 보내주었다. 그곳에서 일하는 그룹 리더가 "너 같은 주니어가 어떻게 여기 올 수 있었느냐?"고 빈정대기조차 했다. 한 주가 지난 다음 그곳에선 중요한 미팅이 있었다. 플랜트 매니저(plant manager)를 위시해서 담당 슈퍼바이저, 우편 취급자 등이 모두 모여 업무를 의논했다.

나에겐 그런 자리가 처음이었다. 나는 그들을 잘 모르지만, 그들은 나를 이미 알고 있었다. 아마 지난 사건으로 인지하고 있었던 모양이다. 아예 플랜트 매니저가 나에게 편지 소인 작업에 대해 조언할 것이 없느냐고 물었다. 나는 온 지 얼마 되지 않아 할 말이 없다고 사양했다. 그러자 기술부 매니저가 그냥 보고 느낀 것을 이야기하라고 했다.

"4년 전 크리스마스 때 이곳에서 한 달가량 일한 적이 있었습니다. 그때는 종이 분진이 기계에 뿌옇게 앉아 있었는데, 환기통을 설치한 덕에 그런 공해가 없어서 좋습니다. 한 가지 의문사항이 있기는 하지만…!!"

내가 말을 멈추고 그들을 바라보자 계속하라고 재촉한다.

"그때는 벨트를 막고 소인된 트레이를 포스콘에 넣지 않았는데, 왜 이중삼중 일을 하는지 모르겠습니다. 기계에서 소인된 편지를 트레이에 넣어 벨트로 보내면 VLU(Vertical Lift Unit)로, 그리고 공중협궤열차를 타고 해당 DBCS(Delivery Bar Code Sorter) 기계의 미끄럼틀로 내려가게 되어 있습니다. 거의 100만 통의 편지를 포스콘에 넣는 일은 마치 자동차 20~30대를 들어 올리는 것과 같은데, 그리고 그 포스콘을 일일이 DBCS 기계에 밀고 가야 하는데 도무지 알다가도 모르겠습니다."

플랜트 매니저는 불쾌한 음성으로 말했다.

"그건 내가 지시한 거야! 전에 있던 롱아일랜드 P&DC에서도 그렇게 했어! 공중열차는 못 믿어!"

"보스가 시켰다면 어쩔 수 없는 일이군요. 그러면 한 가지만 더 물어보겠습니다."

나는 뜸을 들이다 말고 좌중을 한번 둘러본 다음 입을 뗐다.

"우편물이 VLU로 올라가기 전에 자동으로 편지 무게를 재게 되어 있는데, 이렇게 손으로 집어내면 어디서 무게를 잽니까?"

그들은 아무도 대답하지 않았다. "공과금을 더 챙기려고 무게를 조작하는 게 아닙니까?"라고 말하려다 말았다.

한 주 후 DBCS 기계 쪽에 대형 저울이 설치되었다. 그런가 하면 두꺼운 편지를 처리하는 DIOSS(Delivery Input Output Sorting System) 기계가 너무 많아 처리할 편지가 없자 자구책으로 미터메일 인원을 동원해 트레이화시켜 기계를 사용할 정도의 난센스를 벌이고 있었다. 그래서였는지 우정국 부채가 전자메일로 인함은 물론 기술이나 경영 부재로 가중되고 있는 듯했다. 아니나 다를까 우정국은 20억 달러의 부채를 진 사양기업으로 황혼을 맞이하고 있다.

그래서 방만한 관리 체계를 줄여 전문화하고 있다. 예를 들어 인사 담당자가 각 지역에 산재해 있는 것을 한 곳 그린스보로(Greensboro) NC로, 관리와 문서는 워싱턴 DC에서, 건강보험관리는 로렌스(Lawrence) KS에서 그리고 저축 관계 TSP는 버밍엄(Birmingham) AL에서 관장하고 있다.

나는 2016년 10월 말로 은퇴했다. 3개월 전에 신청해서 보내온 거의 150페이지 책자에서 20장의 기재서류를 보내야 했다. 내가 근무하는 지역 본부에서는 인사 담당자가 없어져 서류작성을 제대로 하지 못해 서류를 되돌려 받기까지 했다. 그래서 은퇴자를 찾아 자문을 구해 서류를 다시 보완해 가까스로 끝낼 수 있었다. 은퇴조차 쉬운 일이 아니었다. 어쨌든 16년 동안 늙은이라고, 그리고 말이 서툰 동양인이라는 편견을 깨고 하고 싶은 말을 하면서 일해서 제대로 인간 대접을 받은 곳이다. 2001년에는 우수직원으로 선정되어 상금을 받기도 했다. 더욱이 70명 정도가 내 소설집《나비의 꿈(Dream of the Butterfly)》을 사준 풋풋한 인간관계를 구축한 곳이기도 하다.

나는 지금 집을 단장하고 있다. 언젠가는 작은 공간으로 옮겨가야 하기 때문이다. 오는 3월에는 친구들과 10일간 캐리비언 연해와 중미로 해서 파나마 운하까지 프린세스 크루즈로 여행을 떠나기로 예약했다.

4월에는 타운에 거름 한 차를 보내달라고 해서 농사를 지을 생각이다. 그린하우스에는 상추 종류를, 바깥 텃밭에는 토마토, 고추, 가지, 오이, 호박, 들깨, 방아 등을 심고 사슴, 토끼, 다람쥐, 칩멍크, 고슴도치, 두더지 등을 쫓는 소음전자 장치와 포획하는 틀을 비치해서 나만의 공간을 만들 것이다. 그래서 나물 먹고 물 마시고, 팔을 베고 누우면 온 천하가 내 것이 될 것이다. 그리고 이제껏 시간이 없어 하지 못한 과학과 종교를 탐구해서 차원의 세계, 심령, 사후에 대한 소설을 쓸 것이다. 바로 주경야독(畫耕夜讀)으로 노후를 보낼까 한다.

변수섭

글쓴이 변수섭(卞壽燮)은 1941년 일본 고베에서 출생해 삼동초등학교, 경남중, 경남고, 부산대 화공과를 졸업했다. 부산대 신문사 편집국장, 동의공고 화공과 교사, 동의과학대학 교수로 재직했으며, 1975년 도미해 19대 뉴욕한인회 부회장을 역임하기도 했다.

《한국수필》로 등단해 뉴욕 《한국일보》 신춘문예 소설에 당선되었으며, 현재 한국문인협회(소설분과)와 미동부문인협회 회원으로 활동 중이다. 출판한 소설집으로는 《들쥐새끼들: I, II》, 《장군의 딸들》, 《뻐꾸기 둥지》, 《나비의 꿈(Dream of the Butterfly)》(한영판)이 있으며, 〈뉴욕춘추〉(뉴욕한국일보), 〈변수섭 칼럼〉(뉴욕조선일보), 〈변수섭의 연속 칼럼〉(시대문학)에 칼럼을 연재하기도 했다.

soosufb@verison.net

7 문학이 내게 주는 의미

복영미
시인

우리는 밥만 먹고 잠만 자고도 얼마든지 살 수 있다. 그러나 좀 더 인간답게 살기 위해 향기롭고 깊이 있게 살려고 하는 마음, 말로 표현할 수 없는 그 무엇이 글을 쓰게 하는 게 아닐까. "21세기는 그야말로 초고속·초문명 시대가 될 것"이라는 빌 게이츠의 말을 인용하지 않더라도 편리한 것이 극에 달해 인간성을 상실하는 인간 상실 시대에 접어들지 모른다.

이처럼 문명이 극도로 발달할수록 인간의 숭고함과 아름다움, 인간을 옹호하는 더 높고 초월적인 정신으로 살기 위해 글을 쓰는 것이라고 나는 감히 말한다. 문학은 지식도 아니요 물질도 아닌 우리를 변화시키는 정신의 힘이다. 우리는 물질만능주의 시대에 살고 있지만, 물질은 정신을 변화시키지 못한다. 시대나 지역을 초월하여 글은 희망과 위안을 준다. 무엇이든 빨리 해야 하는 속도의 시대에 문명이 극도로 발달한 비정하고 삭막한 사회에서 내가 쓴 한 편의 글이 누군가의 상처를 치유할 수 있다면, 내가 나를 치유할 수 있는 것이 문학의 기능이 아닐까? 글을 쓰는 것은 아름다운 영혼을 가꾸며 자유롭고 행복한 삶, 정신적으로 풍요로운 삶을 실현하는 데 도움이 된다고 생각한다.

여러분은 어떤 문제에 부딪혔을 때 글을 통해 쓸쓸한 마음, 상처받은 마음을 위로받은 적 있는가? 지금 한국에서는 '글쓰기 치료'라는 것이 크게 각광받고 있다. 글쓰기 치료란 우리 삶의 여정에 갈등과 문제로 힘든 위기의 시기를 지혜롭게 극복할 수 있도록 돕는 심리 치료의 한 방법이다. 우울증 환자의 심연에 쌓여 있는 상처, 억눌림, 슬픔, 괴로움 같은 것들을 글로 표현하게 함으로써 서서히 우울증이 호전되는 것을 말한다.

심연에 쌓이고 쌓인 감정을 정직하고 진실하게 글로 표현할 때 정신의 카타르시스를 느낄 수 있다. 크나큰 슬픔이나 감당하기 어려운 일을 당했을 때 눈물을 흘리게 되는데, 이때 흘리게 되는 눈물이 카타르시스다. 펑펑 울고 나면 가슴이 뻥 뚫리는 것 같으면서 시원해지는 것이 카타르시스다. 글을 쓰는 것은 아름다운 영혼을 가꾸며 자유롭고 행복한 삶, 정신적으로 풍요로운 삶을 실현하는 데 도움이 된다.

소년·소녀 시절 사춘기 때 글을 한 번도 써보지 않은 사람은 없을 것이다. 지금은 바쁘다는 핑계로, 또는 '머리 아프게 글은 무슨 글이야. 늦은 나이에 글 쓰면서 끙끙거리느니 드라마 한두 편 보면서 스트레스나 풀지' 이렇게 생각하는 사람들이 많을 것이다. 드라마 한두 편 볼 때 그 순간은 재미있겠지만, 돌아서면 남는 것이 아무것도 없다. 그러나 한 편의 좋은 글을 읽었을 때, 또 서툴지만 한 편의 글을 혼자 써보았을 때 그것이 곧 아름다운 영혼을 가꾸며 자유롭고 행복한 삶, 정신적으로 풍요로운 삶을 실현하는 데 도움이 되기 때문이다.

우리는 흔히 "쓸 것이 없다", "엄두가 나지 않는다" 이런 말들을 많이 한다. 그러나 여러분 주위에 혹한을 이겨내고 끝내 고단한 우리에게 쉬어가라며 그늘을 만들어주는 나무와 온갖 꽃들, 밟아도 밟아도 파랗게 일어나는 풀 등의 생물은 물론이고 심지어 여러분이 앉아 있는 의자, 식탁, 벽, 천장, 옷, 신발, 가방, 시계, 핸드폰 같은 무생물도 "나도 할 말이 있소. 내 말 좀 들어보소"라고 우리를 바라보고 있다.

그것들에게 생명을 불어넣어 그 간절한 말에 귀를 기울여보자. 그것들이 나라고 한 번 생각해보자. 그러면 그것들이 하는 말을 들을 수 있다. 우리는 그들이 하는 말을 글로 써야 한다.

다른 예술에서는 별도의 공부를 해야 한다는 인식이 있는데, 문학은 그것이 박약하다는 점도 지적되어야 한다. 가령 고전음악을 이해하려면 그것에 대한 책을 읽든가 공부를 해야 듣는 귀가 열린다. 그런데 왜 문학은 특별한 공부를 하지 않아도 안다고 생각할까? 우리는 어려서부터 기역, 니은을 알기 때문에 문학도 할 수 있다고 착각한다. 아는 글자이기 때문이다. 글자를 읽을 수 있다고 내용을 알 수 있는 것은 아니다. 나는 글을 쓰려면 특별히 공부해야 한다고 생각한다.

이 세상은 어떤 형태로든 여행이라 할 수 있다. 이 짧은 생의 여행이 진정한 의미를 가진 여행이 되기 위해 몇 편의 시 혹은 자신의 일생을 그린 한 권의 책을 남긴다면 그것이야말로 일생에 가장 보람된 일이 아닐까.

글 쓰는 것을 좋아했던 나는 겉멋으로 시를 쓰는 자칭 시인이 아닌 쓰레기통에 버려진 누군가의 구겨진 삶을 꽃피게 하는 글을 쓰고 싶었다. 한때 한국에서 "사장님!" 하고 부르면 길 가던 아저씨들이 일제히 돌아보곤 했다는데, 요즈음은 "시인님!" 하고 부르면 길 가던 아줌마들이 일제히 돌아본다나? 우스갯소리 같지만 나는 충격을 받았다.

늦은 나이에 인터넷 원격으로 문학수업을 정식으로 받을 수 있는 경희사이버대학에서 체계적으로 문학공부를 하기로 결심했다. '황혼이 깃든 나이에도 원격으로 문학공부를 할 수 있을까?', '타이핑이라고는 겨우 한글 타자 톡톡 두드리는 초보자 중 왕초보인 내가 어떻게 인터넷으로 진행되는 공부를 할 수 있겠어?'라는 생각으로 자신이 없었다. 망설이는 동안 한 해가 지나갔다. 그다음 해에 또 놓쳤다. 나이는 점점 하오로 기울어가고 있는데, 더 이상 지체할 수 없었다. 갓 출산하여 몸조리하고 있는 아는 새댁에게 밤이고 낮이고 체면 불구하고 전화를 걸어 조금 전에 물었던 것을 깜박하곤 다시 또 물어 겨우 등록을 마쳤다. 앞으로 4년 동안 들어야 할 수업에 대해서는 미리 걱정하지 않기로 했다.

획기적인 인터넷의 발달로 한국 대학의 원격강의를 태평양 넘어 뉴욕의 안방 컴퓨터 앞에서 희끗희끗 흘러내리는 앞머리를 연신 쓸어 올리며 톡톡 토도독 독수리 타법으로 키보드를 종일 두드렸다. 모든 수업이 디지털 동영상으로 진행되는 강의는 아날로그에 길든 내가 적응하기에 매우 어려운 수업 방식이었다.

숙달된 사람이라면 1시간에 할 수 있는 작업을 너댓 시간, 때로는 8시간까지도 컴퓨터 앞에 앉아 있은 적 있었다. 화장실에 가려고 일어서면 머리는 띵, 다리는 휘청한다. 몸은 조금만 쉬었다 하자고 자꾸 신호를 보내는데, 책상을 붙잡은 채 눈을 감고 '진정해. 조금만 더 참아. 할 수 있어'라고 몸을 달래며 강행군을 했다.

문득 거울에 비친 내 꼴은 파삭 늙어버린 할멈 같았지만, 정신은 어느 때보다 맑고 풍요로웠다. 어느 날부터 왼쪽 어깻죽지가 몹시 당겼다. 팔도 저렸다. 그러나 병원에 갈 마음의 여유가 없었다. 팔을 죽 뻗어 올려보았더니 덜 저린 듯해서 옷걸이를 책상 옆에 끌어다놓고 스카프로 팔을 동여매고는 한 손으로 키보드를 두드렸다.

새 학기 첫 중간고사가 끝난 후 병원에 가서 MRI를 찍어보았더니 경추 5, 6번 목디스크라 했다. 컴퓨터와 눈높이가 맞지 않는 의자에 앉아 목을 바짝 뒤로 젖힌 채 눈도 깜박거리지 않고 장시간 화면에 눈을 고정시키고 떠듬떠듬 키보드를 두드렸으니 목인들 눈인들 성할 리 없었다.

세월은 유수와 같다고 하지만, 캠퍼스의 낭만을 꿈꾸는 문학도들과의 만남도 없는 차가운 사각의 모니터 앞에서 마른 눈을 껌벅이며 혼자 한 4년 문학공부는 나에게 결코 짧은 세월이 아니었다.

'사이버대학은 오프라인 수업보다 좀 수월하지 않을까?' 은근한 나의 기대는 완전히 빗나갔다. 단지 수업에 직접 참석하지 않는 것만 다를 뿐이었다.

사이버대학 학생들은 대개 컴퓨터 세대였다. 그것은 학기가 시작될 때 게시판에 올리는 자기소개 글을 보면 알 수 있다. 나 같은 아날로그 세대는 흔치 않은 듯했다. 몸과 머리는 따라주지 않는데, 아직도 문학에 대한 열정이 남아 있어 하루에도 몇 번씩 이렇게 힘든 공부를 계속하느냐 포기하느냐 갈등했다. 갈등이 깊어질 때마다 일본 후쿠오카감옥 콘크리트 바닥에서 생체실험을 당하여 시를 쓰며 죽어간 스물세 살 별처럼 맑은 영혼의 윤동주 시인을 생각했다.

하루살이는 물속에서 천 일을 잠겨 있다가 스물다섯 번 허물 벗기를 한 후 태어난다고 한다. 그리고 꼭 하루 짝짓기를 한 후 죽는다고 한다. 하물며 하루살이가 이러한데, 한 편의 문학작품이 태어나는 과정이 어떠하겠는가. 문학을 한다는 것은 자신의 정신과 삶을 문학의 제단에 바치는 것과 비슷하다.

지금도 나는 첫 시험 치던 날을 잊을 수 없다. 시험 30분 전, 점점 조여오는 긴장감에 심장이 멎을 것 같았다. 두려움에 터질 듯한 심장박동을 참을 수 없어 현관 밖으로 나갔다. 새소리만 적막을 깨치는 새벽, 양팔을 벌리고 심호흡을 하며 쿵쿵 뛰는 가슴을 쓸어내렸다. 다시 집 안으로 들어와 냉수 한 잔을 들이켜고 오도카니 앉아 기도하다가 또다시 현관 밖으로 나갔다. 경직된 근육을 풀어주기 위해 초등학교 때 배운 보건체조를 순서 없이 했다. 혹 누가 보기라도 했다면 하얀 새벽달 아래 보건체조하는 살짝 돈 늙은이라며 고개를 절레절레 흔들었을 것이다.

말끔히 정리한 책상 위에는 시험 도중 생길지도 모를 컴퓨터 오류에 대비해서 학교에 도움을 청하는 국제전화카드, 전화기, 학교의 수강 지원센터 번호, 냉수 한 컵을 가지런히 놓았다. 다시 한번 더 심호흡하고 시험에 임했다.

컴퓨터에 서툰 내가 시험 도중 혹 마우스를 잘못 건드려 원인 모르게 화면의 시험문제가 사라지지 않을까 조바심이 났다. 안타깝게 흐르는 시간을 확인하며 작성한 답안이 휙 날아가지 않을까 조심조심 떨리는 손으로 답안지를 체크했다.

"시험 종료 시간이 1분 남았습니다. 종료 시간까지 답안을 제출하지 않으면 자동으로 답안지가 제출됩니다"라는 경고의 창이 떴다. 시험 종료 10초 정도 남았을 때 답안지 제출을 클릭했다. "수고하셨습니다. 답안지가 정상적으로 제출되었습니다." 휴우~ 시험이 종료되자마자 학과의 자유게시판에 들어가 보았다.

"셤이 넘 어려웠어요. ㅠㅠ 시간이 모자라 문제를 다 풀지 못했어요. 나만 그런 감? 흑흑", "뉴욕에서 시험 보셨다고요? 과연 사이버대학은 글로벌대학이라는 것을 실감할 수 있군요", "세 번째 문제 답이 뭐죠? 저도 그게 알쏭달쏭했는데, 좌우간 아직 치러야 할 셤이 몇 개나 남았으니 이러구 있을 때가 아니죠" 초를 다투어 시험을 치른 학우들의 안타까운 심정이 적나라하게 펼쳐지는 게시판의 글을 읽는 것은 온라인 수강의 즐거움 중 하나다. 혹자는 "집에서 보는 시험이니 얼마든지 커닝할 수 있겠네"라고 생각하겠지만, 천만의 말씀이다. 검색 창에 마우스를 클릭하지 못하도록 마우스 움직임이 제한된 사각의 창에서 조금만 벗어나면 시뻘건 경고등이 켜지면서 "경고합니다! 학우님은 마우스를 제한된 선 밖으로 이동했으므로 부정한 것으로 간주하여 감점을 받게 됩니다"라는 창이 뜬다. 실수로 마우스를 선 밖으로 움직였다가 기겁하기도 했다. 곧이어 다른 과목 시험을 치르기 위해 긴장했던 마음을 다시 다잡아야 했다.

전공이 문예창작인 만큼 교수님들이 몇 월 며칠까지 올리라고 제시하는 방대한 양의 리포트 작성은 이미 용량이 부족한 머릿속을 뒤죽박죽 흔들어놓았다.

얼굴색도 점점 병자처럼 누리팅팅하게 변해갔다. 시험을 치르느라 팽팽하게 긴장했던 신경줄을 다시 조일 틈도 없이 리포트 작성과제 공지가 연거푸 게시판에 떴다. 참고도서부터 먼저 인터넷서점에 주문했다. 책이 제대로 도착해도 한국에서 공부하는 학우들보다 4~5일 정도 늦어 그만큼 리포트 올리는 마감 날짜에 맞추려면 발을 동동 굴러야 할 판인데, 그나마 필요한 서적이 서점에 있을 때는 그렇게 고마울 수 없었다. 간혹 "고객님께서 구하시는 책이 절판되었습니다"라고 할 때는 얼마나 난감한지 한국의 교보문고, 영풍문고, 학교도서관을 샅샅이 뒤졌다.

얼굴도 모르는 어떤 친절한 학우는 과부 심정 홀아비가 안다는 듯 참고서 내용을 몽땅 게시판에 올려주어 감동의 눈물을 흘린 적도 있었다.

리포트 작성 기간에는 어쩔 수 없이 창밖이 훤해질 때까지 참고서적을 독파해야 했다. 책 속에는 문학에 대해 미처 알지 못했던 높고 넓고 풍부한 자양분이 가득했다. 그것을 얼마나 나의 양식으로 흡수하느냐는 나에게 달려있었다.

당뇨와 고혈압에 시달리던 체력은 고갈되어 가는 듯했지만, 정신만은 풍요로웠다. 특히 김종회 교수님은 수업 전에 언제나 직장과 학업, 육아와 가사를 병행하는 대부분 학우에게 "여러분 힘드시죠? 땀 흘리며 노력하며 애써서 거두는 것이 아니고서 보람 있는 것이 있을 수 있겠습니까. 삶에 대한 성실함보다 더 멋진 모습이 또 있을까요? 시간과 세월은 사람을 기다리지 않습니다. 세월은 노력하는 자의 편입니다"라는 값진 말씀으로 용기와 자부심을 갖게 해주었다. 무지에서 배움으로 한 발자국씩 전진하는 기쁨은 무엇과도 비교할 수 없었다. 끝없이 학문을 탐구하며 80대가 되어서도 박사학위를 받는 노인들의 학구열을 이해할 수 있었다.

실제로 우리 문예창작과 졸업생 중에서 대학원을 거쳐 문학박사과정에 정진하고 있는 70대 선배도 있다. 가끔 주위 사람들 중에는 그 나이에 건강이나 챙기고 적당히 즐기면서 살지 뭘 그리 아등바등 공부를 해쌓느냐고 안쓰러워하는 이도 있었다. 그런 말을 들을 때는 황혼에 접어든 나이에 쓸데없이 삶에 대해 짐승같이 들끓는 열정이 남아있는 건 아닐까 쓸쓸해지곤 했다.

언제나 중간고사 기간인 4월이면 우리 집과 옆집 사이에 자목련이 흐드러지게 핀다. 잎이 돋기 전 마른 가지에 보드라운 솜털로 덮인 탐스러운 꽃봉오리가 꽃샘바람을 타고 터질 듯 터질 듯 아파하다가 짝사랑하던 임에게 기어이 남몰래 몸을 주고 마는 지향 없는 슬픔처럼 꽃잎이 벌어지곤 했다. 밤이면 달님에게 수줍은 듯 오므렸다가 해가 나면 난봉꾼 벌들을 유혹하는 알 수 없는 튤립, 자신의 모습에 넋을 잃은 수선화, 짧은 생을 빛나게 살다 가려는 듯 다투어 피고 지는 모습을 여유 있게 바라보지 못했다. 간혹 밥이라도 한 끼 같이하자는 친구의 전화도 다음으로 미루었다. 직장과 생활의 기본적인 것만 해결하다 보니 사람들과도 점점 멀어졌다. 그럴 땐 인간이란 근본적으로 고독한 존재라며 애써 위로했다.

긴장의 연속이던 시험 기간이 끝났는가 하면 또다시 가파르게 진행되는 강의. 나는 학기 초부터 교수님들의 강의를 모두 녹음했다. 공부를 마쳤을 때 진도 따라가느라 대충대충 수강했던 귀중한 강의를 운전할 때나 일부러 시간을 내어 다시 듣고 글 짓는 데 도움을 얻고자 함이었다. 영어권에서 모국어로 글을 쓴다는 것은 모국어에 남다른 관심을 기울여야 한다. 강의 시 교안도 모두 출력해서 연도별·학기별·과목별로 박스에 담아 혹 생길지 모를 곰팡이 방지를 위해 제습제를 넣어

보관해두었다. 이것이 이제는 나의 재산목록 1호가 되었다.

2008년 12월이 되자 성탄절, 연말연시 준비로 화려한 오색등이 켜지고 거리는 분주했다. 그러나 나는 곧 끝날 학업과 2009년 2월에 있을 졸업식 참가 준비로 어느 해보다 마음이 들떠 있었다. 염려되는 것은 이번 졸업생 중 아니 경희대학교 설립 후 가장 늙은 학생으로 호기심 어린 시선이 쏠리지 않을까 하는 것이었고, 가장 기쁜 것은 영상으로만 보았던 교수님들과 학우들을 직접 만날 수 있는 것이었다. 주위 사람들은 "나이 들어 학위 받는 것이 얼마나 자랑스러워. 멋있잖아. 프라이드를 가져"라고 했지만, 나는 여전히 주눅이 들었다.

한 해 전 시어머님이 돌아가셨을 때 한국에 나가서도 교수님들과 학우들을 만나고 싶은 마음을 누르고 곧장 뉴욕으로 돌아왔다. 젊은 그들과 나 사이의 세대 차는 상상만 해도 부담스러웠기 때문이다. "나이는 숫자에 불과하다"는 말은 나이 먹은 이들이 만들어낸 자기위로의 말이 아닐까. 획기적인 의학의 발달로 수명이 늘어난 시대에 이러한 자기위로의 말이 부쩍 많아졌지만, 외모의 나이는 약간의 차이가 있을 수 있겠으나 피지컬 에이지는 그 누구도 어찌할 수 없는 사실이 아닐까. 지천명 지나 귀도 순해진다는, 간혹 죽음이 나와는 상관없지 않음을 생각하게 되는 나이. 자기 나이를 받아들이는 사람이 가장 멋지게 늙는 것이라 하지 않던가.

새벽 5시에 도착한 인천공항은 다시 보아도 그 규모가 어느 선진국에 뒤지지 않을 만큼 거대하고 현대적이었다. 잠을 설치고 나온 어릴 적 친구의 차를 타고 시어머님이 사시던 개봉동 광명 아파트를 향해 달리는 마음은 새벽 공기만큼 상쾌했다. 밤을 설치고 졸업식 날 일찍 학교 정문을 들어서서 언덕을 오르자 '문화세계의 창조' 교시가 우뚝 나의 발걸음을 멈추게 했다. 그 뒤로 영상으로만 수없이 보았던 네오르네상스 본관이 눈앞에 펼쳐졌다. 가슴 뿌듯한 학위 수여식에서 그동안의 외롭고 힘들었던 모든 기억을 사각모와 함께 공중으로 날려버렸다.

졸업 축하 뒤풀이는 1차로 학교 근처 감자탕집에서 교수님, 선배, 후배가 모두 모였다. 모두 멀리서 오느라 고생했다며 반갑게 맞아주었다. 얼굴을 직접 대하며 공부한 사이는 아니었지만, 학과 게시판이나 동아리에서 글로 자주 만나서 그런지 생각보다 그리 낯설지 않았다. 늙은 학생이라며 상대도 해주지 않을 것에 대한 염려는 순전히 내 기우였다. 사이버대학인 만큼 원근 각처에서 모인 졸업생과 재학생 연령층도 매우 다양했다. 그래도 나 같은 늙은이는 없는 듯했다. 누군가의 배려로 교수님과 나란히 앉았다. "오프라인 수업은 연극이고 온라인 수업은 영화다"라는 명언을 했던 홍용희 교수님이었다.

"복복자 씨 멀리서 왔으니 특강 한번 합시다."

그렇게도 참석하고 싶었던 문학 특강, 학우들과의 MT, 나는 손자까지 있는 나이도 잊은 채 "정말이시죠? 아이고 좋아라"라며 일어나 꾸벅 절을 했다.

공부를 마치고도 문학적인 분위기에 늘 젖어 있고 싶어 교수님들의 강의를 모두 녹음해서 운전할 때나 밤에 잠들기 전에 다시 듣곤 한다고 했더니 모두 "여기보다 더 문학적인 분위기에서 사시네요" 했다. 교우들 사이사이에 교수님들이 앉으시고, 온통 이야기는 문학에 대한 것뿐이었다. 누가 올해 신춘문예에 누구보다 글이 더 좋았는데 당선되지 못해 분개한다는 등, 새 시집을 낸 아무개의 시가 차별이 난다는 등, 대학에서의 문학수업은 학문적인 것이기 때문에 졸업 후 이제부터 좋은 시인이나 지도자를 모시고 창작에 열중해야 한다는 등 문학 정보에 어두운 나는 귀를 쫑긋 세워 야심 찬 저들의 대화에 빨려들었다. 영어권에서 모국어로 글을 쓰는 문인들의 대화하고는 확실히 다른 분위기였다.

자연스럽게 2차는 생맥주집으로 자리를 옮겼다. 참으로 오랜만에 대해보는 500cc 생맥주, 구름처럼 부푼 꿈은 있었으나 철이 없던 20대 명동 OB뚜우루, OB캐빈에서 통기타 곡조에 발장단을 치고 윤복희의 미니스커트를 폼나게 흉내 내고 가방에는 버스비만 달랑거렸지. 젊음이 재산인 줄 모르고 순 멋으로 거품 부글부글 넘치는 쌉쌀하고 시원한 청춘의 쓴맛을 들이켰지.

문우들의 이야기는 밤이 깊어가는 줄 모르고 이어졌다. 3차는 커다란 짱구네 학칙이 벽에 붙어 있는 야식집이었다.

1. 술값은 현금이다.

2. 술은 취하라고 마시는 거다. 빼지 말고 다 마셔라.

3. 손님이 많을 땐 물은 셀프다.

등 애교 섞인 주칙은 내가 살고 있는 뉴욕에선 눈 씻고도 볼 수 없는 재미있고 즐거운 광경이었다. 짱구네 주점 식사는 찌그러진 양은 벤또에 하얀 쌀밥을 수북이 담아 그 위에 김치, 달걀프라이를 덮은 내 어릴 때 잘사는 동무들이 싸오던 추억의 도시락이었다.

"이건 흔들어 비벼야 맛있어."

누군가 냅다 도시락을 흔들었다. 도시락 뚜껑 사이로 군침 흐르는 김칫국물, 우리는 한 숟갈이라도 더 퍼먹으려고 상대방의 숟가락을 대까닥 제끼며 머리를 들이밀었다. 그때 문득 며칠 후 돌아가야 할 제2의 고향 뉴욕이 떠오르며 눈물이 핑 돌았다. 나의 눈물을 눈치 챈 사람은 아무도 없었으리.

문학은 결핍에서 태동한다

내가 여태 문학의 끈을 놓지 않은 까닭은 초등학교 2, 3학년 때의 기억 때문이다. 어머니날, 담임선생님께서 오늘은 어머니에 대해 글을 쓰라며 원고지를 나누어주셨다. 나는 새벽부터 일어나 막국수 장사를 나가기 위해 큰 다라이에 하나 가득 파, 마늘을 다듬고 잘게 썰고 찧고 멸치 다시물을 끓이고 갖은 양념거리를 만드는 엄니를 365일 보며 성장했다. 도시락을 싸가지 못하던 나는 학교를 마치고 엄니가 있는 충무로 사십 계단 바로 밑의 천막 친 막국수 가게에 들르곤 했다.

"배고프제?"

커다란 양은 그릇에 막국수 한 그릇 고추장 푹 떠넣어 비벼주던 엄니. "우리 막내, 우리 막내 지 애비 얼굴도 모르는 것" 하시며 밤에는 막국수 양념과 다시 국물 냄새에 찌든 뻣뻣한 적삼 품으로 나를 꼭 껴안았다. 나는 말랑말랑한 엄니 젖을 쪼물락거리다가 잠이 들곤 했다. 가난이 먼지처럼 뿌옇게 내려 덮인 산동네 단칸방, 슬픔으로 채색된 내 유년의 그림자를 있는 그대로 썼다. 다음날 선생님께서 "복복자 일어나! 어제 어머니에 대한 글짓기 한 것 읽어봐. 아주 잘 썼어." 남학생들의 야유를 받으며 글짓기 한 것을 읽다가 그만 풀썩 앉아 울어버렸다. 그러나 속으로는 어린 맘에도 우쭐한 생각이 들었다. 이것이 나를 문학의 길로 이끈 등대 역할을 했다.

내 본명은 복복자다. 호적상으로만 기재되어 있기 때문에 본명을 아는 사람은 드물다. 유년의 나를 열등감에 빠지게 했던 이 이름을 짓게 된 동기는 아버지의 이른 죽음이었다 한다. 일본에서 유학하고 여유 있게 사시던 아버지가 꿈에도 형제 곁에 살아야 한다며 한국으로 나오자마자 당시 열악했던 환경에 적응하지 못하고 장질부사에 걸렸다 한다. 그때 막 태어난 나와 아버지를 한 이불에, 아버지는 이쪽에 나는 아버지의 반대쪽에 뉘여놓았다 한다. 죽음을 예감했을까. 아버지는 꼬물거리는 나를 주욱 잡아당겨 당신이 없어도 복 있게 잘살아야 한다며 '복자'라는 이름을 지어주고 눈을 감았다 한다. 어릴 적 이름 때문에 짓궂은 아이들에게 "못생긴 복자 배 속에 둥둥 바람만 둥둥" 놀림도 많이 받았다. 큰어머니 따라서 가본 재래 어시장에서 처음으로 배가 불뚝 나온 복어를 유심히 보았다. 복어도 나를 멀뚱히 쳐다보았다. 그 흔한 '영자'라는 이름이라도 지어주지 않고 하필이면 이름하고 성하고 같아서 어릴 적 내내 놀림이나 받게 한, 얼굴도 기억할 수 없는 아버지를 오랫동안 원망했다. 그러나 이제는 내 이름 복자를 다시 찾고 싶다. 어떤 이름이든 이름에는 그 사람과 어울리는 무늬와 결이 배어 있다는데, 나는 내 이름에 어울리는 어떤 결이 배어 있을까? 대학에서는 호적상의 이름인 복복자 덕분에 한 번 내 이름을 본 교수님들과 학우들은 잊히지 않았다고 했다. 이번 졸업식에 참석했을 때도 '복복자 학우 어떻게 생겼지?' 궁금해서 나를 위해 갑작스러운 만남을 주선하는 번개팅에 일부러 나왔다는 학우도 있었다.

"이름하고는 영 딴판이네요. ㅎㅎㅎ ㅋㅋㅋ"

어린 학생들은 금세 나를 '왕선배'라 불렀다. 뒤풀이에 참석한 산정시인 조정권 교수님은 40대에 술로 간경화, 간결석으로 얼마 살지 못한다는 진단을 받고 모든 사람과 담을 쌓았다고 한다. 자신까지도 벽으로 삼았다 한다.

"5년 동안 독재자로서 너에게 명령하니 시를 쓰라!"

자신에게 명령하고 복종했다고 한다. 의사의 지시를 무시하고 죽으면 죽으리라는 각오로 둥그런 밥상에서 시만 썼다고 한다.

"겨울 산을 오르면서 나는 본다/가장 추운 것들은 추운 곳에서/얼음처럼/빛나고/…."

이렇게 그 유명한 33편의 장시 〈산정묘지〉가 탄생했다고 한다. 조정권 교수님의 딸이 우리 학과의 연구원으로 일하고 있었다. 그 딸에게 "나 오늘 복복자 만나러 간다"고 했더니 "아, 그 복복자 할머니?" 하더란다. 집에 돌아간 교수님께서 "야, 복복자 만나고 왔는데 할머니도 아니더라 뭐. 나는 복복자 딸이 온 줄 알았다"고 하셨다나. 조정권 교수님의 딸 조채린 연구원에게 처음 입학해서 인터넷으로 진행되는 수업이 얼마나 어렵고 생소한지 한국과 이곳의 시차로 밤을 새우며 문의 전화를 했던 기억이 새로웠다. 20대 연구원이 태평양 너머 늙은 학생을 할머니로 본 것은 당연한 것. 교무실에서는 외국에 거주하는 학생 중 학교로 가장 문의 전화 많이 하는 못 말리는 할머니 학생으로 소문이 났다는 것도 후에 알게 되었다.

신학기가 시작되고 고려대학 특강까지 맡게 된 조정권 교수님은 바쁜 와중에도 "나랑 같이 늙어가는 늦깎이 제자를 위해 추억거리 하나 만들어주고 싶다"며 몇몇 학우와 함께 강화도로 여행을 떠났다. 강화대교 아래의 물빛은 새로 돋아나는 나뭇잎 빛깔로 물이랑을 이루고 있었다. "여기부터 강화도로 접어드는데, 다리는 소통의 단계를 뛰어넘어서 합일을 이룬다. 다리는 독자와 저자와 같다. 다리는 연인과 같이 불안한 것"이라며 "이처럼 모든 사물은 살아있어 그들이 온몸으로 하는 이야기를 들을 줄 알아야 한다"고 했다.

나는 송구하게도 늙은 교수님이 운전하는 차를 타고 차창 밖으로 스치는 강화도 풍경을 마음에 담으며 이어지는 교수님의 추억담에 귀를 기울였다.

양정고교 1학년이었을 때 국어를 가르치며 문예반 지도교사로 있었던 김상억 선생님에 대한 이야기였다. 선생님은 문예반 학생들을 인솔하고 동구릉으로 가을 소풍을 갔단다. 가는 도중 양조장에 들러 막걸리 몇 통을 준비해 지게꾼에게 지웠다고 한다. 능에 도착해서 모두에게 능을 향하여 큰절을 시킨 다음 술을 가르쳤다 한다. 시인이 되려면 막걸리를 잘 마셔야 하는데, 막걸리의 뜻풀이는 클 막(莫), 호걸 걸(傑), 마을 리(里)라고 했단다. 문예반 학생들은 호걸들이 사는 마을을 상상하며 막걸리같이 평범한 말에도 기품과 격이 있음을 배웠다 한다.

이런 것이 문학이 아닐까? 사소한 것, 하찮은 것, 불쌍한 것, 사람들이 무심하게 놓친 것들을 현실의 속도와 떨어져 느리게 가면서 주목하고 그것에 생명과 의미를 불어넣는 것. 사람과 사물에 대한 사랑과 좌절과 그에 따른 아픔이 없다면 문학은 없을 것이다. 아픔의 힘으로 아픔에 의지하여 생을 건너가려고 하는 자, 세계와의 불화를 견디려고 하는 자가 바로 문학인들이기 때문이다.

문학은 근본적으로 작가의 아픔에서 태어난 고통과 과거의 자식이다. 특히 시를 쓰는 사람은 아프다. 시를 읽는 이도 아프다. 시는 그렇다. 시가 제 아무리 생을 미화하고 행복을 지향하고 진리를 설파하고 세계와 자신에 대한 화해의 제스처를 취한다 해도 결국은 아픈 것이다. 시인이 아픈데 그의 마음과 정신에서 발화한 시가 어찌 아프지 않겠는가.

지금 우리는 영상 매체의 확장으로 문학의 존재적 위기감이 고조되고 있는 시대에 살고 있다. 디지털의 물결은 문학의 바다에도 놀라운 변화를 몰고 왔는데, 모든 정보가 활자 매체에서 전자 매체로, 현실공간에서 가상공간으로 이동함에 따라 작가와 독자가 책이라는 매체를 통해 만나던 것이 이제 화상을 통해 수평적인 관계로 만나게 되었다. 이러한 시대에 프랑스의 학생들은 생각하는 법(how to think), 즉 어떤 주제에 대한 논리를 구성하고 표현하는 방법을 배우고 있다. 선택형 문항 대신 에세이를 쓰게 하여 자신의 주장과 논리를 개발하는 훈련을 시키고 있다.

정답 찾기가 통용되는 사회에서 자신의 주장이 왜 옳은가를 논리적으로 설명할 수 있어야 한다. 기성세대들은 어떤 조건에서 상대방의 주장이 타당성을 지니게 되는가를 이해하려는 교육을 해야 한다.

세계는 점점 더 심각하게 디지털화되어가고 있다. 디지털화된 세계는 편리성을 극단으로 제공해주는 대신 그 근처로부터 존재와 존재를 잘게 떼어놓는 위험을 안고 있다. 문학은 이 디지털화된 세계의 극단적인 주도권과 폭력행사를 완화시켜주고 보완시켜줄 수 있는 유기체인 인간의 감성이다.

인간이 무기물의 재조립이 아니라 유기물의 생명체라는 것을 확인시켜주고 그 자리를 생성시켜주는 데 매우 중요한 역할을 할 것이다.

도시도 산도, 우리의 몸과 마음도 건조주의보를 내려야 할 만큼 메말라 있는 현실에서 문학이 지닌 물의 기운은 기성세대는 물론 우리의 2세에게 수분을 제공해주기에 적절하다.

나는 이제 말하기보다 듣기를 좋아할 것이다. 전원을 끄고 홀로 있는 시간을 조금만 더 늘려 진정으로 나 자신을 들여다보고 내 안에 있는 결핍을 다룰 것이다. 200여 민족이 어우러져 살아가고 있는 멜팅팟(용광로), 경제와 예술이 숨 쉬는 뉴욕에서 겉돌며 쓸쓸하고 외로운 사람, 고통 받고 소외된 사람에게 따뜻한 옥수수 수프 한 사발 같은 글을 쓰리라. 그리고 나의 졸작을 읽고 그의 허한 속이 따뜻해진다면 세월에도 나이에도 구애받지 않고 나의 남은 생을 바치리라.

독일 시인 권터 아이히는 포로수용소 시절 땅에서 주운 연필심 한 개를 빵 주머니에 숨긴 채 밤이면 몰래 시를 썼다. 그가 죽을 때까지 일평생 책상 머리맡에 놓아두었던 몽당연필심 하나가 그의 시를, 그의 고독을, 그의 삶을 견디게 해주었다.

뉴욕에서의 문학 활동

　문인협회에서는 매년 한글 글짓기 대회를 개최하고 있다. 베이사이드 고등학교, 프랜시스 루이스 고등학교, 플러싱 고등학교, 뉴저지 팰리세이즈 파크 고등학교에서 외국 학생은 물론 모국어를 점점 잊어가고 있는 한국 학생들에게 한글은 세계에서 가장 과학적인 표기체이며 훌륭하고 단순한 글자로서 한글의 우수성을 펼치기 위해 실시하는 글짓기 대회를 보람으로 여긴다.

　교회에서 '추억의 글쓰기'교실을 운영하고 있다. 나이 드신 분들이 살아온 세월 속에 기쁨, 슬픔, 한으로 점철된 그 수많은 이야기(내가 살아온 이야기를 쓰자면 책 열 권으로도 모자란다)를 시, 수필, 단편소설로 표현할 방법을 가르친다.

　일상적인 틀에서 벗어나 어르신들이 책을 읽고 짧은 시를 외우고 낭독하며 지적인 사고를 높일 수 있게 해드린다. 어르신들의 시를 모아 시화전을 개최하여 큰 호응을 받았으며 아들, 딸, 며느리, 손자들에게 자랑하며 행복해하던 모습은 오랫동안 기억에 남을 것이다.

　앞으로 양로원에 있는 노인들을 방문하여 외롭게 허무하게 생을 마감하기 전, 그분들의 가슴에 꼭꼭 묻어둔 절절한 이야기를 팬심으로 캐내어 글로 받아 적거나 직접 쓰게 하여 가족들에게 무엇보다 소중한 유산으로 남겨드리고 싶다.

베이사이드 고등학교 한글 글짓기 대회 모습(왼쪽은 2014년 11월, 오른쪽은 2016년 11월)

경로대학 어르신 학생들과 함께 개최한 시화전(2014년 5월)

문학을 전공한 작가들이 모여(NY Ecrire-뉴욕에서 쓰다) 글을 발표하고 평을 하며 영어권에서 혈육적이고 천륜적인 민족혼인 모국어로 글을 쓰는 어려움에 필을 꺾지 않도록 격려하고 있다.

복영미

글쓴이 복영미(복복자)는 경남 울산 출신으로, 2002년 《한국문학평론》 시 부문으로 등단했으며 시집으로는 《우주의 젖이 돋다》가 있다. 경희사이버대학 문예창작학과를 졸업했으며, 2009년 한국일보 LA 미주 본사 생활수필 대상을, 2010년에는 재외동포문학상 시 부문 대상을 수상했다.

　Youngmee_b@hanmail.net

8 롱아일랜드에 부는 바람

안영
시인

밤하늘에 하나 둘씩 별들을 떠오르게 하시는 이가
우리들의 이름을 불러주실 때
우리들은 이땅에 태어났습니다
우리들은 별들을 다 헤지 못하고
쉬이 아침을 맞이하지만
우리가 별인 것을 알게 하신 이는
머리카락 한 올까지도 다 세십니다
별들의 이름을 지어주시고
철새들의 길을 인도 하신 후
겨울잠 자는 것들의 집을 마련하시면
흰 눈을 만나처럼 뿌려주소서
별과 별의 영광이 다른 하늘에서
가슴과 가슴에 담은 사랑만큼으로 타오르겠습니다
밤하늘의 변방을 지키는 파수꾼이 되겠습니다
- 〈별〉

엄마 등에 업힌 얼굴이 하얀 여자아이는 동네 아저씨가 놀리려고 피리를 불기
만 하면 여지없이 울음을 터뜨렸다. 피리 소리에 웃음 대신 울음을 터뜨린 아이는
커서도 잘 웃지 않는 아이가 되었고, 살면서 울음을 터뜨릴 일은 많이 생겼다. 피

리 소리는 아이가 처음 들은 노래, 그 노래를 슬프게 해석해버린 아이의 인생은 단조로 흘러갔다. 그렇다고 해서 그것이 아이의 잘못은 아닌 것처럼 엄마가 만들어준 노랑 꽃무늬 원피스가 기억 속의 최초의 색깔로 남은 것도 그냥 우연이었을 것이다. 아이들은 환경과 상관없이 사는 것을 놀이로 만드는 데 재주가 있으므로 어린 시절은 즐거운 놀이터에서 평온하게 흘러갔고, 국민학교(그때는 국민학교였다) 2학년 때 장흥에서 보낸 1년은 내 인생에서 가장 행복했던 한 시절이 아니었나 싶다.

복숭아처럼 생긴 선생님 집에 놀러 가서 먹었던 수밀도는 세상에서 제일 맛있었던 과일로 기억된다. 우물이 있고 정자가 있었던 학교 관사에서는 날마다 아이들의 연극이 올려졌고, 만화책의 그림은 레몬 옐로 컬러로 덧칠해져서 온갖 상상의 나래를 펴게 해주었다. 강이었는지 바다였는지 흔들리던 해초의 푸르름에 반해버려 물속으로 빠져버릴 것 같았던 기억, 정월 보름에 이 집 저 집 내놓은 음식 얻으러 온 동네 휘젓고 다녔던 기억은 선명한데 학교에서 무엇을 배웠는지는 전혀 생각이 나질 않고 공부를 잘했던 것은 아니었던 것 같은데 한번도 공부 좀 하라는 소리는 들어보지 못했으니 요즘 아이들보다 복 받은 유년을 보냈다고 생각된다. 국민학교 6학년 때는 수업 시간에 만화를 그리다가 들켜 선생님한테 매 맞고 많이 슬펐던 기억이 있다. 창피하고 아프기도 했지만, 인생이 불공평하다는 생각을 처음으로 했던 것 같다. 전혀 사랑의 매로 여겨지지 않았고, 선생님의 화풀이 대상이 되었다는 느낌을 지울 수 없었다. 짝꿍도 같이 내 그림에 글을 써넣었는데, 나만 혼나 분하고 억울해서 지금도 그 선생님의 얼굴은 어렴풋이 생각난다. 선생님의 바로 앞자리에서 집중하지 않고 무시한 태도 불량으로, 괘씸죄에 걸려 혼난 것은 이해가 되지만, 본보기로 인정사정없이 맞았던 기억은 트라우마로 남아 오랫동안 선생님과 학교에 대한 불신으로까지 이어졌다.

십일조 같은 생명을 바치고 더욱 풍성한 은총으로 나아가는 길인 줄은 알아
그렇지만 찬란한 소멸의 히스테리를 덩어리째 쏟아봐
어딘가에서 생명이 양철 지붕에 빗소리처럼 떨어지는 소리를 듣고 있으면
호랑이에게 손을 팔을 다리를 내어주며 아이들에게 가야 하는 엄마처럼 절
박해지지
위대한 호르몬의 노예로 살아야 하는 운명이고
이브의 죄 때문에 해산의 고통이 더해졌다는 말
그렇다면 이런 죄의 증상들을 겪는 것은 사람의 암컷들뿐이란 말야
개나 고양이가 생리 때 배 아프다는 말은 못 들어봤으니까
- 〈생리 증후군〉

중학교에 들어가서는 사춘기까지 겹쳐서 더 시니컬하게 변해 도무지 수업에 집중하지 못하고 몽상가가 되어갔다. 문학 서적에 빠져들었고 친구도 별로 없는 외톨이가 되었는데, 다른 사람이나 주위에 관심은 적고 너무 자기중심적으로 살다 보니 표정 없고 우울한 성격을 쿨한 것으로 착각하여 다른 부류의 친구들을 경원시하고 속으로 은근히 교만을 떨며 열등감을 포장하지 않았나 싶기도 하다. 그렇게 자기 세계에 갇혀 아무런 목적의식 없이 최저치의 책임만 지는 생활이 계속되었다. 담임이셨던 한 처녀 선생님을 좋아했는데, 그 선생님으로부터 지능적인 거짓말을 했다는 억울한 말을 들었을 때는 절망스러워서 엄마가 찾아가서 오해를 풀긴 했지만, 개인적으로 앞길을 이끌어줄 훌륭한 선생님이나 롤모델을 만나지 못했다는 아쉬움이 있다. 편모슬하에다 지지리도 가난한 형편이니 죽기 살기로 공부라도 했어야 하는 것을 깨닫지도 못할 만큼 늦되고 흐리멍텅했던 이유 중 하나가 연탄가스 중독이 아닐까 가끔 의심해보기도 했다. 한 지붕 다세대 셋방살이를 전전했던 시절이었으니 연탄가스 중독으로 걸핏하면 추운 겨울날 변소에 가서 암모니아 가스를 맡고 바깥에 드러누워서 동치미 국물을 들이켜야 했다. 사람 목숨이 질긴 것은 그때나 지금이나 변함이 없고, 세월은 흘러 어느덧 대학에 들어갈 나이가 되었다.

목련이 필 때면
오랄테스트를 앞둔 히포크라테스의 후예들이
담배 연기 희뿌연 시선을 품어 대던 해부학실 옆길
목련을 닮은 해골도
불 꺼진 해부학실도
두려울 것 없던 스무 살이 오르내렸다

클로르 칼키와 향기 사이
오만과 실의 사이로
유니폼 같은 젊음이 지나가고
천사가 되고 싶은 욕심으로
하얗게 밤을 지새웠다

보신탕 냄새 진동하는 병실에서
격무의 면류관을 뒤집어쓰고
꼼짝없는 생사의 증인이 되어
깨달아야 만 할 인생을 해부하러
day evening night
실습에 실습을 거듭했다
- 〈해부학과 목련〉

    4년제 대학은 등록금 관계로 포기하고 간호전문대에 들어가서 무료 기숙사 혜택을 받고 간호사가 되기로 했다. 그때는 그것이 최선이라고 여겨졌고, 내가 무엇을 하고 싶은지 무엇을 잘할 수 있을지도 생각해볼 여유가 없었다. 아마 그때부터 인생은 내 생각대로 흘러가질 않고 저 하고 싶은 대로 고삐를 잡고 끌고 갔던 것 같다. 해부학, 생리학 같은 기초의학 과목은 끝없는 암기 능력을 요구했고, 이해보다는 암기 위주의 공부 스타일이 맞질 않아 간호 공부에 점점 흥미를 잃게 되었다. 선배의 권유로 레크리에이션 연구 동아리에 들어갔는데, 통기타 치며 노래 부르고 지리산으로 놀러 다닌 풋풋했던 사진들이 남아 있다. 시험이 다가오면 야마(예상 시험문제) 얻으러 의과대학 강사의 방문 앞에서 얼쩡거리며 공부 시간을 줄여보겠다고 애썼던 기억에다 3교대로 병원 실습을 병행하며 밤낮없이 기숙사와 병원을 오갔던 일들이 주마등처럼 스쳐 지나간다. 아카시아가 흐드러지게 피던 계단을 오르면 강의실과 기숙사가 있었다.

기숙사 생활은 그리 나쁘지 않았다. 공짜로 주는 밥이어서인지, 한창 먹을 나이어서인지 반찬도 맛있고 양도 많아서 식사 시간 놓치지 않으려고 줄 서고 시간을 놓치면 지금은 이름조차 가물거리는 룸메이트에게 남은 밥 좀 얻어 달라고 사정했던 생각도 난다. 그애는 식당 아줌마들과 친해서 잘 얻어오곤 했다. 어디서 무얼 하는지 그리워지는 친구다. 기숙사는 새로 지은 건물이라 깨끗했고, 한 방에 여섯이 지낼 수 있게 길게 설계되어 있었으며, 각자 옷장과 책상이 있었던 걸로 기억한다. 방장은 한 살 더 먹었다는 이유로 길자 언니가 뽑혔다. 순천에서 유학 온 길자 언니와는 한방에서 지내며 친하게 지냈다. 방학이 끝나고 집에서 올 때는 빈손으로 오지 않고 통닭이나 찰밥 같은 것을 한 통씩 쪄오곤 했다. 길자 언니는 키가 작아서 항상 높은 구두를 신고 다녔다. 의대생 남자 친구가 있었던 것을 나중에 알았는데, 그 후로 결혼해서 잘산다는 소식을 듣긴 했다. 졸업을 앞두고 영숙이는 오빠 친구들과 미팅을 주선해주었는데, 거기서 만난 미팅 파트너에게 첫눈에 반해서 서울까지 가서 데이트도 했고 어떻게 좀 잘해볼 수 없을까 애태웠던 기억이 새록새록하다. 무작정 상경을 꿈꾸는 시골 처녀처럼 잔뜩 서울 바람이 들어 서울에서 취업할 방법은 없나 생각해봐도 뾰족한 수가 없었다. 영숙이에게 좋은 추억을 만들어주어 고맙다는 말도 제대로 하지 못하고 졸업하게 되었다. 졸업 후에 삼순이, 영숙이, 봉희 등의 소식은 별로 듣지 못했고, 나는 소극적이라 국민학교 양호 교사가 맞을 거라는 선생님들의 충고를 새겨듣지 않고 새로 생긴 교련 과목 교사 자격을 받아 목포로 내려갔다.

청정해안 몽돌 염전 그런 것들은 저만치 밀어두고 여기서는 그 짜디짠 밥상
에 대해서 얘기할게 가짓수를 다 셀 수도 없고 이름도 알 수 없는 산해진미
로 상다리가 부러지게 차려 왔는데 누가 염전 동네 아니랄까 봐 진저리가
치게 짠 음식에 약도 오르고 이솝의 우화가 떠올랐어 주둥이 긴 새가 먹을
수 없는 납작한 접시에 담아 온 음식, 음식은 정성이라고 했던가 딸 맡긴 선
생님 대접하느라 얼마나 땀을 흘렸으면 음식마다 그렇게 짜냐고 너무 짜서
눈물겨운 그 정성은 죽을 때까지 못잊을 거야
모기장까지 치고 잠들었는데 짠 피에 길들여진 모기들이 이게 웬 단 피냐고
달려드는 거 말리느라 한잠도 자지 못하고 목포로 도망갔지
대접 한번 확실하게 한 그 보길도 유학생도 그 모기들도 다 잘 있나 몰라
- 〈완도 보길도〉

새로 부임한 학교에 가서 처음 놀랐던 것은 서울에 있는 어떤 사립대학교의 축
소판처럼 만들어진 건축 양식이었다. 그리스의 신전에 있는 기둥들이 건물 앞을
장식하고 있었다. 임예진, 이덕화 주연의 청소년 영화 시리즈도 이곳에서 찍었는
데, "임예진이다!" 하는 소리에 공부하다 말고 모두 창가로 몰려갔던 기억이 난다.
일요일에 혼자 당직을 하고 있으면 고구마튀김 같은 간식거리를 갖다주는 제자들
도 있었다. 다도해 인근 섬에서 유학 온 학생들이 많았는데, 심성이 소박하고 숙성
해 보여서 그때 찍은 사진을 보면 누가 선생이고 학생인지 구분이 안 간다. 바다가
보이는 사립 여학교의 운동장에 서면 비릿한 갯바람이 김승옥의 《무진기행》에 백
그라운드로 깔리던 안개처럼 휘감겼다. 누구라도 서울로 데려다준다면 따라갈 것
같은 날들이 계속되었다.
생소한 군대 사열을 배워서 학생들에게 가르치고 훈련시켜야 하고, 춥거나 더
운 날에도 운동장에서 "좌향좌! 우향우!"를 외치며 매를 들고 다니는 것은 생각할
수록 어울리지 않는 일이었다. 1년에 한 번씩 전교생 사열을 검열받아야 해서 마
이크 잡고 선생님들과 전교생 앞에서 구령이라도 할라치면 그중 짓궂은 동료 교

156

사는 흉내 내며 낄낄거리기도 했다. 작은 항구도시의 남자 선생들은 어쩐지 미래도 없고 답답하게 느껴져서 관심 밖이었고, 사촌오빠가 소개해준 서울 남자를 따라 미국까지 가게 되었다. 사주팔자에 역마살이 있었는지, 앞날에 대한 걱정이 너무 없었던 탓인지 미국행이 그렇게 두렵진 않았다. 그때도 미국 가면 고생한다고 충고해주신 선생님이 계셨는데, 너무 오랫동안 미국행을 준비했던 남편 때문에 내 생각이 달라졌다 해도 어쩔 수 없었다. 무엇이 그리 급했는지 몇 번 만나보지도 않고 결혼하고 몇 달 만에 미국행 비행기를 타게 되었다.

미국에서 제일 작은 주인 로드아일랜드에 도착했는데, 정말 그때 그 선생님의 예상처럼 우리 부부 앞에 기다리고 있는 것은 교련 선생 때 고생했던 것과는 또 다른 종류의 고생이었다. 말이 안 통하고(영어를 공부할 시간이 없어서) 좋은 직업을 잡을 수 없어서 커스텀 주얼리 만드는 공장에서 일했는데, 그건 아닌 것 같아서 뉴욕으로 이사하고 브롱스 레바논 병원에서 간호사로 일하게 되었다. 1년을 힘들게 버티다가 간호사 자격 연장 시험에도 떨어지고, 첫애를 갖게 되어 전업주부의 길로 들어섰다. 몸과 마음이 힘든 것을 참지 못하고 끊임없이 도망치는 꼴이 되고 말았다. 애들 잘 키우고 남편을 잘 내조해야 할 전업주부의 길도 가슴 한구석에서 비릿한 갯바람이 불어오는 목포 사립 여학교의 운동장 같아서 '나는 무엇인가? 어디로 가야 하나?' 끊임없이 자신에게 물어보게 되었다.

남편은 특유의 성실함으로 하는 일이 안정되어갔고, 유명 브랜드의 드레스 메이커 하청 일을 맡게 되었다. 최상의 원단과 최고의 디자이너들이 만들어내는 옷들은 패션에 문외한이었던 내게 새로운 아름다움에 눈을 뜨게 해주었다. 내 안에 숨어 있던 미적 감각을 일깨우며 갈 길을 밝혀주는 것 같았다. 용기를 내어 FIT 패션스쿨에 파트타임 학생으로 등록하고 디자인 공부를 시작하게 되었다. 시부모님과 같이 살긴 했지만, 아직 어린 아이들을 두고 학교에 갈 때면 발걸음이 떨어지질 않았다. 아들이 열이 나서 비몽사몽간에 박스들이 몸 위로 떨어지는 악몽을 꾸었다는 말을 듣고는 가슴이 아팠지만, 그래도 열정이 있어서 공부를 계속할 수 있었다. 늦게 시작한 공부는 젊어지는 기분도 들고, 아이디어 창고 같은 패션스쿨 학생들에게 감탄하며 그림도 그리고 옷도 만들며 5년 만에 준학사(associate degree)를 딸 수 있었다.

스태튼아일랜드에서 맨해튼까지 무거운 바느질 보따리를 들고 배 타고 전철 타고 다니면서도 좋아서 하는 고생이니 감사하고 즐거운 시간이었다. 숙제도 많고 영어로 프레젠테이션하는 것도 부족했지만, 한국 학생도 많고 평생교육 프로그램이 잘되어 있어 학교 분위기가 따뜻하고 일하면서도 학업을 병행하는 나이 든 학생도 밤에 다닐 수 있게 시스템이 잘되어 있었다. 같이 공부했던 친구는 다음 단계인 학사과정에 가자고 했지만, 더 이상은 무리라는 생각도 들고 벌써 나이가 마흔이 넘어서 학사과정을 끝내면 디자이너로 시작하기에는 좀 늦은 나이여서 다시 가정으로 돌아오게 되었다. 실력으로는 따라잡을 수 있을 것 같았지만 프레젠테이션할 때도 영어로 세련되게 할 수 없었고, 젊은 디자이너 밑에서 일할 자신이 부족하기도 한 등 여러 가지 변명거리가 생겼다. 남편의 사업에도 변동이 생겨 거의 모든 디자이너의 이브닝 웨어 파트는 유럽으로 옮겨가는 추세가 되었다.

바쁘게 살다가 시간의 여유가 생기니 우연찮게 문학잡지에 글을 내보고 싶은 마음이 생겼다. 같은 동네에 사는 친구가 먼저 들어가 있는 문학잡지라 낯설지 않았다. 그동안 쌓인 게 많아선지 시로 풀어낼 소재는 충분했다. 한 권의 시집을 낼 만큼의 시간이 지나고 그 뒤로도 시는 쭉 친구가 되어주었다. 미리 겁을 집어먹지 않아도 되고 자주 만날 수는 없지만, 끊임없이 연락하며 소식을 주고받는 좋은 친구로 남아주었다. 내 시간을 많이 뺏기고 공을 들여도 아깝지 않을 매력이 있었다. 그렇지만 만나면 만날수록 부족함을 느끼게 하는 벽으로 남아 안타까울 따름이다. 1만 시간의 법칙이 있다는데, 거기에나 기대어볼까 한다. 그렇게 엄마는 학교 다닌다고 정신이 팔려 있었고, 아빠는 바깥일에 분주해서 자식 농사에 온 힘을 쏟지 못한 탓인지 큰애가 사춘기를 맞아 방황을 시작하는데, 겁이 나서 특단의 조치를 취한다는 게 스태튼아일랜드에서 롱아일랜드로 이사 가게 되었다. 맹모삼천지교가 따로 없었다.

선뜩선뜩한 여름이
비늘을 세우고 살아 있다 이 섬에는
뱀처럼 살아서 불어오는 바람을 잡아먹는다
긴 꼬리를 대서양에 담그고 가라앉는 한 세월
따라가 보면 동쪽 나라가 보일 듯하여
외로운 유민들이 흘러드는 곳
바다에서 태어난 바람은 사생아라서
고향에 닿지 못하고
시험에 빠진 나무들의 뿌리에 내린다
겨울 지나면 또 얼마나 나무들이 쓰러질지
나무들은 기어이 세습되는 바람을 맞으리라
- 〈롱아일랜드에 부는 바람〉

　서포크 카운티에서 학군이 제일 좋다는 곳을 찾아 들어가다 보니 한국 사람이 많지 않은 유태인 거주지로 무모하게 뻐꾸기 둥지를 틀고 아이들이 뻐꾸기가 되기를 간절히 바랐다. 큰애는 10학년이 되어 전학했기에 늦은 감이 있었고, 동생들은 어느 정도 바람대로 커주었다는 걸 나중에 알았다. 본인들 입에서 그때 이사 가지 않고 스태튼아일랜드에 있었으면 인생이 달라졌을 거란 얘기를 듣고 그 모든 손실을 상쇄하는 위로를 받기는 했다. 롱아일랜드에서 집을 보러 다니다 보니 부동산 하시는 분들이 터무니없이 큰 집들을 보여줘서 눈이 높아졌는지 너무 과분한 집을 사게 되어 자만하지 않았나 싶다. 산을 오를 때도 내려올 때를 생각해야 하거늘, 내친김에 한 발 더 내딛게 되는 새로운 바람이 불어와서 팔자에 없는 장사를 동업하게 되었는데 장사는 아무나 하는 것이 아니었다. 장사도 장사 나름인데 전혀 어울리지 않는 델리 가게를 동업자만 믿고 뛰어든 것부터가 미친 짓이었다. 지금 생각해보면 나 자신을 잘 모르고 욕심만 부린 결과로 당연한 귀결일 수도 있는데, 왜 그때는 그렇게 불확실하고도 기약 없는 희망을 빨리 버리지 못했는지 많이 후회된다. 내가 준비되어 있지 못한 채 무임승차하려고 너무 쉽게 생각해버리고 모두가 내 맘 같은 줄만 알았던 게 실패한 원인이라는 것을 금방 알게 되었다. 가게를 살 때 잘 샀어야 하는데, 중국 사람이 하는 델리라는 게 배달 중국 음식이 위주가 돼서 말이 좋아 델리 가게지 한국 사람이 하게 되면 매상이 반 토막이 되는 건 시간문제였다. 중국 요리사 비위도 맞추어야 하고, 중국 요리 식재료 구입에는 관여할 수도 없어서 돈이 새나가도 알 수 없었다. 첫 단추가 잘못 끼워지니 적자가 누적되어 여러 가지 어려움을 겪으며 결국 3개월 만에 동업이 깨졌다. 생소하기만 한 델리 가게를 혼자 운영하며 모두 사람을 써서 인력을 충당하다 보니 적자는 더욱 심화되고 3년 만에 가게를 접을 수밖에 없었다. 한시라도 빨리 팔라는 남편 말을 듣지 않고 고집을 피운 데는 중도에 포기해서 실패자로 낙인찍히고 싶지 않다는 자존심이 큰 몫을 했던 것 같다. 그리고 처음 해보는 장사가 그런 대로 재미있었다. 하루 매상을 정리하며 돈 세는 기분도 좋았고, 시간이 지나면 나아지지 않을까 하는 기대도 있었다. 큰애는 피아노, 작은애는 첼로를 가르쳤는데 장사를 시작하면서 맹모삼천지교의 뜻은 온 데 간 데 없고 학교가 끝나면 델리 가게의 캐셔로 엄마를 돕느라 분명히 학업에도 지장이 있었을 아이들에게는 미안했지만, 우선 당장 여유가 없다 보니 별도리가 없었다. 남편과 다툼이 잦아졌고, 가난한 흑인 동네에서 혼자 캐시대 옆에 있다가 강도가 캐시 통을 통째로 채가는 황당한 일도 겪으며 혹독한 수업료를 지불했다. 생각하면 지금도 아찔하다. 집이 크고 집안에 사우나실도 있었지만, 대부분 시간을 가게에서 지내다 보니 한번도 사우나를 해본 기억이 없다. 꼼꼼히 따져보지 않고 잘못 선택한 대가를 톡톡히 치르며 사업 부도나 돈 때문에 자살하는 사람들의 심정이 이해되었다. 돈을 담을 그릇이 적어 돈이 흘러나간 것이니 누구를 원망하겠는가? 한동안 시름에 빠져 있다가 한국으로 시집을 내러 가게 되었다. 그동안《뉴욕문학》에 실렸던 시들과 돈을 날리고 난 다음에 쓰게 된 쓰라린 시들을 모아《롱아일랜드에 부는 바람》이라는 제목의 시집을 내며 '참 비싼 시집이구나' 혼자 자조하기도 했다. 표지 그림은 사진을 전공하게 된 큰

딸의 작품으로 조촐하고 현대적인 도시의 달이 마음에 들어 쓰게 되었다. '정말 내 팔자에 이런 호사를 누려도 되나. 아까운 종이만 허비하는 거 아닌가?' 망설이기도 했지만, 결국 시집은 나왔고 지인들에게 나누어주다 보니 이제 몇 권 남지 않았다. 인생은 짧고 예술은 길다는데, 나이 50에 시집 한 권 냈다고 시인이라고 불리기도 민망하고 언어의 힘이 더 두려워져서 시의 길은 아직도 멀기만 하다. 시를 쓴 지 10년쯤 넘었을 때 또 다른 예술의 길로 들어서게 되었다. 그림은 항상 가슴속에 있었지만 우연한 기회에 시작하게 되어 반 고흐의 작품 복사부터 추상화, 수채화, 아크릴, 미디어믹스(media mix)를 가리지 않고 시간을 쪼개 붓질하면 행복했다. 같이 그리는 사람들과 전시회도 하면서 아마추어 화가의 길을 갈 수 있는 것이 감사했다. 내일을 걱정하지 않고 종일 그림만 그릴 수 있으면 얼마나 좋을까 아쉬울 때도 있었다. 시와 그림을 접목하여 시화전을 하기도 했다. 요즘은 자연 친화적인 소재의 배경에 꽃 그림을 그리려고 노력하고 있다. 꽃 그림은 한국 사람들이 좋아하고 집에 걸면 기분이 좋아지기 때문에 추상화처럼 내가 좋아하는 그림보다는 남도 좋아하는 그림을 하는 것이 답이 아닐까 싶어서다. 그림을 시작할 즈음에 또다시 생의 한 페이지가 넘어가면서 원하진 않았지만 늦게나마 간호사의 길로 다시 돌아가게 되었다.

다시는 간호사를 하지 않겠다 마음먹었지만 사람 일은 알 수 없는 것이 남편이 하던 봉제업도 사양길로 가고 있었고 다른 선택의 여지가 별로 없었다. 언어도 부족하고 경험도 부족하여 하루하루 힘겨웠지만 델리 가게에 비하면 그나마 익숙하고 고생 후에 철도 들고 해서 잘 견디어 나갈 수 있었다. 일하다 보면 시간은 잘 가고 금방 주급 날이 돌아와서 델리 가게 할 때처럼 온갖 돈 걱정으로 스트레스는 받지 않아도 되니 감사하기도 했다. 회복실에서 10년을 일했는데 수술 후 환자가 잘 깨어나게 덜 아프게 도와주는 것이 간호사의 기본 업무고 수술의 종류에 따라 환자의 건강 상태에 따라 응급 상황이 올 때가 가끔 있는데 항상 모니터링을 통해 비정상 상황을 놓치지 않고 의사에 알리고 필요한 치료를 받을 수 있게 하려면 어느 정도 긴장하기 마련이다. 갱년기와 겹치며 고혈압이 생겨 혈압약을 먹어야 했고, 터무니없이 비만한 환자를 의자에 옮기는 과정을 반복하며 어깨를 무리하게 쓴 탓인지 회전근개가 찢어지는 만성 직업병도 얻었고 동료 간호사들도 여기저기 몸이 부실한 경우를 많이 보았다. 무거운 침대를 밀며 다른 층으로 환자를 옮기는 일도 쉬운 일이 아니어서 힘들어하던 차에 대학을 졸업한 막내아들에게 큰 사고가 나서 우리 가족에 시련이 닥쳐왔다.

- 〈간호사의 길〉

스르르 잠의 나락에 떨어져 두드려도 열리지 않는 문들을 지나 비상구라고 쓰인 곳에서 천천히 일상 밖으로 걸어나갔다. 심연의 우물에서 두레박을 내리고 불행을 길어 올리기 시작했다. 우물 바닥을 긁는 두레박의 둔탁한 소리를 들으며 눈물이 마른 우물을 가만히 들여다보았다. 우물에는 낯선 남자의 발이 있었다. 긴 여정에 더러워진 발은 존재의 슬픔과 부끄러움으로 얼룩져 있었다. 남자는 목마름으로 여자의 물을 구했다. 남자는 거미줄에 매달려 있었는데 실낱같은 기대에도 거미줄은 찢어지고 서둘러 일상으로 돌아가기 위해 신발을 찾아 헤매다 꿈에서 깨어났다.

- 〈절망의 꿈〉

한밤중에 걸려온 경찰의 전화 한 통화에 억수로 쏟아지는 빗속을 뚫고 정신없이 달려간 병원에서 아들은 이름을 부르니 겨우 눈을 떠 보이며 큰 수술을 받기 위해 기다리고 있었다. 수술을 한 차례 끝나고 나온 의사선생님이 수술 중 응급 상황이 생겨서 더 이상 진행할 수 없었다고 전해주는데도 상황 파악이 잘 안 돼서 수술하면 걸을 수 있냐고 매달리듯이 묻기도 하고 지푸라기라도 잡고 싶어 '기적은 일어난다. 잘될 것이다' 수없이 주문을 외우며 기도했다. 수술이 끝나고 중환자실에서도 호흡기에 의지하고 다시 수술을 두 번이나 더 한 끝에 조금씩 안정을 찾기까지 한 달이 넘게 걸렸다. 딸들과 번갈아 가며 손발을 주무르고 좁은 중환자실에서 새우잠을 자며 빨리 재활병원에 갈 수 있기를 기도했다. 재활병원의 허가를 받고 일하던 병원에는 3개월 연차를 내고 마운트사이나 재활병원에 출퇴근하며 병간호에 매달렸다. 한순간의 사고로 돌이킬 수 없는 사지마비의 장애인이 된 아들의 상황을 받아들이기가 무엇보다 어려웠다. 이해할 수 없는 불행 앞에 나는 욥이 아니라고 하나님께 떼를 쓰기도 했다. 이제 와서 생각해보니 모든 것에 합력하여 선을 이루시는 섭리가 있다는 것을 어렴풋이 알 것도 같다. 네 뜻은 나의 뜻과 달라서 지금은 알 수 없다는 하나님의 응답밖에는 받지 못했다. 죽으라는 법은 없는지 같은 또래의 명랑한 간병인을 보내주셔서 아들은 지금껏 돌봄을 받으며 즐겁게 지내고 있다. 다행히 컴퓨터 세상이라 세상과도 단절이 없고 친구 관계도 유지하면서 미국의 시스템 덕을 볼 수 있는 것도 감사한 일이다. 신기한 것은 어떠한 불행 안에서도 감사할 거리를 찾아낼 수 있는 인간의 능력이다. 한동안 '일을 다시 할 수 있을까, 그림이나 시도 다 그만두어야 하는 게 맞지 않을까' 하는 생각에 모든 것이 다 중지되었고, 아무것도 기약할 수 없었다. 하지만 시간이 약이라고 슬픔도 조금씩 희미해지고, 인생은 앞으로 나아가야 하기에 멈춰 있을 수만은 없었다. 일도 그림도 시도 다시 시작하여 바쁘게 지내며 슬퍼할 겨를 없이 살아가고 있다. 속 없는 사람처럼 웃으며 살아야 모두에게 복이 올 것 같아서 노력하다 보니 그런 대로 적응되었다. 더 욕심을 부리자면 아들이 뭔가 하고 싶은 분야가 생겨서 공부라도 했으면 하는 바람이다. 내일 일은 모르니 오늘 주어진 일을 하며 행복하게 사는 것이 정답일 것이다. 재작년에는 수술 전 환자를 보는 부서로 옮기게 돼서 몸이 좀 편해졌고, 작년에는 큰딸이 결혼했고 올해는 작은딸이 결혼하게 되었다. 그동안 고생 많았으니 좀 기쁜 일도 주신 것 같다.

하늘에서는 새들이 힘차게 날개치고
땅 위에는 말 한 마리 평화롭게 매어 있으리
깊은 바닷속 조가비 하나

영롱한 진주를 토해내고
영혼이 구름 타고 날아가는 날
뭇 천사들이 마중 나오리
- 〈희망〉

마지막으로 뉴욕 한국일보에 실렸던 에세이를 첨부하며 이 글을 마칠까 한다.

딸의 결혼식을 끝내고 한숨 돌리고 나니 정작 내가 결혼할 때는 느껴보지
못했던 만감이 교차했다. 서운한 것 같기도 하고 기쁜 것 같기도 하고 시원
하기도 한 것이 어깨에 메고 있던 짐 덩어리 하나를 내려놓은 것 같은 후련
함까지 설명하기 힘든 감정들이 소용돌이쳤다. 남들이 하니까 너도 나도 덩
달아 하는 결혼이 아닌 정말 같이 평생을 하고 싶어서 조건 따지지 않고 결
혼한다는데, 무조건 박수만 쳐줄 수 없는 것이, 결혼 생활이라는 현실 앞에
서 당황하기도 하고 실망하기도 했던 나 자신의 부정적인 경험 때문일까,
이 나이 먹도록 결혼이 무엇인지 스스로 확신이 서질 않았다. 그러나 내 복
잡한 감정과는 아무 상관없이 일은 진행되었고 새로운 출발 선상에 서 있는

큰딸(왼쪽)과 작은딸(오른쪽)의 결혼식 사진

딸에게 해줄 수 있는 것은 격려와 축복뿐임을 알기에 나 자신의 의견 따위는 별로 중요하지 않았다. 삶에서 하나의 마디가 시작되는 시점에서 앞날에 겪게 될지 모를 모든 변수의 파노라마를 미리 펼쳐 보일 수도 없으니 지금껏 그래 왔듯이 지켜보고 기다려주는 수밖에, 오래전 딸을 낳고 쓴 육아 일기를 들여다보니 새삼 그때의 설렘이 다가온다.

"새로운 해의 새 아침이 밝아왔다. 첫딸이 태어난 지 8일째 되는 날이다. 어젯밤엔 샴페인을 터뜨리고 happy new year를 기원하면서 가족사진도 찍었다. 모유 수유를 간절히 원했으나 젖이 잘 나오질 않아 병원에서부터 우유병을 주기 시작했더니 고무젖꼭지가 빨기 쉬우니까 우유병만 좋아해서 모유 수유는 결국 포기하고 빈 병과 고무젖꼭지를 소독하고 농축된 밀크를 물에 타서 이틀 것을 만들어 냉장고에 넣어두었다. 아기가 작아서인지 한 번 먹는 양이 2온스 정도다. 의사는 4온스씩 6번 먹이라고 처방해주었는데, 반밖에 먹질 않고 먹고 나면 딸꾹질을 해서 문의해보려 했으나 소아과 의사는 휴가 중이라 한다. 아기는 마냥 평화스러운 얼굴로 곤히 잠들어 있다. 산후 우울증 때문인지 자꾸 슬퍼져 가만히 있어도 눈물이 날 때가 있다. 아기를 들여다보고 있으면 슬프기도 하고 예쁘기도 해서 시간 가는 줄 모르겠다. 작고 따뜻한 몸을 자꾸 안아보고 싶다. 아기 냄새가 이제껏 맡아본 어떤 냄새보다 좋다. 별 이상 없이 건강한 아이를 주신 하나님께 감사드리며 아무쪼록 우유 잘 먹고 잘 자라기를 기도 드린다. 분만 때의 갑작스럽고 두려운 큰 고통도 다 잊을 만큼 큰 대가를 치르고 얻은 보람을 느끼며 동시에 한 생명에 대한 무거운 책임 또한 크다. 오늘은 정말 조용하고 평화롭게 저물어 간다."

- 1982년 큰딸 낳고 쓴 육아일기

스물아홉 살의 엄마가 되어 새해 새날을 맞으며 크리스마스 선물처럼 받아서 기뻐하고 애지중지 잘 키워보려고 힘껏 노력은 했으나 역부족이었을 수도 있고, 부모로서 좋은 모범을 보이지 못해 상처를 많이 받았을 수도 있고, 한 사람의 어른으로 세상에 내놓아 스스로 가족을 만들기까지의 긴 여정에서 잘한 것보다는 후회되는 일이 더 많다. 품안에서 웃음을 주고 큰 기쁨을 주었던 기억, 뜻대로 되지 않아 '자식 일은 내 맘대로 할 수 없구나' 한탄했던 기억, 모든 추억이 주마등처럼 지나간다. 소통의 문제는 부모자식 간에도 언어의 문제, 문화의 문제, 세대 간의 문제로 닥쳐와 내내 풀 수 없는 화두처럼 우리 앞에 놓여 있었고 어른보다는 아이의 입장에서 더 힘들었을 거라 짐작은 된다. 어쩌면 삶의 전쟁터에 홀로 내팽개쳐진 아이에게 도움이 별로 되어줄 수 없었던 이민 가정의 보편적인 한계였음을 뼈저리게 느낄 때도 많았다. 그 부족한 부분을 채워주십사 기도 많이 한 덕분에 큰 탈 없이 여기까지 온 것이라 믿고 감사드려야 하겠지만, 부모의 욕심은 끝이 없나 보다. 많은 시행착오를 겪으며 조금씩 앞으로 나아가는 것은 부모나 자식이나 마찬가지일 것이다. 더 나은 하루하루를 만들기 위해 노력하며 서로 힘껏 사랑하기를 간절히 바라며, 지금껏 그래왔듯이 도울 수 있을 때 서로 돕고 이해하며 살기를 바랄 뿐 친구 말마따나 좋아서 하는 고생은 힘이 안 들고 지금은 옛날보다 살기가 나아졌으니 너무 걱정할 필요 없는데도 나이 먹으며 느는 것은 걱정인 것 같다. 걱정이 아무 도움이 안 되는 줄 알면서도 걱정만 하는 엄마는 미래를 읽지 못하는 청개구리 엄마 같다.

안영

글쓴이 안영은 전남 목포에서 태어나 1979년 도미했다. 1996년 《뉴욕문학》으로 등단했으며, 2003년에는 시집 《롱아일랜드에 부는 바람》을 출간했다. 국제 펜클럽회원, 한국문인협회 회원으로 활동하고 있으며, 미동부문인협회 이사직도 맡고 있다.

imahnyoung@hanmail.net

9 수필로 쓰는 자서전

양정숙
수필가

낯선 곳에서의 시작

어떤 사람이 물었다.

"삶은 꿈인가, 아니면 명상인가?"

바바 하리 다스(Baba Hari Dass)는 대답했다.

"삶이 꿈이라는 것을 네가 알면 그때는 삶이 곧 명상이 된다."

슬픈 감정과 좋은 감정을 함께 지닌 것을 뜻하는 'bittersweet'이라는 단어가 있다. 쓴맛, 단맛이라는 입맛으로도 비유되는 우리 삶의 과정을 서술한 단어이기도 하다.

1970년대 초반 간호대학을 나와 간호사 면허를 소지한 나는 조산원 자격증을 취득하기 위해 부산 일신부인병원에서 조산원 과정을 공부했다. 그리고 국가시험 인 조산원 면허를 취득한 후, 결혼 전 산부인과 의사가 전무한 충북 영동에서 의료 기관인 조산소를 개업했다. 9년간 임산부의 산전 · 산후 진료와 분만 환자의 출산 을 돕고, 주부대학에서 잠시 가족계획을 담당한 강사로도 일해왔다. 지인의 소개 로 당시 서울서 내려와 이웃에서 가축병원을 운영하고 있던 수의사인 남편을 만나 1976년 봄에 결혼하게 됐다.

1982년 뉴욕에 사는 약사인 큰시누이의 오랜 숙원이던 형제가족 초청이 결혼

진료실 앞에서 두 살 딸 성지와 함께(왼쪽), 가족계획 강의 중인 필자의 모습(오른쪽)

7년 만에 현실로 이뤄졌다. 우리 가족은 못내 아쉬워하는 많은 주변 사람들을 뒤로하고, 첫돌이 된 아들(자원)과 세 살 딸(성지)을 데리고 시부모님과 다른 형제들과 함께 뉴욕으로 이주해왔다.

자신에게 주어진 삶을 살다 보면 "자에도 모자랄 적이 있고 치에도 넉넉할 적이 있다"라는 속담이 마음에 와닿을 때가 있다. 여러 민족이 어울려 사는 이곳 뉴욕에선 많은 이론과 논리가 있다 하더라도 실제로 삶을 꾸려가는 데 있어 모든 게 순리대로 다 적용되는 것이 아님을 살면서 피부로 느낄 때가 종종 있다.

다양한 인종과 문화가 공존하는 뉴욕은 마치 어릴 적 경이로움 가득한 눈으로 들여다본 만화경 세상과도 같았다. 각자 어려운 환경 속에서도 자신들의 고유문화와 전통을 지켜가며 비상을 꿈꾸는, 본향을 향한 오체투지의 간절한 기도와도 같은 삶들이었다.

어떻게 무엇을 하고 살 것인가? 뿌리를 내리고 살아야 하는 이방인 디아스포라의 삶의 여정은 빗나간 화살처럼 따라와주지 않았다. 한동안 진지한 물음이 계속되던 어느 날, 병원에 취업하려던 간호사의 길을 접고 장사를 선택했다. 시누이 남편이 운영하던 두 곳의 문방구점 하나를 맡아 3년간 경험을 쌓은 후, 퀸즈 코로나

168

지역으로 나와 맨해튼 브로드웨이를 오가며 두 곳의 선물 가게를 운영했다. 때론 시대의 흐름에도 과감히 변신하지 못하고 한 우물만 파는 격이 되었지만, 그래도 내겐 산교육의 장소이자 희망을 품고 살았던 보상행위가 뒤따르는 즐거움이 있는 곳이기도 했다.

이민자의 희망과 애환이 서려 있는 7번 전철은 내게 '하심'과 '초심'이라는 두 마음을 갖게 한 공간이기도 하다. 어느 날 푸근해 보이는 비슷한 나이의 옆 좌석 젊은 엄마에게 가슴에 비밀처럼 품고 지내던 고민을 털어놓았을 때, 뜻밖에도 그녀는 생글생글 웃으며 "글쎄요. 10년 전 부부가 좋은 관계로 만나 살다가 10년이 지난 지금 무엇이 달라졌을까요?" 고개를 갸우뚱거리며 화두처럼 건넨 그녀의 묵직한 한마디가 내게 가족을 지킬 수 있는 힘이 되곤 했다. 그리고 생면부지의 누구였던가.

"밥은 제때 챙겨 드셔야 합니다. 낯선 땅에선 뭐니 뭐니 해도 건강이 최고지요."

아시안과 히스패닉 이민자로 가득 찬 지하철 안에서 지친 모습이 가련해 보였던지 옆 좌석에 앉은 중년 아저씨의 따뜻한 말 한마디에 순간 목울대가 꿈틀거렸던 지난 시간이 있었다. 이민 초기 정체성에 혼란을 겪던 내게 하심과 초심을 일깨워줬던 두 분, 지금쯤 어디서 무얼 하며 지내고 계실까.

문득 황미광 시인의 〈7번 트레인〉 시어들이 실루엣처럼 나를 감싸온다. 2012년 제78차 국제경주PEN대회에서 시인이 낭송한 〈7번 트레인〉을 지면에 옮겨본다.

뉴욕에 오시거든
7번 트레인을 타십시오
플러싱에서
맨해튼까지
당신의 꿈을 실어 나를
7번 트레인을 타십시오
다른 나라 신문들로

나란히 얼굴 가리고 달려가다
마침내 뿔뿔이 헤어지는 종점에서
당신이 애초에 껴안아야 했던
외로움을 만나십시오
(…)
언어가 통하지 않는 옆사람과
눈길 한 번 주지 않고
슬며시 사라져 가는 그곳에서
한 세상 살다 헤어지는 연습을
미리 해보십시오
날마다 다시 만나도
우리가 되지 않는 사람들과
매일 헤어지면서
고향으로는 결코 가지 않는
7번 트레인을 한 번 타 보십시오
　　　- 황미광, 〈7번 트레인〉 일부

프레임 속 여백(餘白)에 시공(時空)을 담고

　누군가 굵직한 붓 터치로 그려놓은 것 같은 구름 형상들이 살갑기만 하다. 뒤뜰 노송도 길쭉한 솔방울을 매달고 묵언수행 중인 오후, 분신 같은 그림자와 함께 9월 보도 위로 들어섰다.

　승천하지 못한 이무기가 뭍으로 나와 휘익 몸 한번 휘둘러 낸 것 같은 S자 모양의 길 위엔 우람진 나무들이 일렬로 서서 여백의 길을 안내하고 있다.

　마치 유예된 시간들을 불러내듯, 어디선가 정적 깃든 보도 위로 카디날의 청아한 울음소리가 들려온다.

　"휘-익, 휘-익"

170

"쪽쪽쪽쪽, 쪽쪽쪽쪽."

고국과 8만 리 상거(相距)를 두고 있는 뉴욕에 첫발을 내디딘 지도 36년이라는 시간이 흘렀다. 전광석화의 속도만큼 빠르게 지나갔다. 사람으로서 할 수 있는 일은 최선을 다하고 나서 하늘의 명만을 기다린다는 "진인사대천명(盡人事待天命)"이라는 겸허한 구절을 가슴에 품고 살았다. 때론 '아메리칸 드림'이라는 명분을 앞세워 릴레이 경기에 나선 사람마냥 바통 터치하기 바쁘게 지내온 것 같기도 하다.

언젠가 딸의 페이스북에서 "나의 어릴 적 기억엔 엄마는 늘 부재중"이라는 글을 들여다본 순간, 왠지 가슴 한편이 뭉클해져온 적이 있다. 생업에 종사하느라 늘 바쁘게 살아야만 했던 엄마. 40이 다 된 딸아이의 기억 속엔 지금도 엄마의 부재를 간직하고 있다.

탈 없이 잘 자라준 두 아이, 그리고 맏며느리인 내게 버팀목이 되어주시던 온화한 모습의 시어머님, 돈독한 불교 신자로 지내시다가 어머니는 팔순의 나이에 기독교로 개종하셨다. 이젠 95세 고령의 몸을 휠체어에 의지하고 너싱홈(nursing home)에서 생활하신다. 당시 함께 오셨던 시아버님은 한국서 배로 부친 이민 짐이 3개월 만에 뉴욕에 도착하자, 홀로 한국으로 되돌아가셨다. 그리고 뜻밖에 '판코스트 종양'이라는 희귀병을 앓아 의사인 셋째아들 곁에서 투병 생활을 하시다가 69세 나이로 운명하셨다.

6남매 중 맏이인 남편은 곁에서 편히 모시지 못하고 고생만 하시다 돌아가신 아버님을 종종 떠올리며 그리워하고 마음 아파했다. 몇 해 전 아버님의 유골을 뉴욕으로 모셔와 플러싱 묘지(Flushing Cemetery)에 안치했다. Section 11-A R126. 남편과 오가는 길에 잠시 들러 인사도 드리고, 때론 연륜 깊은 묵언의 말씀에 귀도 기울여보곤 한다. 누군가 "삶이란 천지가 옳은 한 옛 이야기. 소란하고 복잡하지만 그 속엔 아무것도 없다"던 말이 문득 생각 난다.

20여 년 희로애락을 함께했던 롱아일랜드 집을 정리하고 2001년 베이테라스(Bay Terrace)로 옮겨와 남편과 소박하게 살고 있다. 휘영청 밝은 보름달이 떠 있는 한가위가 열흘 앞으로 다가왔다. 가로수마다 감나무가 심어져 있는 고향 영동엔 지금쯤 튼실한 감들이 가을 정취를 자아내며 붉게 다투어 물들어가겠지. 어느 핸 가 가게 일을 마치고 집으로 가는 차 안에서 유난히 크고 붉은빛을 띤 보름달과 마 주했다. 순간 뭉클하게 전신을 휘감아오던 그리움, 울컥 북받쳐 오르는 자신을 토 닥이며 집으로 향한 적 있다. "장인을 닮아 선비적인 구석이 있는 반면 이상하게도 외로움을 잘 탄다"는 말을 남편으로부터 들었다.

근원을 알 수 없는 외로움이 깃든 시기, 아마도 오래토록 잠재해 있던 문학이 태동할 즈음이 아닌가 생각이 된다. 1984년 아이들로 인해 뵙게 된 해바라기유치 원 원장으로 계시던 시인 곽상희 선생님과의 만남, 퀸즈 도서관을 드나들며 문학 서적에 몰입했던 시간들, 오가는 길에 필연처럼 다가온 인연들, 그리고 부지불식 간에 누군가 보고 싶을 땐 왕멍이 좌우명으로 삼았을 만큼 위로받았던 중국 고대 시조를 나도 조용히 읊조려본다. 이 모두가 내게 하심과 생존 의식을 갖게 한 글쓰 기의 발로라는 생각이 든다.

바다 위에 뜬 밝은 달을(海上生明月)
하늘가의 그대도 바라보겠지(天涯共此時)

그리움처럼 다가온 문학과 문우들

내게 문학은 시공을 초월한 그리움의 연서와도 같다. 나의 온전한 의식을 보호 하기 위해 나는 글을 쓴다. 아픔까지도 관조하듯 써 내려가야 하는 수필은 어쩜 어 머니 품속 같은 무한한 사랑과 사유 깊은 인내가 깃든 '몸말' 같은 행위인지도 모 른다.

등단 전 한국일보 독자문예란에 남편 성을 따라 '유정숙'이라는 이름으로 신문 에 글을 기고해온 나는 2002년 한국일보에서 주관하는 시문학교실에서 문학 강좌를 맡고 계신 김윤태 시인을 만났다. 그리고 10여 명의 문우와 함께 2년 가까이 문학을 공부하게 되었다. 2003년 10월 〈아버지의 그림자〉와 〈감나무가 있는 고향 집〉 두 편의 수필이 당선되어 《문예운동》을 통해 한국 문단에 등단했다.

　뉴욕 한국일보 문학교실을 통해 등단한 13명 문인이 주축이 되어 2004년 한미 문학가협회가 창립되었다. 그리고 2005년 가을 《한미문학》 창간호에 초기 작품인 〈꿈〉, 〈노란머리 아들〉, 〈타다 남은 초〉 세 편의 수필이 실렸다.

　당시 초대작가로는 미주한국수필가협회 명계웅 회장께서 〈서구 수필문학과 한국 수필문학의 비교〉 평론을 한글과 영문으로 지면에 발표해주셨고, 성기조 시 인(국제펜클럽 한국본부 명예회장)의 〈삶과 글〉, 그리고 이길원 시인(국제펜클럽 한국본부 부 이사장)의 〈변환기에 있어서 시인의 역할〉 평론을 실었다.

　나란히 앉아 시 공부에 혼신의 힘을 기울이던 소녀 같은 감성의 김월정 시인(고 김동명 시인의 맏딸)과 관조 있는 글로 한국일보 '오피니언'에 좋은 글을 선보이던 조 광렬 수필가(고 조지훈 시인의 맏아들)도 같은 시기에 등단한 문우들이다.

2003년 등단 시 남편과 함께

등단 후 '유'에서 '양'으로 바뀐 본래 성으로 한국일보 문예란에 다년간 수필작품을 발표하고 퀸즈 코로나 지역 통신원으로도 일했다.

2004년 12월 5일 한국펜미동부지역위원회 창립총회가 뉴욕 플러싱 금강산의 콘퍼런스 홀에서 많은 내외빈이 참석한 가운데 개최되었다. 뉴욕지회 창립을 축하하기 위해 한국서 성기조 이사장과 당시 펜문학 편집국장으로 계시던 이길원 시인, 김귀희 사무처장이 참석했다.

당시 한미문학가협회 회원들은 펜 준회원 자격으로 창립 멤버로 가입하고, 초대 회장으로 김윤태 시인, 부회장 장석렬 시인, 그리고 이일

《뉴욕펜문학》창간호 표지

호, 조광렬, 김월정, 김유인, 구매화, 양정숙, 손태야, 이영순, 선우옥, 윤관호 등 12명이 창립 멤버에 이름을 올렸다. 17명의 펜 회원 작품이 실린《뉴욕펜문학》창간호가 2009년 발간되었다. 장르별로는 시(구매화, 김월정, 김유인, 김윤태, 박영숙, 선우옥, 윤영미, 이영순, 이일호, 이정원, 장석렬), 수필(김명욱, 손태야, 양정숙, 윤석빈, 조광렬, 황동수) 등이다. 나는 펜문학 창간호에 〈외할머니의 고수레〉와 〈마음 밭에 뛰노는 빗소리〉 두 편의 수필작품을 실었다.

매주 수요일에 만나 3시간씩 강의와 토론으로 시간 가는 줄 모르고 지냈던, 모나지 않고 단란한 가정 같은 구성원이던 50, 60대 등단 문우들과의 달콤했던 시간도 그리 오래가지 않았다. 자신의 문하생들을 이끌며 최선을 다하고자 했던 스승 김윤태 시인의 우울증과 지병으로 인해 한동안 모임이 중단되자, 오래 존속하지 못하고 각자 떠났다.

유려한 한글 벗 삼아 수필처럼 살다

시문학교실에서 함께 공부했던 문우 윤관호 시인과 복영미 시인이 먼저 회원으로 가입해 있는 미동부한국문인협회에 2009년 2월 신입회원으로 들어갔다.

당시 최영선 회장을 비롯하여 이사진 모두가 반갑게 맞이해주던 기억이 새롭다. 글로만 뵙던 원로시인들과 수필가들과의 만남이 내게 큰 축복처럼 느껴졌다. 친정에 온 것 같은 푸근한 살가움이 깃든 협회였다. 본 협회에 가입한 지 3년 후 이사와 15대, 16대, 17대 임원으로 재무, 총무, 부회장 직책을 맡아 일했다.

1989년 창립한 본 협회는 내년이면 30주년을 맞이한다. 2015년(회장 하운) 협회 명칭을 미동부한국문인협회에서 '미동부한인문인협회'로 개정했다. 작가 31명이 참가한 영문판 뉴욕문학 〈New York Literature〉 제1집이 아치웨이 퍼블리싱(Archway Publishing)을 통해 출판되었고, 협회의 주요 사업으로 회원들의 작품이 실린《뉴욕문학》발간 및 뉴욕문학 신인상 작품 공모와 미 고교 한글백일장을 실시하여 한글문학과 한글의 우수성을 알리는 데 주력해왔다.

2014년 11월 첫 수필집《마음 밭에 뛰노는 빗소리》를 신아출판사에서 출간했다. "관조적 세계관, 우화등선의 글쓰기"라는 제목으로 김종회 교수(문학평론가, 경희대 교수)께서 평론을 맡아주셨다. 출간한 첫 수필집《마음 밭에 뛰노는 빗소리》로 2015년 제11회 원종린수필문학상을 수상했다.

모지(母紙)와 다름없는《문예운동》을 통해 수필가로 이름을 올린 지도 15년이 되었다. 그동안《수필시대》와《문예운동》에 꾸준히 작품을 발표했고, 2016년《수필시대》1/2월호에 기획특집 "이달의 화제 작가"로 선정되어 5편의 수필이 게재되기도 했다.

필자의 첫 수필집 표지

한 치 앞도 내다볼 수 없는 미로와도 같은 삶의 미혹을 벗어나고픈 욕망 같은 것일까. 언제부턴가 비 오는 소리를 마음에 담아들면 참으로 잊고 지냈던 소중한 기억들이 향수처럼 모락모락 피어올라 이내 떨쳐버리기엔 못내 아쉬운 사람마냥 모질게 붙들고 있는 습관이 있다. 그것은 그림자와도 같은 향수를 마음에 품고 있는 것이 아니라 타다 남은 잉걸불 같은 자신을 빗소리와 함께 붙들고 있는지도 모른다.

한민족의 얼과 같은 DNA가 흐르고 있는 한글은 어머니 품안 같은 따스한 온기와 다독거림이 있다. 한글로 글을 쓰고 꿈을 펼쳐나가는 나는 행복하다.

국보 70호로 지정된 훈민정음(訓民正音)은 '백성을 가르치는 바른 소리'라는 뜻을 지녔다. 세종 25년(1443) 창제해서 세종 28년 반포한 28자의 우리나라 글자의 명칭이다. 처음에는 자모가 28자였으나 넉 자는 쓰지 않고, 현재 24자모만 쓰고 있다. 1997년 10월 세계기록유산으로 유네스코(UNESCO)에 한글이 등록되었다. 자음(Consonants) 14자, 모음(Vowels) 10자가 조합되면 다양한 소리와 글로 표현할 수 있는, 가장 쓰기 쉽고 배우기 쉬운 국제적 문자로 각광받고 있는 유일무이한 문자다. 매년 10월 9일 달력에 표기된 '한글날'에 눈길이 가는 이유도 여기에 있다. 한글을 창제하신 세종대왕께 삼가 큰절을 올린다.

거스르지 않고 묵묵히 흐르는 물처럼 스미고 싶은 간절한 시간이 있었다.
어느 날 낯선 곳에 서 있는 전혀 다른 또 하나의 나 자신과 마주했을 때 알 수 없는 피멍 같은 울림이 화두로 자라고 있었다. 그리고 그리움처럼 다가온 문학을 만났다.
영어권에서 모국어로 글을 쓴다는 것은 때론 난해한 시만큼이나 혼돈에 가까웠다. 아직도 내 글에는 쌉싸름한 통증 같은 허기가 나를 재촉한다.
스미고 싶으면 스스로 물이 되라 하시며 문학의 길로 디딤돌을 놓아주신 K 스승께 감사함을 전한다.
겸허한 마음으로 올바른 가치관을 지니고 삶의 이야기를 승화시켜나갈 수 있는 좋은 수필가가 되도록 스스로에게 다짐해본다.

– 수필집 《마음 밭에 뛰노는 빗소리》 머리말 중에서

양정숙

글쓴이 양정숙은 1951년 5남 1녀 중 장녀로 태어났다. 충남고, 개정간호대를 다녔고, 부산 일신부인병원 조산원 과정을 마치고 충북 영동에서 개업조산 원으로 9년간 근무하다가 1982년 형제 초청으로 뉴욕에 정착하여 개인 비 즈니스를 운영해왔다. 2003년 《문예운동》을 통해 등단했으며, 한국문인협 회 회원, 한국펜클럽 미동부지역위원회 운영위원, 미동부한인문인협회 부회 장으로 활동 중이다. 2014년 첫 수필집 《마음 밭에 뛰노는 빗소리》를 출간했 고, 2015년 제11회 원종린수필문학 작품상을 수상했다.

　　jsyang279@gmail.com

10 다시 찾아온 문학

이경애
수필가

뉴저지에 둥지를 틀고

하늘이 파랗게 맑던 6월 어느 날, 우리는 미국으로 떠나는 남편 친구 가족을 배웅했다. 그리고 꼭 1년 뒤 우리도 미국행 비행기에 오르게 될 줄은 꿈에도 몰랐다. 그 친구로부터 날아오는 소식은 우리의 마음을 이민 쪽으로 끌어당겼으나 그때 남편과 나는 이미 40세가 넘어 너무 늦은 이민이 아닐까 갈등하지 않을 수 없었다. 한창 이민이 유행처럼 번지던 시절, 우리는 먼저 간 친구의 부추김에 무지갯빛 꿈을 꾸며 이민을 결심했다. 정작 이민을 왔지만 그 친구네는 이미 그의 형제가 사는 뉴욕 쪽에 살고 있었고, 우리는 지인의 강력한 추천으로 뉴저지 쪽에 둥지를 틀게 되었다. 과연 미국은 듣던 대로 여유롭고 풍요로웠다. 집집마다 파란 잔디가 카펫을 깔아놓은 듯하고, 거리에나 공원엔 수목들로 울창했다. 나중에 알게 되었지만, 우리가 사는 뉴저지는 미국 50개 주 중에서도 가장 수목이 많고 수목을 잘 가꾸는 주로 '가든 스테이트(garden state)'라 불렸다. 더구나 우리가 사는 동네는 뉴저지에서도 부촌으로 유명한 동네의 바로 곁에 위치하고 있었다. 교회에 가려면 그 부촌의 골목골목을 거쳐가게 되어 있어 숲속의 큰 저택들을 지나갔다. 그 저택들은 다가오는 명절들을 즐기기 위해 사는 사람들처럼 미국의 절기나 기념일 훨씬 전부터 안팎으로 집치장을 했다. 나는 그들이 사는 모습을 보며 '여기가 천국이지 천국이 이보다 더 좋을까?'라는 생각을 하곤 했다. 나중에 알고 보니 미국이 다 그렇지는

178

않은 것을 알았다. 도시 변두리 쪽으로는 복잡하고 삭막하고 지저분한 곳도 많이 있음을 알 수 있었다.

아, 반가운 고국의 이름

우리 부부는 우리를 뉴저지로 이끈 지인의 가게에서 일을 배우기 시작했다. 생전 해보지 않던 세탁소 일을 배우느라 남편은 많이 힘든 모양이었다. 내게 재단사 일은 그리 어렵지 않았으나 말이 통하지 않는 답답함과 외로움이 나를 힘들게 했다. 매일 만날 수 있을 줄 알았던 친구네는 허드슨강 건너 퀸즈에 살고 있어 좀처럼 만나기 쉽지 않았다. 가게에서 멀거니 밖을 내다보다가 그때만 해도 뜸하게 보이던 한국 차가 지나가는 것을 발견했을 때 얼마나 반갑던지 눈물이 맺힌 기억이 난다. 마치 엄마 품을 떠나 낯선 도시에 홀로 떨구어진 아이처럼 우리는 고국의 그 어떤 체취에도 눈가에 눈물이 맺힐 만큼 반가웠다. 이곳에서 우리는 TV, 전자레인지 같은 가전제품은 미국에 나와 있는 한국제품을 샀으며, 자동차도 물론 한국 차를 샀다. 그때 우리는 신용카드가 없어 몽땅 현금을 주고 산 소나타가 구입한 지 2주 만에 조지 워싱턴 다리 위에서 서버리는 황당한 일을 겪었다. 한국인 딜러가 미국에 온 지 얼마 안 되는 우리에게 문제가 있는 차를 새 차로 사기를 친 경우로 여겨진다. 몇 번을 고쳐서 한 5년 타고 폐차되었다. 그 뒤로 나는 남편과 아들에게 한국 차를 사자는 말을 고집하지 못하다가 몇 년 전 내 차를 다시 소나타로 샀는데, 거의 고장이 나지 않고 성능이 아주 좋다.

그래도 다행인 것은 아이들이 별 탈 없이 중학교, 고등학교 과정을 잘 다니고 있는 것이었다. 별 탈 없다고 하는 것은 겉으로 보인 모습이고 나중에 알고 보니 아이들도 한국 아이들이 몇 명 없는 학교에서 우리 어른들보다 더한 외로움과 보이는 다름, 보이지 않는 차별로 인한 마음고생을 했던 것을 알았다. 그래도 우리 가족이 다닌 한인교회 지도자들의 따뜻한 보살핌과 교회 내 한국 교포 아이들과의 교제가 우리 아이들에게 큰 위로와 힘이 되었던 것 같다.

비즈니스 시작

남의 가게에서 2~3년여 일을 배우다가 우리는 겁도 없이 작은 드라이크리너 하나를 인수해서 경영하기 시작했다. 이제 조금은 알아들을 수 있게 귀가 트였으나 아직도 확실한 소통이 안 되는 뿌연 안개 속을 헤매는 듯한 상태였다. 우리 손님 중에 한 분은 NJ 트랜짓(뉴저지교통국)의 높은 관리로 점잖은 독일계 미국인이었는데, 부인은 프랑스분이었다. 이분은 채식주의자로 우리와 가까이 지내기를 자청했다. 한국인은 김치와 나물 같은 채소를 많이 먹는 민족임을 알고 있었고 고요한 나라, 신비로운 동양문화를 알고 싶어 하는 것 같았다. 자신에게 한국말을 가르쳐주면 자신은 우리에게 영어를 가르쳐주겠다고 했다. 그가 우리 집으로 올 때는 예쁜 다기(茶器)나 작은 동양적인 소품들을 사가지고 오곤 했다. 우리가 그의 집에 초대되는 날은 프랑스 음식을 대접받기도 했다. 그는 한국 김치를 좋아하는데, 그의 부인은 김치 냄새를 싫어하여 한국 마켓에서 김치를 사다가 따로 냉장고에 넣고 먹는다 한다. 그들은 아직 미국 생활에 익숙지 않아 어리바리한 우리를 따뜻하고 진실하게 대해주었던 좋은 손님이었다.

내가 본 이곳 사람들의 교육

유태인의 자녀교육

우리 가게는 유태인이 많이 사는 지역에 위치해 있었다. 그런 까닭에 단편적이나마 그들의 사는 모습과 자녀교육 등을 조금씩 살펴볼 수 있었다. 미국 아이들이 버릇 없이 막 자란다는 얘기와는 다르게 유태인의 교육은 철저하게 예의를 중요시

하는 것을 보았다. 우리 가게 카운터 위에는 아이들이 좋아하는 캔디를 바구니에 가득 담아놓아 아이들이 그 부모를 따라오면 자유롭게 먹도록 했다. 철모르는 아이들이 몇 개를 움켜쥐면 반드시 그 부모가 "only one(하나만 집어)!" 하고 제지하고, 꼭 "땡큐"라고 말하라고 다그치는 것을 보았다. 갈 때는 아이에게도 인사를 하고 가게 하며, 가게 안에서 돌아다니거나 떠들지 못하게 주의를 주는 것을 보았다. 유태인은 인색하고 지독하다고 말들을 하지만, 그들에게 정직하고 진실한 모습을 보이면 전폭적인 신뢰를 얻게 됨을 경험할 수 있었다. 그들은 자녀들에게 어릴 때부터 남을 돕는 일을 몸에 배게 교육하는 것을 보았다. 그들은 곳곳에 유태인 회당을 만들어놓고 그 주위에 모여 살며, 토요일엔 온 식구가 걸어서 회당에 간다. 유태인에게 회당은 그 민족의 구심점 역할을 하며, 어디서든지 처음 그 마을에 들어오는 유태인은 동네의 회당으로 가면 힘을 합쳐 그 사람을 돕는다고 한다. 유태인은 미국의 정치, 경제, 문화 등을 휘어잡을 만큼 막강한 위치를 차지하고 있다. 자기의 동족에게 직장을 구해주는 일은 어렵지 않을 것이 뻔했다. 그들은 이미 미국 사회에서 신뢰받는 막강한 힘을 가진 민족으로 인정받고 있었다.

내가 본 미국 교육의 핵심

질서, 준법(Line up)

나는 손주들을 데리고 동네 공원에 자주 간다. 미끄럼틀, 그네 곁에 줄을 서서 기다리는 꼬마들을 본다. 부모들은 기다리는 아이들을 위해 자신의 아이가 너무 오래 놀이기구를 차지하지 않도록 하며, 모래밭에서 장난감 차나 모래 담는 통 등 장난감을 안 가져온 아이와 나누어 놀도록 한다. 어릴 때부터 더불어 사는 질서와 배려를 몸에 배도록 가르치는 것을 보았다. 미국은 자유의 나라다. 그러나 그 자유는 법 테두리 안에서만 보장된다. 미국엔 정말 많은 법이 있다. 내 나라에서는 들어보지도 못한 그 수많은 법이 내 마음을 옥죄는 듯이 처음에는 많이 부담스러웠지만, 이제는 무심하게 편해지고 있다. 미국인은 몸에 밴 준법 생활 속에서 마음껏 자유를 만끽하며 즐거워하는 것을 보았다.

스스로 서기(Stand up)

청소년기에 들어서면서 아이들이 스스로 독립심을 기르도록 했다. 겨울에 눈이 오면 눈삽을 메고 다니면서 집집마다 눈을 치워주고 용돈을 버는 청소년을 쉽게 볼 수 있다. 우리 아이가 중학교 때 어느 겨울, 우리 아파트 수퍼(관리인)가 우리 아이와 자기 아들에게 함께 아파트 현관 입구의 계단 눈을 치우지 않겠느냐고 제의했다. 제설차가 들어설 수 없는 두어 개의 계단 눈을 치우는 일은 어렵지 않았나 보다. 물론 수퍼는 자기 아들과 우리 아이에게 일한 값을 지불해주었다. 아이들은 눈이 오기만을 기다리곤 하던 것을 보았다.

나는 무엇보다 이 나라 젊은이들의 결혼문화를 좋아한다. 상대를 선택하는 일은 물론, 결혼에 관한 모든 비용을 스스로 해결한다. 이들은 속이 빈 겉치레를 위한 소비를 자제하고, 자신들의 장래 계획을 세우며, 내실 있는 조촐한 결혼식을 부끄러워하지 않는 그 모습이 당당하고 멋있어 보였다. 이들은 부모의 도움을 바라지 않았으며, 따라서 부모의 참견이나 권한도 축소되고 부모들은 도와줄 의무에서 자유로워진다. 아들로부터 연회장 티켓을 10장밖에 받지 못해서 결혼식에 초대하지 못했다며 지난가을 아들을 결혼시킨 지인의 모습이 이젠 별로 섭섭지 않다.

봉사정신(Service spirit)

이 나라의 대학 합격 기준은 물론 얼마나 똑똑한가 하는 실력을 먼저 보겠지만, 그다음으로는 나라에 필요한 리더가 갖추어야 할 봉사정신을 보는 것 같다. 그리고 개인에게 주어진 특별한 재능을 보는 게 아닐까 생각된다. 부모와 선생님들은 아이들이 어릴 때부터 사회에 봉사하는 것을 자연스럽게 배우도록 이끌어준다.

대부분 국민은 소방관이나 경찰관, 또는 교사를 존경한다.

인생을 즐겨라(Enjoy life)

미국인은 참 즐겁게 사는 것 같다. 갖가지 절기를 찾아 즐기고, 좋아하는 스포츠나 동호회 모임 등 자신의 취미나 기호에 따라 즐거운 인생을 갈구한다. 학교에서도 봉사와 더불어 인생을 즐기도록 분위기를 맞추어주는 것을 본다. 나는 미국인의 이런 여유가 부럽다. 나도 만들라 하면 그렇게 어려울 것도 없는데, 여태 그런 분위기에서 살지 못해서인가 어떻게 즐기는 법도 모르고 아직도 어색하기만 하다.

다시 찾은 문학

나의 글쓰기는 우연인 듯 시작되었다

쉴 틈 없이 몇 년간 가게를 하다 보니 나의 몸은 몹시 지쳐버렸다. 남편은 나를 쉬게 하고 가게엔 내 일을 대신할 사람을 썼다. 한가하게 쉬던 어느 날 한국 마켓에서 장을 보는데, 누군가 읽고 버린 한국 신문이 카트에 버려져 있어 무심히 들여다보다가 《뉴욕문학》 신인상 공모' 공고를 보게 되었다. 가슴이 뛰기 시작했다.

여기에도 한인문인협회가 있고, 한국말로 글을 쓰고 발표할 수 있는 한인 단체가 있음을 처음 알았다. 지금이야 뉴저지에 한국 식품을 파는 마켓이 많아졌지만, 그전에는 뉴저지 전체에 고작 한둘밖에 없을 때였다. 미국에서 발행되는 한국 신문은 한국 마켓에 나와야 살 수 있어 신문을 접할 기회도 별로 없었다. 나는 이곳 한인의 문학활동을 까맣게 모르고 있었다. 이민 초기 언어의 불통은 빈 사막에 홀로 서 있는 것 같은 고독하고 막막한 두려움 같은 것이었다. 이 헛헛한 외로움을 내 나라 글로 메꾸어내고 싶은 마음도 가끔 있었으나 집중할 마음의 여유는 없었다.

그때 공모 날짜는 3~4일밖에 남지 않았다. 오랫동안 텅 비워진 머리에서 어떤 글도 만들 자신이 없었다. 갈등하며 밤새도록 뒤척였다. 나는 어릴 때부터 책 읽기를 좋아했고, 여학교 때는 되지도 않은 시를 끄적거리며 한때 문학의 꿈을 꾸기도 했다. 그러나 결혼 후엔 아이들을 키우느라 내 꿈은 뒷전으로 밀려나고 미국에 와서는 우선 사는 일에 골몰하여 내 꿈은 꺼내보지도 못하고 가슴 깊은 곳에 숨겨놓고 있었다. 미국에 오기 전, 한때 한국일보에서 수필가 이정림 선생님이 하는 문학 강의를 잠깐 수강한 적이 있다. 그때 써놓은 습작 원고들을 다 풀어보았다. 미국에 가서도 쓰려고 가져온 새 원고지도 몇 뭉텅이나 누렇게 바래가고 있었다. 몇 개 안 되는 작품 중 2편을 골랐다. 다시 다듬어 원고지에 또박또박 글을 옮겨 적으면서도 나는 여전히 망설였다. 만약 입선하지 못한다면 그 실망감을 어찌하나? 하지만 한편으로는 행여나 하는 기대감도 적지 않았다. 이번에 용기를 내지 않으면 해가 갈수록 그 용기는 점점 더 줄어 영원히 문학에서 끊어질지도 모른다는 생각을 하게 되었다.

입선되었다는 전화를 받다

기쁨은 말할 수 없었고, 그때부터 마음이 아주 바빠졌다. 늦게 시작된 문학의 길에 뒤처지지 않으려면 문학 공부도 해야 했고, 그동안 제대로 못 읽었던 책도 읽어야 했고, 열심히 습작도 해야 했다. 나는 이민 올 때 싸들고 온 한국문학과 세계문학 전집으로 된 고전들을 다시 읽기 시작했다. 한국으로 출장 가는 아들에게 읽고 싶은 책들을 사오라고 해서 읽기도 하고, 지역 도서관이나 지인들로부터 빌려 읽기도 했다. 종일 책만 읽어도 전혀 지루하지 않았다. 사람은 좋아하는 일을 하면 힘든 줄 모른다더니 그 말을 실감할 수 있었다. 내가 등단한 미동부한인문인협회 모임에도 열심히 참여했고, 한국의 주류 월간지인《한국수필》에도 응모하여 한국 문단에도 이름을 올리게 되었다.

나의 문인협회 활동

　　우리 미동부한인문인협회에서는 1년에 한 번씩 《뉴욕문학》이라는 책이 발간된다. 나는 거기에 작품을 발표하고, 한국의 월간지 《한국수필》이나 이따금 다른 문예지에서도 원고청탁을 받으면 작품을 발표하기도 한다. 나는 2014년부터 2015년까지 우리 문인협회의 수필분과위원장을 맡았다. 수필분과에서는 고국과 세계의 변화하는 문학 기류에 뒤떨어지지 않도록 공부하며, 동서양의 고전이나 회자되는 신간, 자신이 읽고 감명받은 작품에 대해 느낀 점을 서로 토론하기도 하고, 자신의 작품을 가지고 그 작품을 쓰게 된 동기나 말하고자 하는 메시지에 대해 발표하기도 한다. 여름에는 펜실베이니아의 넓고 푸른 숲속에서 수필분과 모임을 가져 자유로운 분위기에서 더욱 진지한 문학 토론과 즐거운 교제 시간을 가지기도 했다.

뉴저지 팰리세이즈 파크 고등학교 한국어반에서 미동부한인문인협회가 실시했던 2016년 백일장에 심사위원으로 참여한 필자(맨 왼쪽)와 순서대로 정재옥 수필가, 임혜기 소설가, 한국어반 황정숙 선생님

또한, 우리 문협에서는 매년 가을에 뉴욕과 뉴저지 한인타운의 몇몇 학교에서 실시되는 고교 한글백일장에 심사를 맡기도 한다. 아이들의 작품을 읽으며, 이민 자로 살아가는 어른들 못지않게 아이들도 미국 아이들과 다름으로 인해 느끼는 차별, 그들에게 물들지 못하는 소외감, 외로움이 스며있는 그들 내면의 소리를 읽 을 때 그만한 아이들을 이 땅에서 길렀던 내 마음이 아릿하게 저려오곤 했다.

삶 속에서 길어 올리는 수필

내 글의 주제는 주로 사람과 자연에 꽂혀있었다. 약하고 외로운 이의 모습에 나의 눈과 가슴이 열리고, 가공되지 않은 순수한 자연에 감동되어 다가가게 되곤 했다. 2015년 발간한 나의 첫 번째 수필집《물안개 너머로 봄은 다가와》엔 이런 나 의 작품 경향이 그대로 드러나 있는 것을 보게 된다.

그리 시원치는 않은 글이나마 쓰면서 문학이라는 크고 아름다운 나무를 바라 보며 조금씩 다가가는 지금이 나에게는 즐겁고 행복한 시간이다. 그때《뉴욕문학》

필자의 수필집 표지(왼쪽)와 지인들이 마련해준 책 사인회에서(가운데가 필자)

신인상 공모 마감일이 3~4일밖에 남지 않았던 그 공고를 보지 못했다면 나는 여전히 문학을 포기하고 살았을 것이다. 나는 그 일이 그냥 일어난 우연이 아닐 것이란 생각을 한다. 처음부터 나를 조성(造成)하신 이의 은총임을 늘 감사하는 이유다.

이민 2세의 좌충우돌 한국어

손녀의 한글 공부

애슐리는 토요일마다 한인이 많이 거주하는 뉴저지 버겐카운티에 있는 필그림 한글학교에 다닌다. 나는 그 아이가 초등학교에 들어가면서부터 한글학교에 보낼 것을 딸에게 적극 권했다.

처음에 애슐리는 많이 힘들어했다. 자신의 한국 이름인 '김해린'을 쓰는데, 글씨가 모두 날아가서 하늘에 둥둥 떠다니는 것 같았다. 그래도 잘 가져다 맞추어 읽으면 '김해린'이라고 맞추어졌다. 열심히 가르쳐주신 선생님 덕분에 1년이 지나자 떠듬떠듬 쉬운 한글은 읽게 되었다.

우리 집에 오기만 하면 글씨를 써보게도 하고 읽어보게도 하여 한글 실력을 테스트해보지만, 아직도 어려운지 틀리면 부끄러워 그만하겠다고 달아난다. 그래도 잘한 것만 골라 과장해서 칭찬해주면 다시 신이 나서 끝말잇기를 하자고 날 쫓아온다.

한글 끝말잇기는 학교에서 게임처럼 선생님과 아이들이 돌아가며 자주 하는 공부놀이라고 한다. 애슐리는 친할머니, 친할아버지와 한 집

외손녀 애슐리의 일곱 살 때 모습

187

에 살기 때문에 보통 쓰는 한국말은 많이 알아듣는 편이다. 그래서인지 저희 반에서 끝말잇기를 하면 가끔 맨 나중까지 살아남아 스티커도 받고 공책도 받곤 했다고 한다. 그 재미로 우리 집에 오면 늘 내게 끝말잇기 연습을 하자고 한다.

어느 날, 아들네와 딸네 식구들이 모두 우리 집에 모인 날이었다. 애슐리는 신발을 벗자 마자, "할머니! 나, 1등 했어! 나, 한글학교에서 1등 했다고!" 하며 숨이 턱에 닿는다. "그래? 한글학교에서 무슨 대회 있었어?" 묻는 내 말에 "아~니, 지네 반에서 매달 보는 테스트" 하며, 딸이 놀라는 나를 진정시키려 끼어든다.

"받아쓰기 시험 봤는데, 2개 틀려서 내가 1등 했어!"

애슐리는 여전히 흥분한 목소리로 자랑했다.

"아니, 어떻게 우리 애슐리가 1등을 했니?"

"애슐리한테 물어봐!"

딸이 얼굴 가득 묘한 웃음을 담고 턱으로 아이를 가리킨다.

"으~응, 그날 맨날 1등 하는 애가 안 와서 내가 1등 했어."

"그애 때문에 난 맨날 2등이었거든."

아이의 말을 들으며, 나는 웃느라고 뒤로 넘어갈 뻔했다.

애슐리는 나처럼 책을 좋아한다. 북 다이어리를 손수 만들어 매번 읽은 책에 대해 기록한다. 아직 영어로 된 책만 재미있게 읽는데, 앞으로 한글로 된 동화책도 읽고, 우리의 동시도 감상하며 이해할 수 있을 만큼 낱말 하나하나의 뜻도 알게 되었으면 좋겠다.

한글학교에서 한국학교로 교육의 범위가 넓어지게 된 것을 다행으로 생각한다. 한글과 더불어 우리의 역사와 문화도 단편적으로나마 우리 아이들에게 교육해서 그들의 가슴에 그들의 뿌리인 대한민국의 얼이 심어지게 되길 바란다.

나라 없이 2천 년을 떠돌던 유태인은 숱한 고난 속에 살았지만, 교육으로 희망의 끈을 놓지 않았기에 그들의 독자적인 언어와 문화가 이어져 내려올 수 있게 되었으며 지구상의 민족 중에 가장 힘 있고 결속력 있는 민족이 되었다. 이곳에서 태어나 한국을 전혀 모르는 우리 2세, 3세에게 코리안아메리칸으로서의 정체성을 심어줄 한글교육은 무엇보다 중요하다고 생각된다.

애슐리가 나와 자게 되는 날은 나란히 침대에 누워 성경 이야기나 재미있게 읽은 책 이야기, 혹은 그동안 있었던 일 중에서 이야기 하나씩을 해주곤 한다. 서로 이야기 하나씩을 나누었고, 자는 기도를 끝내고 불을 꺼도 애슐리는 끝말잇기를 다시 시작한다. "고구마-마차-차고-고릴라 으~음…" 하고 아이가 다음 말을 잇지 못하면, 자는 줄 알았던 할아버지가 '라면' 하고 거들어준다. 내가 다시 '면봉' 하니 아이는 '봉'으로 시작하는 낱말을 찾지 못하고 "할머니, win(이겼어)!" 하며 돌아 누워 잠이 든다.

사실 '봉'으로 시작하는 낱말을 찾기란 쉽지 않다. 한국말로 60여 년을 살아온 나도 얼른 대답이 안 나왔다. 봉창, 봉우리, 봉산탈춤… 이 정도 단어를 기억해낸 것도 한참 생각해야 했다. '봉' 자를 생각하니 옛날에 옷에 달린 주머니를 '봉창'이라고 부르던 기억이 불쑥 튀어나왔다. 오랜만에 꺼내본 옛말을 가슴에 담고 따뜻한 추억의 이불을 펴 덮는다. 먼 훗날, 끝말잇기에서 애슐리가 할머니를 이길 날을 기대해보아도 되려나.

교포 청년 상견례

요즘 새 며느리를 맞은 지인의 아들 상견례 얘기가 재미있다. 그분의 아들은 미국에서 나고 자란 교포 2세다. 그는 얼마 전, 미국에 유학을 왔다가 졸업 후 직장을 얻어 눌러앉은 아가씨를 알게 되어 결혼하게 되었단다. 기다리던 자녀의 결혼 소식에 양가 부모는 쌍수를 들어 환영했다. 당자들은 이미 결혼 약속을 했고, 그분의 아들은 장인 장모가 될 처가 식구들에게 처음 인사를 드리기 위해 신부 될 아가씨를 따라 한국을 방문하게 되었다. 그녀의 집은 서울에서도 차로 몇 시간이나 떨어진 시골이었다. 그들은 예정보다 늦은 저녁에야 아가씨의 집에 도착할 수 있었다.

그녀의 집은 옛 조선 시대에나 있음직한 그윽한 한옥이었다. 휘어 올라간 기와 지붕 앞에 섰을 때부터 우리의 교포 청년은 예상하지 못한 분위기에 불안해지기 시작했다. 도착하자마자 상다리가 부러질 만큼 걸게 차린 저녁상을 받은 후, 집안 어른들이 기다리고 있는 방으로 안내되었다. 장인은 내심 미국에서 탄탄한 회사에 안정된 직장을 다니고 있다는 잘생긴 사윗감이 흡족하여 둘러앉은 친척들에게 한껏 자랑하고 싶은 마음이었다. 과년한 딸을 머나먼 이국 땅에 두고 노심초사 불안해하던 부모로서는 같은 한국 청년을 만나 결혼하게 된 것에 얼마나 마음이 기쁜지 몰랐다.

드디어 장인 될 그녀의 아버지가 얼굴에 온화한 미소를 띠며 사윗감에게 질문을 던졌다.

"부모님이 다 계시다고?"

"예."

"그래, 자네 이름이 무엇인고?"

"아, 예, 제임스 …"

이때 옆에 앉은 신부 될 아가씨가 쿡 찌르는 바람에 "아니, 이 아무개입니다" 하고 얼른 자신의 한국이름으로 바꾸어 말했다.

"그래? 이 씨면 양반이구만. 본(本)은 어디인고?"

"예?"

청년은 얼굴이 벌게지며 옆의 아가씨를 바라본다. 색시 될 아가씨가 청년의 귀에 대고 "어디 이씨냐고, 본 말이야" 하고 작게 속삭였다.

"아~하, 보-온(born)?"

청년은 고개를 끄떡이며 자신 있게 대답했다.

"뉴저지입니다!"

"에~엥? 그게 무슨 말인고?"

청년의 엉뚱한 대답에 장인 될 사람이 딸을 쳐다본다.

190

"아, 예!! 버겐카운티입니다!!"

청년은 얼른 바른 답을 생각해냈다는 듯 큰소리로 대답을 고친다. 그가 태어난 곳은 미국 뉴저지주 버겐카운티였다. 청년에게 시선이 집중됐던 방 안의 사람들이 어리둥절해하며 서로를 쳐다보았다.

우리의 교포 청년은 성씨의 본관을 가리키는 본(本)을 영어의 born(태어난 곳)으로 대답한 것이다. 본을 물어본 장인의 질문은 우리 이민 2세의 청년에겐 너무 어렵지 않았나 싶다. 그렇게 상견례가 지나가고 미국에서 청년의 부모님이 한국으로 들어와 결혼식을 올렸다.

나중에 부모님보다 늦게 미국으로 돌아온 아들 내외에게서 그때의 해프닝을 전해 들으며 그 교우 내외는 한참 웃었다 한다.

"본(本)을 가르쳐 보낼걸…."

한국말을 익히게 하려고 집에서는 주로 한국말로 아이들에게 질문하지만, 자신들에게 쉬운 영어로 대답하기 일쑤였던 아들에게 적극적으로 한국문화와 한글 공부를 시키지 못한 것을 후회했다고 한다.

딸네, 아들네, 식구들이 다 모인 날, 나는 그 상견례 이야기를 하며 "너희들은 본이 뭔지 아니?" 하고 물었다. 머뭇거리는 1.5세인 제 부모 밑에서 토요일마다 한글학교를 몇 년 다녀 떠듬떠듬 한글을 읽는 열 살 손녀가 팔을 번쩍 들고 큰소리로 외쳤다.

"스프링(spring)!!"

아이는 본을 봄으로 알아들은 것이다. 자신에게 시선이 집중된 어른들을 쓰~윽 돌아보며 그것도 모르느냐는 듯한 표정으로 자신만만하게 대답했지만, 본(本)은 아이가 배운 한글공부보다 훨씬 급이 어려운 한국어였다. 그렇게 본(本)은 또다시 봄이 되어서 어이없는 웃음을 만들었다.

191

이경애

글쓴이 이경애(미국 이름 민경애)는 1993년 미국으로 이민 와 현재 미동부문인협회 부이사장으로 있으며, 2009년 《뉴욕문학》에 수필 〈주덕 가는 길〉로 등단했고, 이듬해 2010년에는 월간 《한국수필》에서 〈거위 소동〉으로 신인상을 받아 한국 문단에도 등단했다. 2014~2015년 미동부문인협회 수필분과위원장을 역임했으며, 한국수필가협회 회원, 한국문인협회 회원으로도 활동하고 있다. 2015년 첫 수필집 《물안개 너머로 봄은 다가와》를 출간했고, 뉴욕의 《뉴욕문학》과 한국의 월간 《한국수필》에도 작품을 발표하고 있다. 공저로는 《한국수필 젊은 작가 97인선》, 《천년 숲 서정에 홀리다》가 있다.

kyungaelee9018@hotmail.com

11 나의 국제펜(PEN)클럽 한국본부 미동부지회의 활동을 통한 감상

이일호
시인

들어가는 말

언어를 구사하는 인간이라면 소위 '등단 작가'들만이 아니라 누구라도 자신이 평소에 간직하고 있었거나 불현듯이 떠오르는 생각들이 있다. 그런데 자신에게 떠오른 그러한 생각을 어떻게든지 표현해내고 싶은 욕구야말로 인간만이 가지는 특별하고도 고상한 특성임이 분명하다. 만약 인간에게 이러한 욕구가 없다면 인간에 의해 형성되어 수만 년 면면히 이어져 내려오면서 더욱 발전되어 꽃피우는 인간의 문화·문명의 발달은 상당히 위축되었거나 단절되었을 것이다. 그러므로 인간의 문화·문명을 이끌어내면서 그것을 계승·발전시켜나가는 절대적인 수단이며 도구라고 할 수 있는 '글쓰기'는 인간의 삶에 관련된 어느 분야보다 중요한 일이다.

글쓰기를 통해 인간은 끊임없이 진화하는 과정에서 자신의 존재에 대한 의문은 물론이고 우주 만물에 대한 기원이나 생명의 본질에 대한 철학적 사유와 더불어 과학적 연구를 심화시켜왔다.

그래서 글쓰기는 인간의 통찰력을 증폭시켜 문화·문명의 발달을 연쇄적으로 촉진시키는 도구가 됨과 동시에 인간의 역사를 기록하고 전달하는 매체로서도 기능해왔다. 그러므로 글쓰기는 지구상에 명멸해간 수많은 생명체 중에서 인간이 다른 모든 생명체와 구별되는 삶을 영위할 수 있도록 이끌어준 인류 조상들이 남긴 만고(萬古)의 선물이 아닐 수 없다.

편지나 시나 수필, 또는 소설이나 희곡 등 우리가 일반적으로 생각하는 글에서뿐만 아니라 수학적인 생각을 표현하는 방식이나 음악적인 선율을 담아내는 기호나 사물, 또는 어떤 현상이나 상상의 세계를 표현하는 미술의 영역도 넓은 의미로는 글쓰기라고 생각한다. 따라서 우리의 생각, 느낌, 상상 또는 현상 따위를 어떤 수단을 통해 표현해서 다른 사람에게 그것에 대한 의미를 전달할 수 있게 하는 행위는 모두 글쓰기라 할 수 있다.

인간의 글쓰기는 근원적으로 인간과 인간 사이의 원초적인 통신수단이 되었을 동물 같은 '소리 지름'에서부터 진화된 '말' 또는 '언어'와 이런 방법의 소통 방법과 더불어 개발되고 발전했을 '그림, 기호 또는 그림문자'로부터 오늘날과 같은 여러 가지 부호를 사용하는 음악, 수학 등의 고등한 의사소통 방법으로 진화 · 발전해왔다고 생각한다.

그래서 어떤 형태로든 글을 쓰는 행위는 인간의 삶을 인간답게 해주는 최상의 일이라고 믿는다. 인류사를 바꿀 만한 것이거나 사람의 마음을 정화시킬 수 있을 만큼 보석처럼 빛나는 문학적인 글만이 좋은 글이 아니라 자신이 겪은 일에 대한 꾸밈없는 기록으로 읽는 이의 마음에 잔잔한 감동을 전해줄 수 있는 글이라면 그로써 충분하다고 믿는다. 반드시 철학적으로나 과학적으로 아니면 문학적으로나 사회학적으로 또는 종교적으로 귀한 글만 가치 있는 좋은 글이라고 생각하지 않는다. 예컨대, 잠을 자다가 꿈을 꾸며 내지르는 소리라도 그 상황에 대한 표현이 우리의 마음속에 들어와서 그 소리의 근원에 녹아들 수 있도록 감동을 주는 글이라면 훌륭한 글이요, 그게 그림이라면 또한 훌륭한 그림문자다.

이런 이유로 필자는 이민의 삶에서 때로는 힘겨워서, 때로는 희망에 젖어서, 때로는 행복한 마음에 떠오르는 감상과 보잘것없는 경험 따위를 시처럼, 산문처럼, 어쩌면 고백하듯이 이런저런 이야기로 써왔다. 그러다 보니 어느 날부터 '시인'이라는 별칭을 부여받게 되었다.

본문에서는 필자가 (지금도 여전히) 이름 없는 시인으로 활동해오면서 국제펜클럽 한국본부 미 동부지회의 설립에서 현재까지 겪어온 과정에서 느꼈던 잡다한 감상을 장석렬 전 펜클럽 미 동부지회 회장이 가지고 있는 자료들을 종합하여 간략하게 정리해보려고 한다. 혹자는 필자의 이야기를 읽으면서 거부감을 일으킬 내용이 있을지도 모른다.

하지만 이것저것 따지고 두려워한다면 이 세상을 살면서 무슨 일을 남길 수 있을까? 한 배 속에서 태어난 형제자매의 생각조차 천차만별 아닌가? 바라건대 여기에 기록하는 나의 견해가 마땅하지 않더라도 부디 혜량(惠諒)해주시기를 바란다. 분명한 것은 인간이 이 땅에 살아오면서 모든 사람이 서로 다른 입장에서 서로 다르게 생각하면서 오늘까지 살아왔기에 이만큼의 문화 · 문명을 다양하게 이룩할 수 있었다고 필자는 믿기 때문이다.

현재 미국 50개 주에 흩어져 살고 있는 한국인의 수는 대략 200만 명 정도로 추정한다. 물론 불법체류자(영주를 위한 서류 미비자)와 출장을 와서 머무는 사람들, 유학생이거나 여행하는 동안만 잠시 스쳐가는 사람들까지 모두 망라한다면 한인 수는 그 이상이 될 것이다.

그럼에도 미국에 진입한 한국 이민자에 의한 한국인의 문학은 지역별로 산발적으로 싹터 지리멸렬한 상태로 명맥을 유지해왔다고 해도 과언이 아니다. 그래서 한인의 미주 이민사는 어언 110년이 넘어섰음에도, 더구나 이 이민의 땅에서 빛나는 문학적 성취를 이루어냈던 탁월한 선대 문인들이 있었음에도 그러한 한인의 문학 관련 활동을 기록한 자료를 미국에서 찾아내는 것은 마치 금맥을 찾는 것만큼이나 쉽지 않다.

그 까닭은 사탕수수농장으로 반노예처럼 팔려온 이민의 선배들이 오직 살아남으려고 참담한 삶의 아픔을 견디며 투쟁하는 가운데 숨을 쉬기도 힘든 마당에서 어떻게 글을 쓰고 문학을 할 여유가 있었으며, 또한 그런 열악한 가운데에서도 뛰어난 문학적 성취를 거두어냈던 고귀한 선대의 업적을 기리고 전파할 힘이 어디에 있었을 것인가?

그렇지만 분명한 사실은 그렇게 생존해나가기조차 벅찬 환경 속에서도 그분들의 땀과 핏물이 밴 쌈짓돈을 조국 광복을 위해 바쳤던 사실을 우리는 안다. 그러했기에 우리는 우리의 후손들이 그러한 사실들을 결코 잊지 않도록 해야 할 것이다.

국제펜클럽 한국본부 미 동부지역위원회

미국 땅에 등장한 한인의 이민의 삶에서 LA와 샌프란시스코 그리고 미 동부의 워싱턴 DC 등 여러 지역에 자생한 한인 문인단체들은 대개 대표적인 문인 한 사람을 중심으로 문학에 흥미를 가진 사람들이 모여 산악회나 친목회 같은 수준으로 활동하는 경향을 벗어나지 못했다. 그리하여 미국 내의 문학단체에서 '한국펜클럽 ××미주지회'라는 이름을 걸고 있어도 실제로는 그들이 국제펜클럽 한국본부로부터 미주 전 지역의 대표로 인정되는 공식적인 조직은 아니었다.

그렇다고 하더라도 미국 내의 어느 지역보다 한국에서부터 오랜 세월 문학을 천업(天業)처럼 여기면서 살아온 문인이 많았던 뉴욕에는 펜 한국본부로부터 '펜 지부'라 인정받은 단체는 고사하고, 다른 지역에서와 같이 국제펜클럽 한국본부의 어느 지역을 대표하는 ××지회라는 이름을 걸고 활동을 하는 단체가 없었다. 그래서 뉴욕 일원에 거주하던 펜 한국본부 회원들은 한국본부에만 적을 두었거나 워싱턴 DC나 서부 LA 등의 타 지역에서 활동하는 한국펜 지회라고 이름을 붙인 문학단체에 적을 두게 되었다.

그래서 앞서 말한 바와 같이 당시 미주지역 내 한국펜 회원들의 활동은 체제를 갖추지 못한 채로 친목회 수준의 펜클럽, 이를테면 샌프란시스코, 워싱턴 DC, 시카고, 특히 서부의 LA지부에서는 스스로 전 미주지역을 대표한다면서 미국 각 지역에 거주하는 한국펜 회원들을 가입시키고《미주 펜》을 펴냈다.

그 당시 뉴욕 일원에는 한국펜 회원이 20인 이상 있었으나 '펜'이라는 명칭을 가지고 활동하는 문학단체는 없었다. 그래서 뉴욕 일원의 펜 한국본부 회원은 개인적으로 한국펜 본부에만 적을 두고 있었거나, 아니면 LA 미주 펜이나 워싱턴 DC의 펜에 가입했다.

이러한 실상을 눈여겨보았던 한국펜의 성기조 이사장은 2004년 한국 내에서는 물론 미국 내 한국 문인들의 활동과 LA, 워싱턴, 뉴욕 등 한국펜 회원들의 실태를 간파하고 펜 한국본부의 미국 내 지역위원회를 재구성하기 위한 발걸음을 옮기게 되었다.

그는 먼저 뉴욕에서 활동하는 미동부한인문인협회 소속의 일부 한국펜 회원들과 접촉하고 한국펜 뉴욕지부 설립에 관해 타진했으나 긍정적인 결과를 얻지 못했다. 이에 다른 방법을 물색하던 성기조 이사장의 요청에 선뜻 성의를 보인 것이 미동부문인협회의 김윤태 시인이었다.

김윤태 시인은 그때 뉴욕 한국일보에서 주관하는 시문학교실을 담당하면서 인연을 맺게 된 자신의 문하생들을 중심으로 창립한 지 3년도 채 안 되는 '한미문학가협회'를 이끌고 있었다. 물론 이 역시 미국에 산재한 대부분의 문학단체와 마찬가지로 설립자 김윤태 시인 한 사람의 일방적인 구상에 따라 운영되고 있었다.

김윤태 시인은 "문학을 하더라도 문단의 주류에 들어가야 한다"는 게 지론이었다. 그래서 문학 강좌 초기에 동우회를 만들었고, 이 동우회원들을 중심으로 뉴욕을 근거로 새로운 문학단체를 창설한 것이다. 이 과정에서 동우회원의 일부 부정적인 견해도 있었지만, 당시 필자는 김윤태 시인의 의지에 동참하게 되었고, '한미문학가협회'라는 문학단체를 만드는 데 전념하게 되었다.

한미문학가협회를 창립하기 위해 모인 곳은 지금은 아파트가 들어선 플러싱(Flushing) 공용주차장 옆에서 플러싱 메인스트리트(Flushing Main Street)로 연결되는 골목길에 있던 신정식당인데, 지금은 이 집도 없어졌지만 아무튼 이곳에 참석했던 창립회원은 김윤태 시인을 중심으로 문학을 하던 '한미문학' 동인들이다. 한미문학 동인은 두세 명을 제외하고 모두 한국일보에서 주관한 김윤태 시인의 '시문학 강좌' 출신이었다.

당시 한미문학 동인을 등단, 나이, 철자 등에 관계없이 생각나는 대로 열거해보면 김윤태, 김명욱, 장석렬, 김진영, 변창하, 김유인, 김호숙, 남일숙, 방명인, 진순례, 손태야, 김월정, 이일호, 강숙자, 윤관호, 선우옥, 양정숙, 구매화, 이영순, 복영미, 장영근 등 20여 명이었다.

그런데 이 중 일부 동인은 새로운 문학단체의 창립에 반대했고, 일부는 현재 자신이 소속된 단체와의 연결을 고려해 미적지근한 태도를 보이고 있었다. 그래서 신정식당에서의 창립모임에는 절반도 안 되는 겨우 10명의 동인만이 의기투합하여 비로소 뉴욕에 '한미문학가협회'라는 또 하나의 새로운 문학단체가 출범되었다.

이리하여 훗날 한국펜 미 동부지회의 창립 멤버가 된 '한미문학가협회' 창립 동인들의 면면을 살펴보면 회장 김윤태를 위시하여 구매화, 김월정, 장영근, 손태야, 윤관호, 이일호, 양정숙, 이영순, 복영미 이상 10인으로 기억한다. 한미문학가협회가 창립된 후에 김윤태 시인과 필자의 설득으로 김유인 시인과 장석렬 시인이 합류했다. (여기에서 장영근 씨는 당시 재뉴욕 5도민 회장이었는데, 무슨 까닭인지 그는 자기소개서에 이름 없이 '장'이라고만 적어놓았다.)

국제펜클럽 미 동부지회가 출범했을 때 한미문학가협회의 구성은 회장에 김윤태 시인을 비롯해 부회장에는 장석렬, 사무국장 이일호, 고 조지훈 시인의 장남 조광렬 수필가, 고 김동명 시인의 장녀 김월정 시인, 김유인, 구매화 시인, 양정숙 수필가, 손태야 수필가, 이영순, 윤관호, 복영미 등이 있었다.

이상 간략하게나마 서술한 내용에서 느낄 수 있듯이 뉴욕이라는 곳에서 김윤태 시인의 집념에 의해 어렵게 문학단체를 출범시킨 마당에 한국펜 성기조 이사장과 김윤태 시인 두 분 사이의 만남은 어땠을까 상상해보면 모름지기 '때는 바야흐로 이때'라는 심정이었을 것이다.

당시에는 국제펜클럽 한국본부 회원 가입자격이 정간 없이 10년 이상 출판한 문학지 또는 유명 일간지에서 등단한 후 5년 이상 된 문인으로 저서 2권 이상이었다. 그렇지만 한미문학가협회 회원 중에는 기존의 한국펜 회원이거나 가입자격을 갖춘 문인은 김윤태 시인 한 명뿐이었다.

그랬기 때문에 이 지역에 거주하는 기존 한국펜 회원들의 참여나 도움 없이 한미문학가협회 회원들만으로 한국펜 뉴욕지회를 설립하는 것은 어려운 일이었다. 그래서 한시적으로 등장한 방편이 준회원이었다. 준회원은 '등단 후 5년의 기간'과 '저서 2권'이라는 규정을 일부 완화하고 유보해주는 것이었다.

이에 따라 김윤태 시인은 자신의 문하생이며 한미문학가협회 회원 중 한국의 문학지를 통해 등단한 10여 명을 국제펜 한국본부 준회원으로 가입시킴과 동시에 한미문학가협회 회원들을 기반으로 마침내 2004년 봄 국제펜 한국본부 미동부지역위원회를 결성할 수 있었다. 필자는 성기조 이사장과 이길원 이사장에 이르도록 3회 연속 한국펜 뉴욕지회의 사무국장으로 임명장을 받는 바람에 한국펜과 관련해 발생한 잡다한 많은 이야기가 필자에게 이 글을 쓰게 된 동기를 부여했다고 할 수 있다.

앞서 언급했거니와 한미문학가협회 회원들은 대부분 나이는 많았지만, 문학에서는 거의 초년생에 불과했다. 이런 신생 문학단체를 가지고 출범하려는 과정에서 외부적으로는 이미 뉴욕에 자리 잡고 있던 기존 문인단체와는 물론이고, LA에서 펜문학단체를 이끌어온 이제 80 노인이 된 평양 출신 전달문 시인과 뉴욕의 김윤태 시인 사이에 개인적이고도 지역적인 알력이 있었고, 내부적으로는 김윤태 시인이 한미문학가협회 활동 중 자격이 미달되는 사람들도 등단시키는가 하면 소소한 일에서조차 자신의 이해관계에 따라 무게가 실리는 데 대해 실망하게 되는 일이 많았다. 이런 경우 필자는 대놓고 "부도수표를 남발하지 마시라"는 등의 직설을 했기에 김윤태 시인은 필자를 끔찍이도 미워했다.

어쨌거나 2004년 12월 5일 비로소 국제펜 한국본부 미동부지역위원회 창립총회가 뉴욕 플러싱의 중식당 삼원각에서 그간의 설립과정에서 발생한 여러 난관을 극복하고 내·외빈 100여 명이 참석한 가운데 성황리에 개최됐다. 이날 창립총회

창립총회를 마치고 촬영한 사진: 앞술 왼쪽에서 두 번째가 김윤태, 김유인,
장석렬, 뒷줄 왼쪽이 필자, 오른쪽이 조광렬 수필가

에는 국제펜클럽 한국본부 성기조 이사장, 이길원 부이사장, 김귀희 사무국장이
참석했다.

여기에서 한 가지 꼭 짚고 넘어가야 할 것은 이곳 펜 지회의 명칭이다. 맨 처음
펜 뉴욕지회를 조직하면서 김윤태 시인은 미동부지역의 모든 펜 회원을 아우르는
조직으로 결집하기 위해 뉴욕지회의 명칭을 국제펜클럽 한국본부의 '미동부지역
위원회'라고 명명했다.

그러나 LA 미주 펜에서 주장하기를, LA 미주 펜은 자기들의 단체명이 문자 그
대로 미주 전체의 펜클럽을 대표한다는 논리로 뉴욕 펜에서 '미동부지역위원회'라
이름하는 것을 강력히 반대했다. 여기에 미 동부에 있던 워싱턴 펜클럽에서도 한
국펜 미동부지역의 대표성을 '뉴욕지회'에 둘 수 없다고 반대했다.

그래서 LA 미주 펜과 워싱턴 펜클럽에서 국제펜 한국본부 '미동부지역위원회'
라는 명칭을 뉴욕지회에서 사용하지 못하게 해달라는 청원서를 펜 한국본부에 제
출했고, 이에 펜 한국본부에서는 미주지역의 특성을 고려할 때 '미동부지역위원
회'라는 명칭이 펜 뉴욕지회에 적합하지 않다는 유권해석을 내리면서 본 지역회의

명칭뿐만 아니라 관할 지역도 '미동부'에서 '뉴욕'으로 축소되었다. 물론 본 지역회의 공식 명칭은 '뉴욕지역위원회'로 통보되었다.

펜 한국본부의 방침에 의해 당시 한국펜 미동부지역위원회의 첫 사업으로 출간되는 문학지의 표제도 '미동부펜문학'이 아닌 '뉴욕펜문학'이라고 수정 발간할 수밖에 없게 되었다.

어떤 조직의 성패를 그 조직을 구성하는 사람의 숫자만으로 가늠할 수는 없다. 그러나 3년이 지나도 6년이 지나도 기존의 펜 회원들을 영입하려고 노력하지 않는 것이나, 비행기를 타야 할 만큼 먼 타 주의 펜클럽에 적을 두고 있으면서 지척에 자신이 속해야 할 마땅한 지회를 두고도 마음의 벽을 허물지 못하는 것이나 모두 발전지향적인 상태는 아니다.

펜 한국본부 뉴욕지회는 해마다 마땅한 장소를 찾아 문학제를 개최했다. 장석렬 시인이 폴링의 산꼭대기 산장을 구입한 후 가끔 그곳에서도 했는데, 처음 이 산장에서 문학제를 연 것은 2008년 8월이었고, 그때 참석했던 문인은 20여 명이었다. 그날의 강사는 김윤태 시인이었다.

2009년 4월 뉴욕 플러싱의 삼원각 중식당에서 30여 명이 참석한 가운데 새로운 사업으로 출판한 국제펜 한국펜클럽 뉴욕지역위원회의 창간호《뉴욕펜문학》출판기념회에는 성기조 이사장의 뒤를 이어받은 펜 한국본부 이길원 이사장과 시카고의 명계웅 평론가, 그리고 조의호 시인이 초빙되었다.

2010년 1월 9일 초대와 2대를 연임한 김윤태 시인에 이어 뉴욕지회 창설 후 6년 만에 장석렬 시인이 3대 회장으로 취임하면서 한국펜 뉴욕지회 제2기가 시작되었다. 제2기 집행부에는 부회장에 오하이오의 윤석빈 수필가, 그리고 사무국장에 필자가 다시 선임되었다.

김윤태 회장의 임기 중 1년에 한 번은 마땅한 장소를 찾아 열어오던 문학 강연회 또는 문학제를 장석렬 회장의 임기에는 '산상문학제'라고 명명했다. 이것은 마치 LA 서부지회가 바닷가에서 해변문학제를 개최하는 것에 대해 뉴욕의 동부지회는 산중에서 산상문학제를 개최하게 된 셈이다.

장석렬 시인은 미동부문인협회 회원 시절과 동(同) 단체의 전(前) 부이사장 재임 시절에 원만한 관계를 형성했던 김송희, 최정자, 정재옥, 임혜기 이상 4인과 펜 뉴욕지회 측 위원으로 장석렬 신임 회장과 사무국장 이일호 시인 이렇게 총 6인을 선임하여 명실공히 펜 미동부지역위원회로 거듭나기 위한 협상을 2011년부터 추진했다. 이 지역(미 동부지역)에 있던 군소 펜클럽 통합을 위한 여러 차례의 모임 후, 마침내 동년 4월 1일 한국음식점 금강산에서 개최된 펜클럽 통합회의에서 전원 합의로 통합 안이 의결되었다.

우리는 통합된 사실을 펜 한국본부에 통보하고 승인을 요청했다. 그 결과 '국제펜클럽 한국본부 미동부지역위원회'라는 애당초 우리가 사용했던 본 단체의 명칭을 국제펜클럽 한국본부로부터 승인받게 됨으로써 되찾게 되었다.

통합 후 임원의 구성은 회장 장석렬, 부회장 윤석빈, 서기 박영숙, 회계 선우옥, 그리고 사무국장에 이일호, 감사에 문성록 목사가 유임되었다. 이후로 조직 운영은 이사회에서 운영위 체제로 바꾸게 되었다. 이에 초대 운영위원은 문성록(펜실베이니아), 박영숙(뉴욕), 선우옥(뉴욕), 이일호(뉴욕), 이전구(뉴저지), 윤석빈(오하이오), 임혜기(뉴저지), 장석렬(뉴욕), 정재옥(뉴저지), 최영선(뉴저지), 최정자(뉴욕) 이상 11인, 자문위원에 곽상희(뉴욕), 김정기(뉴욕), 명계웅(시카고) 이상 3인, 그리고 김윤태(뉴욕), 김송희(뉴욕) 2인은 고문으로 추대되었다.

통합 후 관할지역은 코넷티컷, 델라웨어, 워싱턴 DC, 플로리다, 조지아, 일리노이, 인디애나, 켄터키, 매릴랜드, 미시간, 매사추세츠, 뉴햄프셔, 뉴욕, 뉴저지, 버지니아, 노스캐롤라이나, 오하이오, 사우스캐롤라이나, 메인, 펜실베이니아, 웨스트버지니아, 버몬트, 로드아일랜드, 테네시 이상 24개 주가 되었다.

통합을 반대했던 김윤태 시인과 그를 지지했던 회원들은 통합 후 참석하지 않음으로써 100% 통합된 것이라고 할 수는 없겠다. 그러나 한국펜 뉴욕지회의 출범 6년 만에 미 동부지역에 산재하던 한국펜 회원 대부분이 한국펜 미동부지회에서

202

함께 활동할 수 있게 된 것만큼은 분명한 결과다. 이리하여 국제펜 한국본부의 미국 내 조직은 미 동부와 서부에 각각 설립되어 두 지역위원회로 정비되었다.

필자는 김윤태 시인의 잊을 수 없는 예언 하나를 회상하지 않을 수 없다.

"나는 통합에 반대한다. 통합되면 한국펜 미동부지회에서 한미문학가협회의 존재는 껍데기만 남을 것이다."

통합 후 초대 회장의 대물림으로 2대 회장에 임명되었던 장석렬 시인 외에 김윤태 문학 강좌 출신은 펜 미동부지회에 이제 3명만 남았다. 김윤태 시인의 예언이 맞아떨어진 셈이다. 이런 게 인간사회의 현상적 속성이 아니겠는가?

펜 한국본부의 결정에 따라 '미동부지역위원회'라는 명칭을 사용할 수 있게 됨으로써 본 지회에서 출간하던 '뉴욕펜문학'도 '미동부펜문학'이라는 표제로 발간할 수 있게 되었다.

동년 4월 필자의 주도로 신문 인쇄시스템을 갖추고 《펜 뉴스》 250부씩 발간하여 펜 회원을 포함해 일반 문인 220여 명에게 배포했다. 원고가 신통하지 못할 때는 여덟 쪽의 면적이 어찌나 부담되는지 감당하기가 막막했다.

당시 《펜 뉴스》를 받아본 사람들은 대수롭지 않게 보았을 것이다. 하지만 《펜 뉴스》 원고 수집과 편집, 번역, 교정 그리고 인쇄 후에도 수취인의 주소를 쓰고, 우표를 붙이고, 봉투 크기에 맞추어 신문을 접어 넣어 발송하는 모든 과정을 오직 장석렬 시인과 필자 둘이서 수작업으로만 하다 보니 밤을 새우다시피 한 날도 있었다.

《펜 뉴스》 표지에는 한국의 대표적인 문인을 소개하기로 했다. 제1호 첫 표지의 인물은 그래도 미동부지회의 창립 공신인 김윤태 시인의 시를 소개했고, 제2호부터 비로소 원래 계획대로 한국의 많은 국민을 감동시킨 대표적인 시인들의 시를 실었다. 예를 들면 제2호 표지에는 신동엽 시인의 〈山에 언덕에〉를 실었다. 봄과 가을에 한 번씩 해마다 2회 발행하기로 기획했던 《펜 뉴스》는 겨우 4호까지 발행하다가 필자의 경제적인 부담으로 중단하고 말았다.

제3회 산상문학제도 10월 23일 폴링 산장에서 개최했다. 문인과 비문인 54명이 참석했다. 이날 장석렬 시인은 '백제 가요에 나타난 달'이라는 주제로, 이영순 시인은 '신라 향가에 나타난 달'이라는 주제로, 이어서 워싱턴 DC에 있는 브루킹스연구소에서 시니어 펠로우로 있던 서훈 정치학 박사가 초빙되어 '북한의 세습 정치와 한반도의 미래'라는 주제로 북한 상황과 한반도와 국제정세, 한국 정부의 대북한정책의 성공과 실패에 대해 2시간 반이나 열강했다.

2011년 11월 4일 오후 2시 이길원 이사장 몇 임원들의 방미에 따르는 일정으로 맨해튼의 다운타운에 소재한 아메리카 동부펜센터를 방문했다. 여기에서 2012년 9월 한국의 경주에서 열리는 제78차 세계경주펜대회를 홍보했다.

2011년 11월 5일 제4회 산상문학제는 이길원 국제펜 한국본부 이사장의 방미에 맞추어 맨해튼 중심부에 자리 잡은 뉴욕한국문화원에서 개최되었다. '세계 속 한국펜의 위상과 그 전망'이라는 주제로 이길원 이사장이 강연했고, 국제펜 미국 본부 미 동부센터 언어분과위원장 래리 심스의 축사가 있었다. 문인, 비문인 73명이 참석했다.

제4회 산상문학제(2011년 11월 맨해튼 뉴욕한국문화원에서)

2012년 3월 31일 《펜 뉴스》 제4호를 발행했다. 표지의 인물에는 1900년대 초의 소설가이며 시인이던 심훈을 소개했다. 예전과 같이 8면으로 구성된 지면에는 한국 경주시에서 9월에 열릴 제78차 국제펜 경주세계대회 기사 내용이 주가 되었다.

동년 9월 10일 개최된 78차 국제펜클럽 경주세계대회에는 김송희, 최정자, 장석렬, 정재옥, 이일호, 황미광, 김자원, 명계웅, 정종진, 양정숙, 윤관호, 이정강 시인 등이 참석하여 성황을 이루었다.

특기할 만한 일은 황미광 회원 부군의 친구 한 분이 밤길에 경주까지 먼 길을 달려와 뉴욕에서 참가한 모든 회원을 위해 훌륭한 와인과 안주를 준비해와서 풍성하게 대접해준 일이 고맙고, 그분들의 우정 또한 메마른 이 시대의 향기로운 꽃처럼 느껴졌다.

제5회 산상문학제는 2012년 11월 17일 뉴욕 플러싱의 중식당 삼원각에서 '제78차 경주세계펜대회를 돌아보며'라는 주제로 열렸다. 이후 2013년 4월 28일 《미동부펜문학》 제2호 출판을 위해 김송희, 임혜기, 정재옥, 최정자, 이일호, 장석렬 이상 6인이 출판위원으로 선정되고 출판위원장에 김송희 시인을 추대했다. 이번에 발간할 문학지는 되찾은 명칭 《미동부펜문학》으로 정했다. 제6회 산상문학제는 2013년 10월 26일 폴링 로렐 산장에서 '나의 삶 나의 문학'이라는 주제로 열렸다. 곽상희, 임혜기, 정재옥, 최정자 시인의 문학 여정이 발표되었고 문인과 비문인 56명이 참석했는데, 비문인을 위한 작가 사인회가 큰 호응을 얻었다.

펜 한국본부는 2013년 처음으로 해외문학상과 공로상을 제정했는데, 해외문학상에는 본회의 최정자 시인이, 공로상에는 김송희 시인이 수상했다. 본회는 동년 12월 3일 경희사이버대학과 합동으로 문학강연회를 개최했다. 뉴욕 플러싱 소재 대동연회장에서 김종회 경희사이버대학장이 '문화와 인문학'이라는 주제로 강연했다. 이 자리에는 100여 명의 청중이 모였다.

2014년 4월 18일 3대 장석렬 회장의 임기가 끝나고 운영위원회에서 4대 회장으로 김송희 시인이 선출되었다. 이에 4대 김송희 회장의 임기가 시작되고 부회장에는 최정자 시인, 사무국장에는 김자원 수필가가 선임되었다.

제7회 산상문학제가 동년 10월 12일 폴링 로렐 산장에서 '나의 조부 최남선의 신문화운동과 문학'이라는 주제로 열렸으며, 제8회 산상문학제는 2015년 9월 18일 캐나다 몬트리올에서 열린 국제펜클럽 81차 세계대회에 한국 대표로 참석한 국제펜 한국본부 이상문 이사장과 박양근 부이사장, 그리고 김경식 사무총장 일행이 뉴욕을 방문하여 이분들과 함께 치른 뜻깊은 행사가 되었다.

이 자리에서 이상문 한국펜 이사장은 해외 펜 한국본부 지회를 직접 방문해서 시상하는 특별한 기록을 남겼다. 여기에서 한국펜 해외문학상은 이정강 시인이, 한국펜 해외공로상은 전(前) 사무국장으로서 필자가 받았다. 필자에게 공로상을 받았으니 수상소감을 말하란다. 그래서 망설이다가 지난 여정에서 성기조 국제펜클럽 한국본부 아홉 번째 이사장, 이길원 11번째 이사장, 그리고 이상문 12번째 이사장 이렇게 세 분의 이사장이 미국을 방문했을 때 이런저런 이유로 운전기사가 되어드렸던 탓으로 상을 받았다고 답했다.

국제펜 한국본부의 이상문 이사장, 박양근 부이사장, 김경식 사무총장의 2015년 뉴욕 방문 때 황미광 시인 자택에서 환영 모임이 열렸다.

2016년 5월 27일《미동부펜문학》제3호 출판기념회가 뉴욕 플러싱의 금강산에서 열렸다. 제3호의 특집은 제7회와 제8회 산상문학제의 강연들과 더불어 〈세계한글 작가 대회에 바란다〉, 그리고 본 회원들의 작품으로 구성되었다.

4대 김송희 회장에 이어 부회장 최정자 시인이 5대 회장으로 추대되었다. 부회장에 이정강, 사무국장에 김자원, 서기에 선우옥 회원이 임명되었다.

아직은 뉴욕 일원에서 개최되는 많은 세미나가 영역을 불문하고 한국에서 활동하는 저명한 문인들, 한국의 대학교나 어떤 전문연구기관에 재임 중인 인사를 초빙하거나, 아니면 미국을 방문하게 되는 명사를 섭외하여 세미나를 개최해오는 게 일반적이다.

그럼에도 한국펜 미동부지회에서 개최하는 산상문학제에서는 가급적 현지에 밀착한 활동을 선보이려 한다. 예컨대, 비문인·문인을 망라하는 한인 동포들과 함께 나누는 문학제를 통해 문학의 저변을 넓히고, 한국문학의 발전을 꾀하며, 국제펜의 헌장에 명시된 인권 의식을 고양하려는 노력에서 본 지역회의 존립의 가치와 앞날의 희망을 본다.

끝을 맺으며

국제펜클럽(International PEN)은 문학인 단체로서 영국 런던에서 창립되었는데, 설립 목적은 세계 각국 작가들 간의 우의를 증진하고 상호 이해를 촉진하는 데 있다. 펜(PEN)의 의미는 시인(Poets), 수필가(Essayists), 소설가(Novelists)의 머리글자를 딴 것이지만, 실제로는 장르 구분 없이 희곡 및 번역 작가는 물론 언론인, 역사가 등 작가 일반을 포함한다.

현재 104개국에 나라별 본부가 있으며, 국제펜 한국본부는 그중 하나다. 그리고 뉴욕 다운타운의 '뉴욕 펜 센터' 같은 펜클럽센터도 전 세계에서 145개가 활동한다. 국제펜클럽 회의는 올림픽 경기와 달리 해마다 개최 국가를 선정하여 열린다.

아이러니하게도 과거 군사정권에서는 우리나라에서 개최되었던 국제펜대회의 경비를 100% 정부가 부담했다. 그러다가 소위 민주화 이후에는 50%로 깎였다고 한다. 왜 그럴까? 구태여 펜 대회를 큰돈을 들여서 유치하지 않더라도 한국을 두고 독재하는 무서운 나라가 아니라 언론과 문화를 탄압하지 않는 나라라는 것을 세계가 인정할 것이라고 생각했기 때문이다.

오늘날 발달한 통신망(SNS/Social Networking Service)을 이용해서 자신의 존재를 완벽하게 감추는 교활한 방법을 동원하여 본인은 어둠 속의 귀신이 된 채 사실무근인 온갖 거짓과 흉악한 내용을 SNS에 올려 개인적인 범위를 넘어서 온 사회, 전 국가적으로 상상을 초월한 감당하기 어려운 피해들이 속출하고 있다. 그래서 앞으로는 단 한 줄의 문장이든, 한 컷의 그림이나 사진이라도 SNS에 올리려면 자신의 사진은 물론이고 검증된 자신의 내력을 분명하게 공개하지 않는 한 그 내용은 범죄자의 것으로 간주하여 처벌해야 한다는 인식이 전 세계 모든 사람의 마음에 자리 잡게 되기를 꿈꾼다. 그런 의미에서 국제펜클럽의 정신은 중요하다.

국제펜클럽은 인류사회에서 모든 사람의 표현의 자유 확립과 소수민족의 사라져갈 위기에 처한 언어의 보존을 위해, 특히 국가 권력으로부터 박해를 받거나 글 쓴 죄(筆禍)로 징역살이를 하는 작가를 보호하고 석방을 위해 활동하는 일과 소외된 나라의 문학작품을 번역해서 세계적으로 널리 알리거나 우수한 작가에게 문학상을 수여하는 등 문학의 발전을 위해 존재한다.

이일호

글쓴이 이일호는 공주사범대학교를 졸업하고 한국교원대학교 대학원에서 교육학 석사학위를 취득했다. 브니엘 신학대학원(Penuel Academy of Theology)을 졸업하여 목회학 석사를 취득하고 목사 안수를 받았다. 출판한 작품집에는 시집 《바람의 季節》(2008, 순수문학), 산문집 《追憶을 밟다》(2012, 현대사상사)가 있다.

lee.il.ho@hotmail.com

12 나의 글쓰기

임혜기
소설가

생각 쓰기

4년 전 단편소설집을 출판하고 친지들과 출판기념회를 가졌다. 주위에서 만들어준 모임이었다. 이날 나는 인사말을 하며 중대한 결심을 한 것처럼 이제 특별한 메시지가 없는 소설은 쓰지 않겠노라는 발표를 했다. 불쑥 나온 말이었지만, 즉흥적인 생각은 아니었다. 내 마음속에 슬며시 자리 잡은 결심이었다.

특별한 메시지?

설명하자면 내가 믿는 종교의 가르침이나 사랑, 깨달음의 내용이 담긴 글을 쓰고 싶고 흔한 세상 이야기는 쓰지 않겠다는 선언이었다.

나의 종교는 기독교다. 내가 살아오며 믿어온 종교와 앞으로 내가 살 날, 혹은 살아갈 수 있는 날을 생각할 때 앞으론 종교성이 있는 글을 쓰고 싶다는 결단이 나를 사로잡고 있었다.

그렇게 발표한 후 지금껏 거의 글을 쓰지 않았다. 아니 못 썼다. 종교적인 신심이나 간증 속에서 만들어질 창작거리가 도무지 없다는 것이 그 이유다.

매년 써서 보내야 하는 의무적인 문인협회의 원고 정도만 써서 보냈다. 사실상 문학과 결별 또는 은퇴라고 생각하고 살았다. 그러는 편이 일견 집필의 도전과 갈등이 없는 편안한 일상이라고 여기면서 편하게 살았다.

그런데 지난여름 한국의 한 문예지로부터 단편소설 청탁을 받았다. 즉시 "전

이제 글을 안 씁니다"라는 거절의 답신을 보내기가 미안해서 며칠 보류하기로 했다. 시간적 여유가 많지 않았고, 그사이 시카고 여행할 일이 있어서 글 쓸 시간은 더욱 없는 형편이었다.

헌데 낯선 시카고의 호텔방에서 저녁 시간 멍하니 티브이를 보고 있던 중 문득 아이디어 하나가 떠올랐다. 옳지, 내친 김에 그 이야기를 써보자는 생각이 들었다.

그 자리에서 쓰기 시작한 글을 단편으로 정리하여 문예지에 발표할 수 있었다.

화자는 애완견 네 마리를 하숙시키는 여자다. 똑똑하고 영리한 네 마리의 개와 일상의 대화를 나누며 사는 특별한 여자 이야기다. 네 마리의 개는 모두 개성과 특성이 있지만, 그중 여자의 개는 예수를 믿는 여자보다 더 믿음이 좋다. 성경 구절에 빠삭하고, 믿음은 행위가 따라야 한다고 주장하는 절대적인 기독교 신봉견이다.

내가 생각하고, 그리고 쓸 수 없다고 포기한 주님의 말씀이 이 신실한 개의 입을 통해 소설 속에서 전달될 수 있었다. 이 네 마리의 개가 우리 삶의 갈등과 문제를 모두 대변할 수 있다고 여기며 단편으로 끝내지 않고 계속해서 쓰기로 했다.

그리고 실로 5년 만에 《리자씨 이야기》라는 장편을 완성하게 되었다. 청탁으로 시작한 우연한 단편이 주위의 격려와 관심으로 장편이 되어가면서 나는 '아, 주님이 이렇게 해서 소극적이던 나의 결단을 이끌어주시는구나'라는 깨달음과 깊은 감사의 마음을 갖게 되었다. 처음 시작부터 마치는 것까지 간섭해주셨다고 여긴다.

생각해보면 처음 내가 글을 쓰기 시작한 건 깊은 외로움 때문이 아니었나 싶다. 외로움이 혼자 글 쓰며 놀아야 하는 나만의 취미생활을 유도했다. 어려서부터 글재간이 있다는 소리를 들었고, 글쓰기나 편지쓰기를 힘들지 않게 생각했다. 내 생각을 글로 정리하는 것이 재미도 있고 별 어려움이 없었으니 타고난 소질은 있었을 것이다.

그러나 아무리 재간이 있어도 손대지 않고 방치하면 아무것도 나오는 게 없을 것이다. 소설은 특히 고된 인내의 작업이 따라줘야 한다. 그걸 해내려면 어떤 동기가 있어야 한다고 여긴다. 그 동기는 책 읽기를 통해 독서의 취미와 재미를 느껴야 하고, 그리고 책을 읽을 때 따라오는 감상과 연상, 아이디어가 발효되고 이를 표출하고픈 욕구와 의욕이 창작으로 이어져야 작품이 나오고 작가도 될 수 있을 것이다.

내게 어떤 기본적인 소질이 주어졌다면 이걸 글로 만들어지게 만든 계기는 분명히 외로움을 달래기 위한 해소와 대안이 필요해서일 것이다. 누군가와 수다 떨고 싶은 말들을 글로 만들어 혼자 노는 보람을 누릴 수도 있고, 대상이 없는 혼잣말의 재미를 유추하게 되고 글을 쓰니까 발표하고픈 욕망도 생겼다. 그렇게 작가의 길이 만들어졌다고 여긴다.

지난 수년간 글을 쓰지 않으면서 미련이나 아쉬움을 느낀 적은 없었다. 외롭지 않아서일까? 아마 외로움을 타는 것도 젊음의 에너지가 분출시키는 감상의 잔재였던 모양이다.

언젠가 《뉴욕타임스》에 소개된 일본계 미국 작가가 절필 이후의 생활에 대한 에세이를 썼는데, 이를 읽은 적이 있었다. 잊었지만 머릿속에 남은 구절이 있다. 글을 쓰지 않으면서 자신의 삶에 찾아온 변화를 그 작가는 이렇게 말하고 있었다.

"글을 쓰지 않으면서 더 이상 해가 빛나지 않았다. 소슬한 바람이 불지 않았고, 세상 만물이 나와 대화하려 하지 않았다. 나는 숨을 쉬지 않는 물건이 됐다."

내 기억이 분명치 않지만 그런 내용이었고 당시 그 글을 읽으면서 작가적 과장이고 엄살이라고 여겼지만, 하여간 작가가 글을 버리면 생기는 그런 절필 증세가 있다는 것을 기억하게 되었다. 그러나 지난 4, 5년간 글을 쓰지 않으면서 나는 어떤 절필 증후군에도 시달린 적이 없었다. 차라리 이젠 안 쓰겠다고 마음먹고 '아! 편안하다'고 여겼다. 뼛속까지 작가가 될 수 없었기 때문인 모양이다.

지금껏 써서 세상에 내보낸 책들에도 애정이 없었다. 스스로 성공하지 못한 잘못 키운 자식 같아서 대견하지 않았고, 이젠 그런 자식은 세상에 내놓지 말자는 한탄도 있었는지 모른다.

그러나 이번에 내게 글을 쓰게 만든 동기는 외로움이 아니고 지시였다고 여겨진다. 약속대로 메시지가 담겨있는 재미있는 글을 쓰리라. 틀림없이 내게 지시한 분이 있음을 느낀다.

나는 하여간 꾸준히 글을 써서 발표하는 시절을 지냈다. 10여 년 넘게 《월간조선》의 칼럼니스트로 매달 글을 써서 보냈고, 내 생각이 담긴 글들을 발표했다. 생각은 아주 소소한 것들이었지만, 그 사소한 생각이 내 글의 원천이었음도 대단하게 여긴다. 내 문학세계는 내 좁은 시야에서 비롯된 자잘한 사고의 분출이었고, 그것이 대단하게 여겨지는 순진무구한 자존심이 있었음을 고백하지 않을 수 없다. 그런데 그런 것들이 다 덧없고 쓸데없는 생각이 드니 세상 이야기를 쓸 흥미를 잃은 셈이다.

이런 예를 들어볼 수도 있다.

딸아이가 말을 배워 제법 하기 시작하는 나이였으니 네 살 정도 됐을 때였다. 눈 내린 발코니에 몸집이 작은 우리 개를 내보냈더니 사뿐 걸어 다녀도 약간 언 눈 위에는 개 발자국이 생기지 않았다. 딸이 이것을 보며 "마미, 유리가 너무 가벼워서 눈에 발자국이 남지 않아"라고 말하는 걸 들은 적이 있다.

그 어린 것이 개의 가벼움이 눈에 발자국을 만들지 않는 걸 깨닫는 것이 너무나 대견했다. 아직 어린 아기인 내 딸의 관찰과 판단이 나를 놀라게 했고, 뭔가 비상한 소질이 있다고 앞날을 기대하기도 했다.

그 딸은 지금 어떤 대단한 소질은 발굴하지 못한 채 아기를 키우고 있는 평범한 엄마가 되었다.

나는 사실 이와 같은 시선과 착각으로 내 문학세계를 편견하고 기대하고 동경했는지도 모른다. 지극히 평범한 소재가 너무도 대견하게 보이는 글쟁이로 살지 않았나 싶다.

그래도 나는 지금껏 열 권의 책을 만들어냈다. 세 번째 장편소설을 출판한 후에는 친지들 앞에서 명실상부한 소설가임을 자축하고 싶어 출판기념회도 거창하게 했다.

서울에서 출판기념회를 가진 후 가족들과 함께

서울의 스승과 선배들을 모시고 서울에서 가졌고, 뉴욕에서도 가족과 친지들이 축하하는 출판기념회를 했다. 쓰라는 사람도 없고 써달라는 청탁도 없었다. 아무런 발표의 보장도 없이 소설을 쓰는 건 쉬운 일이 아니다. 그 쉬운 일이 아닌 글을 쓰게 된 것은 외로움을 달래기 위해서라고 다시 생각해본다. 모두 나의 외로움과 쓰려는 의지가 해낸 일이다.

그런데 최근에 쓴 나의 소설《리자씨 이야기》는 다른 분의 이끄심으로 쓰기 시작했다고 말하고 싶다. 외로움 따위가 아니라 열고 풀고 이루어주시는 분이 이끄시는 힘 말이다.

생각하며 걷기

나의 글은 무엇을 통해 시작되는가.

물론 생각을 언어로 바꾸어 글을 만드는 것이다.

내 생각은 내 글의 모티프이고, 머릿속에서 생각을 풀어내는 작업이 따라야 한다. 내 글은 내가 보는 것, 듣는 것, 읽은 것, 그리고 그 총괄적인 연출을 담당하는 영감의 발아가 싹을 틔워야 한다.

때로는 떠오르는 생각들이 귀찮고 부담스럽다. 이런 생각도 해본다. 내 머리에 떠오르는 생각을 제어하며 살 수는 없을까.

생각이 끊임없는 정신세계가 피곤하고 어지럽다고 여길 때는 머릿속이 텅 빈 채 지내면 세상 편안할 것 같다는 기분을 가진다. 머릿속의 생각은 대부분 최근 있었던 일에 대한 분석과 비판, 그리고 솟구치는 감정을 반추하는 일이다. 끊임없는 생각들은 나의 걷기운동과 함께 동반하는 감성의 운동이기도 하다.

감정과 감성의 교합이 문장으로 탈바꿈되어야 문학이 탄생한다. 머릿속 운동은 상상의 에너지를 발동하고 창의력을 만들어준다.

나는 요즘 걸으며 줄곧 많은 생각을 한다. 새롭게 시작한 신체적·정신적 운동이 한없이 걸어보는 도보 운동이다. 일주일에 한 번 정도는 체육관에서 트레이드밀을 걷는 대신 직접 집 근처나 공원이나 맨해튼에 나가 두세 시간을 걷는다. 뉴욕에 버스를 타고 나가서 하이라인을 걷거나 센트럴파크를 걷고 다시 버스를 타고 강 건너 집으로 돌아오는 일을 한 달에 서너 번 한다.

그때마다 활발한 발걸음과 함께 내 머릿속에서 활발하게 발동하는 생각의 범주가 이만저만 광범위한 것이 아니다. 참으로 여러 생각을 한다. 아무 생각 없이 걷고 싶은데 눈은 눈대로, 발걸음은 발걸음대로, 머리는 머리대로 따로 움직이면서 결국 이 생각 저 생각이 나를 잠식하고 통솔하는 것을 감지하곤 한다.

그러다 보니 걸으면서 싱긋 웃기도 하고, 혀를 차기도 하고, 화를 내기도 한다. 모든 것을 포기하기도 하고, 자책하기도 하고, 애를 태우기도 하고, 한숨을 쉬기도 한다. 나를 가지고 노는 이 생각들은 물론 내가 문자로 정리해야 수필도 되고 소설도 될 것이다.

다만 언어가 문자로 바뀌기 위해선 나름의 색상을 입혀야 한다. 기교의 능력도 발휘해야 하고, 정서의 공감대를 이끌어야 하고, 그리고 말하려는 의도가 무엇인지를 잘 정돈해야 한다. 깊이 있는 탐색과 정리가 필수적으로 필요하다.

생각이 글이 되어 나오는 과정을 살피기 위해 며칠 전의 이야기를 하고 싶다.

나는 뉴욕에 나가서 걸으려고 집을 나섰다. 42번가의 포트오소리티에서 내려 차이나타운까지 걸어보기로 결정하고 나섰다. 그 거리는 우선 심리적으로 가까운 곳이 아니다. 서쪽에서 동쪽 끝으로 가야 하고, 미드타운에서 다운타운까지 걸어야 한다.

뉴욕에서 35년 이상 살아왔지만 젊어서도 그런 시도를 해본 적이 없고, 걷는 건 내게 취미도 운동도 아닌 고행으로 여기며 살아왔다. 차를 주차할 때는 어떻게든 출입구가 가까운 곳을 찾으려고 돌고 도는 것이 나의 상식이었는데, 이 나이에 걷는 취미가 생길 것이라고는 정말 생각해본 적이 없다. 그 많은 생각을 하면서도 그런 생각은 결코 해보지 않았던 것이다.

차이나타운까지 걷는 내 행보에 망설임은 없었다. 힘들면 언제든지 되돌아 걷거나 우버를 이용해서 지하철역으로 돌아오면 된다는 복안이 있었다. 5번가를 걸어 올라가서 메트로폴리탄 박물관의 전시까지 보고 돌아오는 날도 종종 있는데, 그와 견주어 그리 먼 길이 아니라는 계산도 했다. 그런 결정을 할 때 내 머릿속 생각은 이렇게 말했다.

'히말라야 등반을 하는 사람도 있는데, 그걸 힘들다면 말이 안 되지. 자, 너는 터벅터벅 걷기만 하면 되는 거야.'

무더운 날이었다. 그러나 상점들을 지날 때는 에어컨의 찬바람이 새어 나오는 곳이 있어서 땀을 식힐 수 있었고, 큰 건물 밑을 걸을 때는 그늘이 지고 건물 사이를 휘도는 바람이 있어서 더워 죽겠다는 생각은 들지 않았다. 사실 '더워 죽겠다, 피곤해 죽겠다'는 비명을 보내는 것도 생각인데, 그 생각이 내 머릿속 무대에 등장하지 않았다.

걸으면서 계속 떠오르는 생각과 놀면서 걷기 시작했다. 요즘 내 삶에 가장 큰 영향력을 발휘하고 나를 움직이는 원동력이고 머릿속에서 떠나지 않는 문제를 집중적으로 생각해보려고 마음을 가다듬었다. 나를 잡고 있는 믿음과 그 확신에 대한 대답을 얻고 싶은데, 뭔지 가닥이 잡히지 않았다. 내게 위로와 마음의 편함을 주는 가장 큰 힘, 믿음에 대한 긍정적인 관찰을 다각도에서 정의하고 싶었다. 그러나 완전한 해답을 원하는 것은 아니고 누군가에게 긍정적으로 받아들여질 수 있는 겸손한 설명이 있으면 좋겠다고 여겼다. 좋은 대답이 나오지 않았다. 무지함이 종교를 만든다는 어떤 지적에 반전의 요령을 펼 수 있는 괜찮은 아이디어가 떠올랐으면 했다. 생각이 말했다.

'그냥 믿으려는 의지가 믿음의 생각을 장악하는 거야. 믿음은 어느 것(믿음, 불안, 부정확성에 대한 두려움)으로부터 오는 것이 아니고 그냥 생각에서 오는 거지.'

머릿속을 하얀 백지상태로 비운 채 계속 걸었다.

8번가로 내려가다가 한인타운에서 5번가로 좌회전하여 5번가를 따라 죽 내려갔다. 메이시 백화점 근처의 복잡한 길거리에는 물건을 내놓고 파는 노점상들이 많이 보였는데, 그들이 파는 물건이 무엇인지도 꼼꼼히 살피면서 걸었다. 그러나 발걸음을 멈추지는 않고 눈으로 훑기만 했다.

그리고 5번가 끝에서 NYU 대학의 캠퍼스 건물들을 지났다. 학생들인지 행인들을 겨냥해서인지 낡은 책을 테이블에 진열해놓고 파는 노점상도 만났다. 뙤약볕에 서 있는 책 파는 젊은이에게 연민도 느꼈다. 그를 위해 책에 관심을 갖는 흉내라도 내야 하는 게 아닌가 싶은 반성도 하게 되었다. '자신의 책에 관심을 보이는 행인이 본 체 만 체하는 사람보다 그래도 위로가 될까?' 하고 생각한다. 그래도 눈길도 주지 않고 그 앞을 지나쳤다.

워싱턴 스퀘어 앞거리는 도로 공사로 막히고 복잡했지만, 공원은 잘 가꾼 나무와 꽃들이 예뻤고 분수 앞쪽에는 사람들도 많이 나와 있었다. 도심 속 아파트에서 풀과 나무가 그들의 답답함을 해소해주는 곳이라고 이해한다.

이스트 빌리지로 들어섰다. 예전에 이곳을 돌아다니던 기억이 있어서 지나치며 보는 거리 이름 하나하나가 새롭게 다가왔다.

'여기 어딘가에 휘가로라는 카페가 있었지. 한국에서 오는 손님들이 가보고 싶어 해서 어지간히 찾아왔는데.'

작은 추억 하나가 머릿속 깊은 곳에서 표면으로 떠올라왔다. 한국에서 시인들이 오면 뉴욕의 그리니치빌리지에 가서 휘가로에 들르라는 조언을 받고 꼭 명심하고 오는 사람들이 있었다.

휘가로에 함께 갔던 가까운 시인이 세상을 떠났다는 생각이 꼬리를 물면서 생각이 선회하여 그 시인을 추억한다. 그가 했던 말도 떠올려본다. "별것도 아닌데 뭐가 좋다고 가보라는 건지 내사 모르겠네." 그의 말을 기억하며 쓸쓸해진다. 사람은 가고 그의 코멘트만 내 마음에 남았구나. 사실 어디를 기도 별것은 없다. 내가 별것이라고 느끼려는 흥미와 욕구가 별것을 만들고 그 만든 것을 특별한 추억으로 도배해줄 뿐이다. 나의 생각은 내게 묻고 내가 대답한다.

'안 그래? 별것이 뭐냐. 별것은 별거 아닌 거지.'

그의 말을 고려하면서 나는 계속 생각한다. 그 메마른 감성으로 어쩌면 그런 감상에 젖은 시적 표현의 시를 써낼 수 있었을까? 그것이 어찌 가능한지 의아하다

1994년 한민족 문학인 서울대회에 참석해서. 한국에서 조우한 문인 중에는 이미 유명을 달리한 분이 꽤 많다.

는 의문점이 머리에 ？？？떠올랐다. 성격과 글, 감정과 시는 관리하는 머릿속 제조 공역이 다른 모양이다. 생각과 창작은 나오는 출구가 다른 것 같다.

감상적인 면이 없지만 감상적인 척 시를 쓰고, 다감한 척하면서 드라이한 감정 으로 시를 쓰는 건 사기는 아니다. 나는 생각으로 긍정하고 나를 이렇게 설득했다.

'까다로운 사람이 쓰는 편안한 시는 놀라운 기술력이다. 대단해. 놀라워. 그리 고 황당해.'

나는 아직도 휘가로가 있는지 오래전에 사라졌는지 궁금했지만, 찾아보고 싶 은 마음은 없었다. (이 글을 쓰면서 확인해보니 빌리지의 휘가로는 문을 닫았고 미드타운에 같은 이름의 피자집이 있었다.) 차이나타운까지 가려면 힘을 아껴야 하고 에너지를 소실해 서는 안 되니까 전진했다.

이스트 빌리지로 들어섰다. 예전에 가난한 예술가들이 많이 살던 이곳은 뉴욕 의 부동산 가격이 치솟는 바람에 모두 부자가 되었다. 수십 년 전 널찍한 작업장을 거의 헐값에 양도받았던 예술가들은 이곳을 수백만 달러에 팔고 부자가 되어 떠나 기도 하고, 세를 주고 그 돈으로 편안히 살기도 한다.

콘도를 소유할 수 없었던 더 가난한 예술인들은 그대로 가난하거나 일약 유명 한 작가가 되어 작품값이 대단해지며 이곳을 떠나야 했을 것이다. 그건 내 생각이 고 내 생각이 옳은지에 대한 답은 물론 나로선 내릴 수 없다.

이제는 이스트 빌리지에 격조 있는 부티크들이 많이 들어서 있다. 진열 감각이 돋보이는 쇼윈도의 옷들은 사람들이 몰려와서 함부로 사줄 필요 없다며 도도하게 걸려있다. 그저 눈요기나 하라는 상점들이고, 진열장에 걸린 옷들은 내 생각 속에 서 이렇게 말한다.

"나를 보고만 가셔. 난 당신처럼 차이나타운을 목적으로 걸어가는 사람이 감히 올려다볼 옷이 아니거든요."

한 마네킹이 입은 옷이 내 눈에 들어오며 무언가를 연상시킨다. 어깨를 드러내 고 가슴이 많이 파인 부분에 일자로 팔과 이어주는 끈이 달린 옷이다. 검은색 미니 드레스였다. 원피스라고 표현하지 않고 선뜻 '드레스'라고 하는 이유는 보통 사람이 그냥 입기에는 너무 무리한 구석이 있기 때문이다. 특별한 사람이 온 시선을 한 몸에 받으면서 입어야 할 도전적인 미니 드레스였다.

아, 내 생각이 섬광처럼 무엇인가를 떠올린다. 맞다, 세상을 떠난 비운의 다이애나 황태자비가 비슷한 옷을 입었다. 여러 줄의 진주가 에메랄드 펜던트를 호위하는 초커로 푹 파인 가슴을 장식하고, 짧은 스커트와 검은 스타킹을 신고 씩씩하게 행사장을 향해 걷던 사진이 내 머리에 떠오른다. 얼굴에는 엷은 미소가 서려 있었다. 이후 그 사진 속 드레스를 패션 전문가들은 '복수의 드레스(Dress of Revenge)'라고 명명했다. 찰스 황태자가 자신의 불륜을 시인하고 고백하는 티브이 인터뷰가 있었던 바로 다음날 입었던 옷이기 때문이다. 왜 복수의 드레스라고 할까? 내 생각은 이렇다.

'당신은 다른 여자와 바람을 피워도 나는 이렇게 젊고 아름다워. 자, 섹시한 나의 자태를 보여줄 테다….'

내 생각은 전율한다. 프린세스면 어떻고 왕자들의 어머니면 뭐하랴. 남편은 비교도 안 되는 늙다리에게 마음을 바치고 떠나버렸는데. 프린세스는 많이 상처받았을 것이다. 잠깐, 그녀가 가진 상처는 평민보다 귀족적인 것이었을까?

나는 어떤 글을 쓸 기회가 있다면 이 생각을 찾아내 이런 구절을 삽입할 수 있을 것이다.

"여자는 오늘 아주 특별한 옷을 입기로 결심한다. 모든 눈이 아, 오, 와우 할 수 있는 그런 옷을 찾아 입으리라. 다이애나의 복수의 드레스 같은 것 말이다."

빌리지를 지나며 왼쪽으로 방향을 돌린다. 리틀 이탈리아를 지나서 내 도전지 차이나타운을 향한다. 캐널 스트리트로 들어서자 차이나타운의 진면목을 보여주는 광경이 펼쳐진다. 각종 노점상이 늘어서고 현실적인 생존의 투쟁들이 적극적으로 와 닿는다.

나는 돌아갈 때는 이곳에서 지하철을 타고 포트오소리티로 갈 생각으로 지하철역이 어디 있는지 살펴보았다. 길을 건너면 업타운으로 간다는 지하철 안내 표지판을 마음에 새겼다. 그리고 모트 스트리트로 돌았다. 이곳에 왔었다는 전리품을 장만해갈 것이다. 중국식당 빅 왕(Big Wang)에서 진저 치킨 반 마리를 주문해서 들고 갈 생각이다. 이 식당은 종종 왔던 곳이고 각종 죽과 오리 요리를 잘하지만, 걸어서 돌아갈 텐데 절대 무거운 짐을 가져갈 수는 없을 것이다. 반 마리의 닭요리 하나를 들고 가는 건 부담이 안 될 것이다.

닭을 사서 들고 나와 지하철역을 향했다. 덥고 지칠 만했다. 코코넛에 빨대를 꽂아 음료수로 파는 노점상이 있어서 망설이다가 하나를 주문했다. 의외로 코코넛 워터는 시원했지만, 상당히 무겁다. 둥그런 멜론 하나를 통째로 들고 가는 무게였다. 속에 주스가 얼마나 남았는지 모르니 지하철을 타고서도 내내 들고 있었다. 배가 불러서 계속 마실 수도 없으니 들고 있었다. 내 생각의 한 부분은 그냥 버리라고 하고, 다른 생각은 알뜰하게 마신 후 버리라고 부추긴다. 두 생각 사이에서 어쩌지 못하며 내처 코코넛을 들고 왔다. 지하철에서 내린 후 한 모금 마시려 했더니 빨아도 나오는 게 없었다. 속이 빈 것도 모르고 이렇게 모시고 여행을 한 것이다. 알았으면 버렸을 텐데 속은 보이지 않고 코코넛 무게는 가벼워지지 않으니 속을 수밖에 없다.

생각이 혀를 끌끌 찬다. 무거운 덩어리를 쓰레기통에 던져 넣으며 생각한다.

'이것이 인생이 아니랴. 무거워도 들고 다니는 미련의 짐덩이. 알 수 없는 건 코코넛 속만이 아니지.'

버스 정거장에 오니 줄이 길다. 긴 줄 끝에 서서 두 다리로 내 몸을 지탱하고 잠시 눈을 감았다. 피곤이 몰려오는 듯하다. 그러나 오늘의 행보를 잘 마무리하고 돌아가는 마음이 자랑스럽다.

그날 나는 내 생각들을 정리해서 어느 곳에 이메일 편지를 하나 보내기로 한다.

내 생각의 파장과 여운이 만든 산물은 몇 줄짜리 이메일 편지다.

대표님.

저는 여행을 떠나 서늘한 여름을 며칠 보내고 왔는데, 뉴욕에 돌아오니 여름의 막바지입니다. 스코틀랜드와 아일랜드의 해안가를 돌다가 총총히 뉴욕으로 오니 덥긴 해도 이젠 여름의 끝물이라는 감상이 듭니다.

이제 의욕을 가지고 제가 보고 생각하는 삶의 이 모양 저 모습을 딱딱하지 않게 강하지 않게 부드러운 시선으로 바라보며 살고 싶다는 생각을 합니다. 그 생각은 오늘 한없이 걸으면서 나의 완고함과 나의 강함과 나의 강한 자성 이런 것을 반추하며 '이건 아닌데' 하는 마음으로 불연 떠오르는 한 자락을 붙잡으며 얻은 의지입니다.

나의 시선이 어떤 사물이든 로맨틱한 감정으로 머물렀으면 좋겠어요.

'로맨틱'이라고 굳이 붙이는 이유는 주위의 여러분에게 애정이 묻어있는 정다운 마음을 담아 살고 싶기 때문입니다.

지난번 저로서는 심각한 물음을 한번 드렸지요. '사람들은 행복한 사람이라고 나를 치부하는데 왜 저는 행복을 느낄 수 없을까요?'라는 우문이었지요. 하찮은 투정이고 해답이 없는 어리석은 질문이라고 넘겨버리지 않고 진지하게 답변을 주시려는 대표님의 모습이 지금도 감사함으로 남아있습니다. 더 많은 욕망 그리고 이루고 싶은 잠재적인 성취에 도달하지 못했다고 여기기 때문이 아니겠느냐고 하셨던가요? 이제는 꿈도 욕망도 없다는 상황 판단은 했다고 여겼는데, 필요 없는 욕심과 집착의 끈을 그냥저냥 놓지 못하고 사는 것이 옳습니다. 아마 죽는 그 순간까지 놓지 못할 것이 그런 한심한 집념이 아닐까 싶습니다.

오늘 많이 걸으면서 나의 삶과 종교를 연관 지어 곰곰이 생각해보려 했습니다. 최근에 빌 오레일리(Bill O'reilly)가 공동 저술한 《킬링 지저스(Killing Jesus)》를 읽으면서 제 믿음 생활을 다시 반추하고 싶었고 함께 제 생각을 나누고 싶어 이메일을 드립니다.

오레일리는 자기 이름의 티브이 쇼를 갖고 있다가 최근 사직한 보수적인 방송인이지요. 가톨릭 신자로서 믿음을 가진 사람이지만, 그의 신간이 예수님을 메시아라고 정의하고 소개하는 책은 아니었어요. 갤럽 통계에 의하면

77%의 미국 시민이 예수님을 신으로 믿는다고 한다는데, 요즘 미국의 교회 인구를 보면 그 통계가 정말 맞는지는 의아하군요. 서양인은 노인들만 교회를 찾다가 신도가 끊겨 문을 닫는 교회가 많다고 듣고 있거든요.

하여간 지구상의 22억 인구가 예수를 신(He is God)으로 믿는다는데, 그는 성경의 4복음서가 연대적인 역사에 근거한 것이 아니라 영적인 관점에 목적을 둔 책이라고 부연합니다. 이 책은 인간 역사상 가장 중요한 인물로 대두되는 예수를 죽음으로 내몬 상황과 당시의 모습을 담은 짧은 역사적 전기물이라고 볼 수 있어요.

복음서에 쓰인 내용이 사실일 수 없다는 지적도 합니다. 예를 들면 십자가 형은 질식하여 죽게 하는 것이고, 복음서에 기록된 예수님의 말씀, "저들을 용서하소서. 그들이 하는 일을 알지 못합니다"라는 말을 할 수 없다는 사가(史家)의 관점을 말합니다. "다 이루었다(It is finished)"라는 마지막 말씀도 십자가상에서 할 수 없을 것이라고 주장합니다.

역사에 근거하여 사태를 파악한다면 우리는 무척 신빙성이 있는 말로 듣는 것이 사실이지요. 허나 저는 질식 상태에서 음성이 나올 수 없다는 이론이 오히려 황당해 보입니다. 믿음의 귀에 들리는 말씀을 어찌 역사에 도입하여 부정할 수 있겠습니까.

대표님.

지금 제게 믿음은 참 소중합니다. 저 아름답게 물든 나뭇잎처럼 남은 인생을 예쁘게 살며 고운 모습을 보여줄 수 있는 길은 믿음의 태도로 자신을 가다듬고 주님의 시선을 늘 감당하며 사는 것뿐이라고 각성합니다.

오레일리의 책을 다 읽은 후 다시 대표님께 소감을 쓸 기회를 찾겠습니다.

항상 눈에 들어오는 모습과 손에 든 책을 누군가와 나누고 싶은지라 이렇게 오늘 걸으면서 생각했던 마음과 믿음의 문제를 성급히 알립니다. 오늘 많이 걸으면서 어떤 방향이든지 제가 걷는 길은 높은 곳에서 인도하신다는 확신을 갖기로 했습니다. 그러나 제가 그 믿음에 걸맞은 꽤 괜찮은 생활을 할 것이라는 오해는 하지 말아주세요. 어둠의 모습을 지니지 않은 인간이라면 왜 믿음을 이토록 소중히 붙잡으려 하겠어요.

심사숙고하지 않고 그냥 떠오르는 생각을 썼습니다. 두서없이, 설익은 말로, 여러 생각을 하면서 살고, 특히 종교가 주는 위로가 큰 이슈임을 알려드리고 싶어 이메일을 드립니다.
평안하십시오.

이렇게 나의 글쓰기는 흩어지는 생각의 원소들이 낱알이 되고 뭉쳐서 문장이라는 편지, 수필, 소설로 환원되는 작업의 산물들이다.

임혜기

글쓴이 임혜기는 서울에서 태어나 《소설과 사상》으로 등단했다. 미동부한국문인협회 9대 회장을 역임했고, 현재 한국 국제펜 이사, 한국펜 미동부 운영위원으로 활동하고 있다. 출판한 소설집으로는 《셋은 언제나 많고 둘은 적다》, 《사랑과 성에 대한 보고서》, 《사랑에게 묻는다》, 《열려라 레몬》, 《맨해튼 블루스》가 있으며, 수필집으로는 《결혼한 여자의 자유》, 《여자가 왜 술 마셔?》, 《사람들은 자꾸 그곳을 바라본다》, 《교과서를 탈출한 미국영어》가 있다.

haekyrim@gmail.com

13 시는 나의 세상, 나의 꿈

전애자
수필가, 시인

밤이 되면 하얀 창들이 검은 창들로 바뀐다/검은 창으로 비치는 나는/상처 투성이어서 허물을 벗는다.

시간의 바퀴 소리에/몸은 동그랗게 말아지고/콘크리트 길을 하도 비벼대서/발은 말똥 냄새가 났다.

허드슨 강물을 마시며/맨해탄의 빌딩 숲을 헤치며/파란 눈, 노랑 머리, 검은 피부/앞에서 나는 파르르 떠는/광년 저쪽 어느 별에서 온/그들의 외계인이었다.

가끔은 거리를 달리다가/갑자기 브레이크를 밟아/언제나 제자리로 돌아왔다.

둥치와 가지만이 남은 나무들은/하늘을 실핏줄 같은 수를 놓았고/때론 구름들을 한점 없이 빗질을 했다/그 하늘에 얼굴을 비추어 보면/울음을 삼킨 자욱들이 역연(亦然)하다.

그러나 긴 생각들을 얼레에 감으며/안으로 얼마든지 풍요로워질 수 있는/나는 없는 듯 다 가지고 있는 겨울나무방의 불이 꺼지자/창 속의 그림들이 없어지면서/겹겹히 쌓인 생각들이 나와 함께 사라진다.

- 시 〈검은 창 속의 자화상〉 전문

아침에 눈을 뜨면 침실 창가로 허연빛들이 나무숲을 통해 들어온다. 그리고 붉은 기운이 돌면서 주차장에 켜놓은 전구 빛들이 흐려진다. 곧 나무들은 자기 색깔을 찾는다. 밤새 주차장에서 잠을 자던 차들이 하나, 둘 움직이면서 주차장은 공터가 된다. 나는 식물인간인 양 미동하지 않고 내다보며 미국 생활을 뒤돌아본다. 이곳에서 결혼해서 아들, 딸이 생기고 아이들은 성장해서 어른이 되었다. 고국에서보다 이 땅에서 산 세월이 많으니 자연히 타향이 고향이 되어버렸다.

이민 보따리를 들고 케네디공항에 발을 디딘 지도 37년이 되었다. 비행기 안에서 내려다본 공항의 휘황찬란한 불빛들이 한없이 낯설고 눈이 부셨다. 이곳에서 내 꿈을 펼쳐보리라는 생각으로 마음이 풍선처럼 부풀었고, 꿈의 날개를 활짝 펴서 공항의 하늘을 힘차게 날았다. 그러나 편 꿈의 날개를 접는 데는 한 달이 채 걸리지 않았다.

나는 학비도 벌고, 살기 위해서는 직업을 잡아야 했는데 신문에서 찾아보니 내 전공과는 먼 공장일, 식당일, 네일 살롱에서 초보자로 하는 일밖에 없었다. 난 이곳에 온 것을 후회하기 시작했다. 한국에서 아이들이나 가르치며 살 일이지 무슨 공부를 더 하겠다고 왔나 하는 생각을 하며 밤에는 베갯잇을 적셨다. 그러나 다니던 직장도 사표를 냈고, 잘 되어서 돌아오겠다고 작별 인사를 한 동료, 친구, 친지, 가족들의 얼굴이 떠올라 그들에게 실망을 줄 수 없어 다시 돌아갈 수 없었다.

그렇게 방황하다가 몇 달 만에 우연히 알게 된 친구 소개로 남자 와이셔츠를 만드는 공장을 찾아갔다. 사장은 공장일에 경험이 없는 줄 알아서 처음에는 배우면서 하라며 가장 쉬운 남자 와이셔츠 소매 박는 일을 시켰다.

한국에서 미싱 일을 배운 적이 없었기에 공장일은 초보자 일도 꽤 힘들었다. 공장 미싱은 일반 미싱과 달라 얼마나 빠른지 반듯하게 박기가 쉽지 않았고, 미싱 바늘에 손을 다치기 다반사였다. 그리고 잘못 박아 뜯는 시간이 많다 보니 돈을 벌기는커녕 처음에는 교통비도 못 벌었다.

나는 아트 대학을 가기 위해 3일은 뉴욕 대학에서 영어 공부를 했고, 3일은 아르바이트로 공장에서 일했다. 밤이면 힘들어 몸은 파김치가 되어 곯아떨어져서 대학 공부를 따라가기 힘들었다. 특히 레벨이 올라가니 숙제도 많았고, 친구와 만나 토론하고 보고서를 쓰는 것이 힘들었으며, 5레벨이 되니 교수님이 말씀하시는 것을 이해하기 힘들었다. 정말 고된 생활의 연속이었다.

산 너머 바다 건너의 행복

봉제공장 일이 너무 힘들어 대학 공부하는 데 지장을 주어 다른 직장을 알아보아야겠다는 생각을 늘 하고 있을 즈음, 우연히 신문 구인 광고란에서 대학 이중언어연구소에서 아이들 동화책에 그림을 그려 넣을 삽화가를 모집한다는 광고를 보았다. 이곳에 아트 공부를 하러 왔는데 내 적성에 딱 맞는 것 같아 좋아서 언니와 형부께 말했더니 이곳에서 대학 나온 사람도 취직하기 힘든 곳인데 헛수고하지 말라고 반대했다. 그러나 나는 안 되더라도 인터뷰를 하고 싶었다. 이곳에 와서 기차와 버스를 타본 적이 없었지만, 모험을 한다는 생각으로 언니와 형부께 말하지 않고 혼자 물어물어 어렵게 대학 연구소를 찾아갔다.

대학의 연구소는 큰 가정집을 고쳐서 만든 그림 같은 집이었다. 연구소 문에 들어서자마자 비서인 듯한 미국 여자가 반가워하며 2층으로 안내해주었다. 2층에는 키가 큰 중년 한국 남자가 반갑게 웃으며 몇 가지 물었다. 이런 일을 전에 해보았냐고 물어서 처음이라고 하니까 이곳은 일을 가르치는 곳이 아니라 일감을 주면 척척 하는 사람을 구한다고 했다. 그러면서 2명을 뽑는데 200명이 넘게 왔다고 하며 테스트 용지와 경력을 포함한 이력서를 쓰라고 종이를 주었다. 나는 테스트를 하기 전에 잘못 찾아온 것이고, 언니와 형부 말대로 정말 헛수고했다는 생각이 들었다.

3시간의 인터뷰와 테스트가 끝난 후 시간이 남아 3층으로 올라갔는데 중국 화가, 일본 화가, 이스라엘 화가, 미국인 화가 몇 명이 자기 나라 아이들을 위한 동화책에 넣을 삽화를 그리고 있었다. 화가들은 나를 보고 그림 그리는 손을 멈추고 반가워하며 웃는 얼굴로 악수를 청했다. 나는 이들과 같이 일하면 배울 것도 많고 재미도 있을 것이라는 생각에 꼭 이곳에서 일하고 싶었다. 알고 보니 내가 찾아간 연구소는 우리나라뿐만 아니라 미국에 와서 영어를 못하거나 이곳에서 태어나 모국어를 모르는 아시아 여러 나라의 어린이들을 위한 이중언어 역사책과 동화책 등을 만드는 곳이었다. 그러나 2명을 뽑는데 200명이 왔다니 이곳에 온 지 몇 달이 채 되지 않는 내가 뽑힌다는 것은 정말 하늘의 별 따기보다 힘들다는 생각을 했다. 연구소의 디렉터는 문을 나서는 나를 보고 이곳에서 아트 대학을 나와 대통령상을 받은 사람도 몇 명 왔다고 덧붙여 말했다. 그렇잖아도 가망이 없다는 생각으로 어깨가 쭉 처져 있는데 그야말로 체념하게 만들었다.

나는 디렉터로부터 집에 오는 길을 그린 종이를 받고 센터 문을 나오면서 다시 한번 왜 미국에 왔나 후회되었고, 돌아오는 버스 안에서 나도 모르게 눈물이 나와 무릎 부분의 치마를 촉촉이 적셨다. 옆에 앉은 외국 할머니가 이상한 눈으로 쳐다보며 "아 유 오케이?" 하고 물었다. 그때서야 나는 손수건을 찾아 눈물을 닦고는 고개를 끄떡이며 "오케이, 땡큐!" 하며 멋쩍게 웃어주었다.

손 없는 날 물 건너왔는데
속살을 키우지 못하고
메말라 가더니
뿔만 솟은 껍질만 남아
피아노 위에 놓여 있다.

곱씹어보지만
속살은 재생되지 않고
번들거리는 야한 광채가
눈이 부시도록 애처롭다.

귀에 가까이 대니
살아온 날들이 버거워선지
반복되는 소리가 거칠게 들린다.
좀처럼 풀리지 않고

꼬이기만 하는 일들을 뭉쳐서
소라껍질 속에 쑤셔 넣는다.

낯익은 얼굴들이 보이고
살가운 소리가 들린다.

다리 무거운 날
바닥에 주저앉아 있자니
해님이 더위를 그물질하면서
주변을 황금색으로 물들인다.
빈 소라껍질은
피아노 건반을 층계 삼아
오르락 내리락 하며
불규칙한 화음을·내더니
속살이 보이며 물거품을 토해낸다.
나는 멱살잡이로 끌어냈다.

많은 기억을 담은 사리들이
바닥에 떨어져서 반짝거렸다.
- 시 〈소라껍질〉 전문

이중언어연구소에 다녀온 후, 나는 더욱더 미국에 살기 싫었다. 머지않아 한국
으로 돌아가야겠다는 결심이 굳어질 무렵, 이중언어 개발센터도 잊고 있었는데 편
지 한 장이 날아왔다. 임시 직원으로 몇 달만 쓰겠다고 오라며 인턴 과정을 주겠다
고 했다. 나는 '꿈이 아닐까?' 하는 생각이 들었고, 한국에서 대학에 합격했을 때보
다 더 좋았다. 언니와 형부는 나와 달리 좋아하기는 했으나 안 가는 편이 나을 것
이라고 했다. 나는 이 기회를 꼭 잡아야겠다는 생각으로 힘들어도 가기로 결심했
다. 연구소가 언니네 집에서 너무 멀어 거주지를 옮겨야 했기 때문에 겁은 났지만,
나는 좋은 기회라 생각하며 잡는 손길을 뿌리치고 언니 곁을 떠났다.

1984년 이숭언어 대학 연구실에서

연구소 일은 마음에 들고 아이들을 위한 책을 만드니 보람되고 좋았다. 나는 정말 밤낮을 가리지 않고 열심히 일했다. 열심히 하다 보니 윗사람에게 인정받아 이곳에서 좋은 대학을 나온 사람들을 제치고 '우리말 시리즈'를 만드는 데 편집장이 되었고, 혼자 연구할 수 있는 사무실도 생겼다.

그러나 일을 끝내고 집에 가면 너무나 외롭고 적적했다. 아파트 문을 여는 소리와 함께 고독이 찾아와 온몸을 감쌌다. 살면 살수록 혼자 사는 것이 너무 싫었다. 모든 일을 뿌리치고 부모 형제가 사는 한국으로 돌아가고 싶었다.

별나라

두 달에 한 번쯤은 머리를 자르거나 파마를 하기 위해 저지시티에 있는 한국 사람이 경영하는 미장원에 들른다. 미장원에 가면 간호사 아주머니, 아들이 방문 초청해서 와계시는 할머니, 봉제공장에 다니는 아주머니, 목사님, 사모님 등 많은 사람을 만나게 된다. 머리를 하는 동안 이들과 말을 나누어보면 모두 한결같이 처음 미국에 올 때는 별나라 오는 기분으로 왔다고 한다.

3월 초순에 나는 한국에 갔다. 20여 일의 짧은 고국 방문이었기에 파마 값이 싸도 시간이 없어서 머리를 만지지 못하고 와서 저지시티에 있는 단골 미장원을 찾게 되었다. 마침 미장원은 한가했다. 필리핀 여자 한 사람이 머리를 하고 있었다. 곧 내 차례가 되어 미용사가 머리를 만지고 있는데, 미장원 가까이에서 채소 가게를 한다는 아주머니가 바삐 들어오시면서 말한다.

"머리 손질 안 해도 괜찮게 잘라주셔요."

"손질 안 하면 아무리 잘 잘라도 예쁠 수 있나요?"

미용사가 내 머리에 롤을 감으면서 답했다.

"아침에 나올 때 머리 빗질을 안 하고 나올 때가 많아요."

"아주머니, 그렇게 바쁘셔요?"

내가 물었다.

"네, 일 끝나고 집에 들어가면 밤 10시가 되지요. 아침 6시에 일어나서 나와야지요. 몸이 워낙 피곤하니까 머리에 신경 쓸 여유가 없어요."

"대신 돈은 많이 버시겠네요."

"네, 그 재미로 견디지만 2년만 더 하고 그만두어야지 사람 꼴이 말이 아니고 애들 교육도 엉망이에요."

"아주머니는 미국에 어떻게 오셨나요?"

"남편 따라 별나라 오는 기분으로 왔어요. 이렇게 바쁘게 고생하며 사는 줄도 모르고…."

"저 역시 미국에서는 파티만 하며 호화롭게 사는 줄 알고 파티복을 몇 벌 맞춰 가지고 왔건만 한 번도 못 입어봤답니다."

미용사가 거들었다.

"미국은 여성의 천국이고, 여성이 살기 좋은 나라라고 하지만 한국에서 남편이 벌어다주는 돈으로 살림하며 아이들을 키우던 때가 좋았던 것 같습니다."

1984년 미주 동아일보와 인터뷰하는 장면

아주머니는 한국 생활을 그리워하는 듯이 말했다.

"맞아요. 이곳 생활은 너무 기계적인 생활의 연속이에요. 한국에서는 아직도 미국을 별나라로 생각하는 사람들이 많을 테지만, 이제는 미국에서 사는 사람들이 많다 보니 미국 사정을 다 알아 이민을 오면 고생하며 돈을 버는 줄 알 겁니다. 저는 요번에 한국 가서 느꼈는데, 한국에서 20일이 지나니 답답하고 불편해서 빨리 미국에 오고 싶어지더군요. 이곳에서 오래 살다 보니 나도 모르게 이곳 환경과 생활에 젖어서 그런가 봐요. 전에 제가 한국에 살 때는 누가 미국에 다녀와서 한국에 오니 거리도 집도 촌스럽고 답답해서 못 살겠다고 하면 미국물 먹었다고 꼴사납게 잘난 체한다고 말했는데, 지금은 그 사람의 심정을 이해할 것 같더군요. 그러나 결코 한국이 미국보다 못 살 곳이라고 생각하지는 않아요. 불편하고 답답한 것은 선진국과 후진국의 차이라고 생각하지만, 내면으로는 같은 동포 같은 민족이 오손도손 정을 나누며 사는 곳이 진짜 별나라가 아닐까 생각합니다."

내 말을 진지하게 듣던 미용사와 채소 가게 아주머니는 "맞아요" 하며 고개를 끄덕였다.

나는 미장원을 나와 집에 오면서 미장원에서 아주머니들과의 대화를 생각하며 어떤 마음가짐을 가지고 사느냐에 따라 이곳이 별나라가 될 수도 있고, 안 될 수도 있다는 생각을 했다. - 미주 라디오 〈여성싸롱〉 방송에서

재미 동포를 위한 미국 정책은 대통령이 바뀌면서 모국어는 무슨 모국어냐며 미국에 왔으면 미국에 동화되어 살라는 연방자금 축소 정책으로 많은 대학 안에 있던 연구소들이 문을 닫았다. 그래서 나는 뉴욕에 있는 모 신문사의 편집기자로 추대되어 일하게 되었다.

재미 동포가 읽는 신문을 만드니 하는 일이 보람되고 즐거웠다. 출근부터 퇴근할 때까지 한국말만 하니 완전히 한국에 온 기분이었다. 매일 건물 숲인 뉴욕 시내를 걸으면서 출근했고, 퇴근 시간이면 유명 백화점에 들러 아이 쇼핑하는 것도 재미있었다.

휴일이면 골프를 쳤고, 사진클럽 회원들과 좋은 곳을 관광하며 작품 사진을 찍었다. 연구소에서 앓던 고독의 병도 사라졌고, 미국에서 사는 재미도 생겼다. 그리고 신문사에서 기자들, 식자 찍는 아주머니들, 광고국 사람들 등 정을 나눌 수 있는 친구들이 많이 생겼다. 특히 홍동규(가명) 씨는 지금도 생각하면 웃음이 절로 나온다.

동규 씨의 사는 이야기

여러 사람과 직장 생활을 하다 보면 별별 사람들이 많다.

말이 많은 사람이 있는가 하면 말이 적은 사람이 있고, 마음이 한없이 넓은 사람이 있는가 하면 자기밖에 모르는 사람이 있다. 그리고 남의 일에 사사건건 참견하는 사람이 있고, 남이야 어찌 되건 무관심한 사람 등이 있다.

그리고 직장 생활을 만족하며 다니는 사람이 있고, 항상 불평이 많고 불만인 사람이 있다.

나는 직장 생활을 오래 해서인지 모르나 많은 사람을 만났다. 그들 중에 지금도 생각하면 저절로 웃음이 나오는 사람이 있다. 결혼 전, 언론기관에 있을 때 광고 세일즈맨이던 홍동규 씨다. 동규 씨가 들어오면 항상 주위가 시끌시끌해지면서 웃음꽃이 핀다.

어느 날, 동규 씨가 들어오면서 "좋은 아침!" 하며 옆자리에 앉은 디자이너 미스터 김의 어깨를 툭 치더니 "어젯밤에 재수에 옴이 붙었다. 에잇에잇!" 하고 미스터 김의 어깨를 두 번 더 친다.

"어어, 아파. 왜 그래? 무슨 일인데, 그래?"

"어젯밤 광고국 대표로 나이트클럽 개업 파티에 참석하여 혼자 맥주를 마시고 있는데, 웨이터가 내게 와서는 '저쪽 테이블에 앉아 있는 여자분께서 같이 춤을 추자고 전해 달라는데요' 해서 쳐다보니 Oh, my God! 할머니인 거 있지. 그래서 '무슨 할머니가 이런 델 다 온담. 집에서 손자 녀석들이나 돌보지. 나 춤 못춘다고 해라.' 웨이터가 내 말을 그대로 전했는지 그 할머니가 씩씩거리며 내게 와서는 얼굴을 불그락푸르락하면서 손을 내 얼굴 가까이하여 위로 아래로 올리면서 '춤도 못추면서 이곳에 왜 왔어. 왜 왔냐고?' 하면서 따귀라도 때릴 기색이라 예쁜 아가씨와 춤은커녕 공짜 술도 못 먹고 도망치듯 나왔다" 해서 아침부터 주위에 있는 사람들은 한바탕 웃었다.

어느 날은 이상하게도 명랑하던 동규 씨가 점심 식사 후에 시무룩하게 앉아서 한숨을 푹푹 내쉬며 들이쉬며 담배를 뻐끔뻐끔 피우고 있어서 미스터 김이 이상한 생각이 들어 동규 씨 곁에 다가가 "너도 시무룩할 때가 다 있어? 별일이군. 무슨 일이냐?" 하고 물었다. 그러자 "건드리지 마라. 살맛이 안 난다. 뉴욕 한복판에서 눈 뜨고 200불 사기를 당하다니, 어휴어휴! 내가 이렇게 바보라니까" 하며 자기 머리를 쥐어 박는 것이었다.

"200불 사기라니 무슨 소리야?"

200불을 사기 당했다는 소리에 주위 사람들은 동규 씨에게 집중했다. 동규 씨 왈, 점심 식사를 하려고 집으로 가는 중 메이시스 백화점이 있는 34번가에서 흑인 두 명이 삼성 VCR을 팔고 있었는데, 기계로 포장된 여러 상자와 한 개는 샘플로 까놓고 "Half price, Half price!" 외치더란다.

그 당시 동규 씨는 VCR이 없어서 사려고 마음을 먹고 있던 때라 그 소리가 솔 깃하게 귀에 들어와서 보았더니 상자에 'Made in Korea'가 인쇄되어 있었고, 삼성 마크가 분명히 있어서 사려고 바지 주머니에 손을 넣어보니 100불밖에 없었단다. 그래서 급히 집에 가서 밤일을 하고 낮에 자는 부인을 깨워서 억지로 100불을 얻 어가지고 그곳에 가서 VCR을 사고는 집에 와서 부인을 깨웠단다.

"여보, 여보! 일어나 봐. 400불짜리 VCR을 200불 주고 샀단 말이야. 그것도 한 번도 쓰지 않은 새것으로 샀어."

그러자 부인은 졸린 눈으로 "누가 그렇게 싸게 팔아요. 혹시 훔친 물건 파는 거 아니에요?" 했다. 부인이 길게 하품하며 일어나서 같이 기계로 포장된 비닐을 뜯 다가 둘은 아연실색했단다.

상자 속에 VCR은 없고 큰 돌멩이가 들어 있었단다. 동규 씨는 허겁지겁 돌멩 이를 싸가지고 그곳에 가보니 흑인들은 이미 도망가고 없었단다.

"너도 너지만 네 부인은 자다 말고 얼마나 놀랐겠니?"

"말도 마라. 200불짜리 돌멩이를 보더니 졸린 기색은 없고 눈알이 확 튀어나오 더라. 그리고 내 등을 딱 치면서 '길 다닐 때 기도하고 다녀요.' 그래서 오늘부터 기 도하고 다니기로 했다."

힘없이 말하며 우스운 미소를 묘하게 지어서 주위 사람들은 동규 씨를 동정하 기에 앞서 크게 웃었다.

어느 날은 동규 씨가 화장실 문이 안 열린다고 가위를 가지고 가더니, 화장실 에 다녀와서 박장대소하는 것이었다. 무슨 일이냐고 물으니, 옆에서 같이 볼일을 보고 있던 미국인이 가위와 자기를 번갈아 쳐다보더니, 겁먹은 얼굴을 하고 볼일을 보는 둥 마는 둥 하고는 총알같이 나가더라고 해서 주위 사람들을 크게 웃겼다.

어느 날은 광고 세일즈 나간다고 광고국 회의가 끝나자마자 오늘은 늦게 들어온다고 하며 나가더니, 얼마 되지 않아 울상이 되어 돌아왔다.

모두 무슨 일일까 싶어 호기심이 가득 차서 동규 씨를 쳐다보니, 책과 광고주들의 장부들이 들어있는 가방을 잃어버렸단다. 가방이 무거워서 빨간불이 켜있길래 잠깐 내려놓았는데, 파란불로 바뀌어 들으려고 보니 없더란다.

"어떤 녀석인지 몰라도 땀을 뻘뻘 흘리면서 가져갔을 텐데 실망 많이 했을 거다."

그날도 동규 씨 때문에 얼마나 웃었는지 모른다. 이렇게 자기가 어렵고 딱한 상황에 처해 있어도 항상 우스운 말과 표정으로 주위 사람들을 웃기는 동규 씨가 어느 때는 좀 모자라고 주책스럽게 보이지만, 난 동규 씨처럼 남에게 걱정보다는 호탕한 웃음을 선사하는 사람을 좋아한다.

지금은 동규 씨가 어느 곳에 사는지 모르지만, 지금도 주위 사람들에게 큰 웃음을 주며 행복한 마음으로 살 것이라고 생각한다.

요즈음 국내외로 나쁜 소식들만 들려오고, 경기마저 침체되어 있다 보니 크게 웃는 사람들을 볼 수 없고, 나 역시 언제 눈물이 나도록 자지러지게 웃었는지 기억나지 않는다. 그래선지 몰라도 동규 씨와 같이 아무리 어렵고 짜증이 나는 일이 있다 해도 남에게 웃음을 주며 즐겁게 사는 사람이 주위에 많았으면 좋겠다는 생각을 한다. 덕분에 스트레스 호르몬을 감소시키고 엔도르핀 같은 유익한 호르몬을 생산한다는 웃음을 많이 웃을 수 있지 않을까 하는 생각에서….

- 미주 라디오 〈여성싸롱〉 방송에서

1987년 11월 신문사를 그만두고 주위 사람들의 도움으로 주얼리 가게를 열었다. 그 당시는 경기가 좋아서 자리가 좋으면 돈을 벌 수 있었다. 나는 고정된 주급

신문사 편집기자로 있을 때, 사진클럽 회원들과 함께 포코노 마운틴에서 작품 사진을 찍으며

과는 달리 매일매일 들어오는 돈의 매력을 느껴 힘든 줄 모르고 열심히 뛰었다. 차츰 장사하는 방법도 터득해갔고, 내 모습도 장사꾼으로 바뀌어갔다.

신에 대한 반란인 줄 모르나 신나는 일이다.

자화상에 입김을 불어 넣어 십대, 이십대, 삼십대…
그렇지, 발랄하고 예뻤던 세상 물정 몰랐던 소녀시절로 돌아가 보자.

외형은 만들 수 있으나 시시각각 변하는 내면에서 요동치는 숱한 생각들은
어떻게 표현해야 할까?
먼지 쌓인 앨범을 꺼내 퇴색한 사진들에게 영혼을 불어 넣고
줄이 끊겨 흩어진 추억의 구슬들을 엮는다.

왜 아귀가 맞지 않고 고욤나무에 올라가 떫은 고욤을 씹는 맛이지.
딜레이트 바톤을 누른다.

흔적없이 사라지는 복제 얼굴 속에서 엷은 불꽃이 반짝인다.

뒷덜미가 잡힌 것일까?

어둠 속에서 아쉬움으로 되새김질하는데 밖에는 때 아닌 눈이 내린다.
눈 위에 다시 복제의 설계도를 펼쳐 놓는다.
　- 시 〈내가 나를 복제한다〉 전문

　1989년 2월 흔히 '행복의 문'이라고 하는 결혼을 했다. 애절한 사랑을 한 것도
아니고 황홀하고 감미로운 감정도 없이 독신 생활에서 벗어나고 싶어서 결혼했다.
늦게 결혼해서 아기를 가질 수 없는 것이 아닌가 걱정했으나 허니문 베이비로 아
들인 훈이가 태어났다. 훈이가 어찌나 고맙고 소중하고 예쁜지 정말 어른들 말씀
대로 눈에 넣어도 안 아플 것 같았다.

　　아가야, 아가야!
　　너의 초롱한 눈빛에는 푸른 하늘과 바다가 있단다.
　　아가야, 아가야!
　　너의 귀여운 가슴속에는 해와 달과 별이 있단다.
　　나의 사랑 아가야!
　　땅도 밟지 않고 온 그 발바닥에
　　이 엄마는 입맞춤하고 있단다.
　　너의 진달래 입술에서 퍼지는 미소에
　　이 엄마는 온 세상을 품고 있단다.
　　- 〈아가야, 너는 나의 세상 나의 꿈〉

　이 글은 내가 결혼하기 전부터 아가를 잘 표현한 글이라 생각하고 작가는 모르
나 일기장에 적어놓은 글이다.
　결혼해서 아기를 낳아 키우면서 가끔 자는 모습에서, 초롱초롱한 눈동자에서,
방긋이 웃는 모습에서 이 글을 쓴 지은이와 동감할 때가 많았다.

한 살, 두 살 훈이가 나이를 먹어가며 난 이 예쁜 것을, 이 귀여운 것을, 이 사랑스러운 것을 어떻게 바르게 잘 키워야 할까? 기쁨보다 걱정이 앞섰다.

많은 인종이 섞여 사는 이곳, 과연 바르게 잘 자라줄 것인가?

훈이가 두 살하고 2개월이 되었을 때, 여동생한테서 전화가 왔다. 동생 아들은 네 살인데 학원에 다닌 지 3개월이 되었는데, 1에서 100까지 세고 쉬운 덧셈, 뺄셈을 한다고 자랑하는 것이었다. 그 말에 나는 내 아들이 뒤진 생각이 들어 그날 즉시 학원에 입학시켰다. 개인 학원은 내가 사는 곳에서 먼 거리였지만, 자식을 위해 무엇을 못할쏘냐 생각하며 일주일에 두 번 무조건 시간을 냈다. 가게를 경영하는 내게는 무척 지장이 있었으나 상관하지 않았다.

학원은 쉬운 선 긋기부터 시작하여 어려운 선 긋기, 숫자 쓰기, 알파벳 쓰기 등 아동이 완전히 습득할 때까지 똑같은 것을 반복시키는 학습이었다.

처음에는 앉아서 연필을 잡고 선을 긋는 훈이 모습만 봐도 그저 흐뭇하고 대견스러워 기뻤다. 그러나 나의 기쁨과 달리 훈이는 학교에 가기 싫어했고, 많은 과제와 똑같은 과제에 싫증을 느끼고 있었다. 숙제를 할 때도 안 하려고 해서 애를 먹였다. 처음부터 끝까지 혼자 하지 않고 같이 손잡고 해달라고 했다. 그래서 말로 해서 안 되면 매매 한다고 매채를 옆에 끼고 시켰다. 어느 때는 한두 대 맞고서 연필을 잡고 선을 그었다. 나는 훌쩍훌쩍 울며 선을 긋고 있는 훈이를 보며 '너무 어린 것을 혹사시키는 것이 아닌가? 아무리 어려서부터 공부하는 습관을 길러준다고 때려서까지 시켜야 하는 걸까?' 안쓰러운 마음에 자꾸 이런 생각을 하게 되었다. 차츰 훈이 숙제는 내 숙제가 되어가고 있었다. 안 하려고 하는 것을 억지로 옆에 놓고 시키자니 많은 시간을 화를 내며 같이 보내야 했기 때문이다.

학원에 다닌 지 3개월이 넘은 어느 날이었다. 나는 학원에서 옛날 직장동료인 미스터 김을 만났다. 그날 미스터 김은 다섯 살 된 아들을 데리고 와서 학원에 입학시켰다. 미스터 김은 내 아들 훈이를 보더니 벌써 학원에 보내냐면서 극성 엄마라고 놀리며 "엄마 욕심 때문에 참 너는 고달프겠구나" 하며 훈이 머리를 쓰다듬는다. 나는 미스터 김의 아들이 훈이가 3개월 동안 한 과제를 일주일 만에 하는 것을 보고 '남이 한다고 너무 일찍 학원에 보냈구나. 한창 재롱이나 부리고 장난감 가지고 놀 나이에 엄마 욕심 때문에 괴롭혔구나' 생각하며 학원을 중단시켰다. 그리고 재미있는 놀이와 노래 부르기, 우리말 하기 등 흥미와 재미를 중심으로 하는 유치원에 보냈다.

훈이는 전과 달리 학교 가길 좋아했고, 학교에 간다면 선생님이 기다리신다고 앞장을 섰다. 이젠 제 나이에 맞게 제자리에 앉아준 것 같았다.

지금은 주위 사람들이 "우리 애는 피아노를 가르친다", "태권도를 배우러 다닌다" 등등 말을 하면 '우리 훈이도 배울 때가 아닌가?' 했다가도 남이 보낸다고 학원에 너무 일찍 보낸 생각을 하며 동요하지 않는다. 9월이 되면 아가였던 훈이가 다섯 살이 되어 킨더가튼에 간다. 이젠 나도 학부형이 된다. 훈이에게 너무 욕심을 부리지 않을 작정이다.

학교생활에 잘 적응하며, 바르고 예쁜 마음을 가지며 건강하게 잘 자라주길 바라는 마음뿐이다.

오늘도 자는 훈이의 얼굴을 바라보며 온 세상을 품은 듯 흐뭇한 마음을 가진다.

    - 미주 라디오 〈여성싸롱〉 방송에서

훈이가 태어나고 14개월 후 딸 예지를 낳았다. 연년생인 두 애를 키우면서 남편은 전자 가게를 경영했고, 같은 공간에서 나는 주얼리 가게를 경영했다.

경제적으로 여유는 있었으나 또다시 가슴속에 허전한 바람이 불기 시작했다. 다르게 생긴 다인종 사람들과 함께 어우러져 살다 보니 그 틈바구니에서 뿌리 내리기도 힘들었다. 쉬는 날도 없이 아이들을 키우면서 집, 가게 그야말로 다람쥐 쳇바퀴 도는 생활을 했다. 감정은 메말라갔고, 계절의 변화에도 그저 추우면 추운 옷을 입고 더우면 더운 옷을 입을 뿐이었고, 하늘에 해, 달, 별이 떠 있는지조차 관심이 없었다. 정말 사는 게 사는 게 아니었다. 감정과 감성이 물기 하나 없이 다 말라

갈 즈음에 찾은 곳이 신문사에서 경영하는 문학교실이었다. 문학교실에 다니면서 시를 써야 했기에 시감을 찾다 보니 주위의 자연물이 보이기 시작했다. 처음에는 과제로 주변에서 자연물을 자세히 관찰하여 시를 지었다. 그러다 보니 자연과 눈을 맞추며 대화하기 시작했고, 나 자신이 자연물이 되기도 했으며, 하찮은 미물에까지도 생명을 부어 넣었다. 그리고 눈에 보이지 않는 상상 속의 사물에도 관심을 가지게 되었다. 모든 입장을 뒤집어 생각하기도 했다. 보이는 모든 대상이 사람이든 동물이든 주위에서 보이는 모든 것이 나의 시감이었다. 좋은 시가 아니더라도 열심히 쓰고 지우고 다시 쓰고 썼다.

생활하면서 항상 주위에서 시감을 찾았고, 운전을 하거나 자면서까지 시상이 떠오르면 일어나 노트에 메모했다. 시와 수필을 쓰는 것이 하루 일과 중 제일 기쁘고 보람된 일이었다. 완성된 시를 보면 나 자신이 대견스러웠다. 시를 쓰는 시간만은 행복했고, 시간이 멈춰 있는 듯했다. 일주일에 한 번 가는 문학교실은 나를 대학 시절로 다시 보내주었고, 내 감성에 물을 부어 꽃을 피워주었다.

탈출구

나는 가끔 진열장(showcase) 위에서 글을 쓴다. 무작정 손님을 기다리는 것보다 한결 마음의 여유를 갖기 때문이다. 오늘도 나는 상상의 날개를 폈다 접는다.

신데렐라가 새엄마와 언니들의 학대 속에서 해방되어 왕자님의 품에 안긴 달콤한 변화를 생각하며, 가끔은 나도 클로버 숲을 서성거린다.

오늘은 내 생일, 어쩜 날씨가 이렇게 덥담. 시기적으로 전쟁 속에 잉태되어 폭음과 진통 속에 태어났을 나.

살아온 뒤안길을 돌아보면, 결코 순탄하지 않았고 내가 원하지 않은 삶의 모습을 볼 수 있으니 점쟁이 말대로 팔자소관인 것 같다.

누구나 100% 자기 삶에 만족하며 행복의 알알이를 씹으며 하루하루 사는 사람이 없을 것이라 생각하며, 다소 나 자신을 스스로 위로하며 산다.

"집에서 고기나 구워 먹을까? 아니면 식당으로 갈까?"

가게 문을 닫으며 내 생일이라고 남편이 나에게 퉁명스럽게 묻는 말이었다. 지금 이 시간 배고픔을 해결해주는 것이 고마운 말이나 그 말이 왜 그리 싫게 들리는 것인지, 차라리 장미 한 송이라도 좋으니 주면서 "생일 축하해" 했으면 그렇게 싫지는 않았을 것이다. 10여 년을 동고동락했건만 내 마음을 읽지 못하는 남편이 싫어짐은 기계적인 현실과 권태기에서 오는 반응일 것이다.

과연 이 메마르고 황폐한 마음을 다독거리고 활활 타오르게 하는 산뜻한 변화는 없는 것일까?

따르릉따르릉!

우연히 동생의 동창생을 통해 알게 된 그의 전화번호. 손가락을 가늘게 떨면서 전화번호를 눌렀다. 벨 소리가 끝나자마자 들리는 그의 목소리, "여보세요!" 깜깜한 동굴 끝으로 가느다란 빛줄기가 보였다. 그것은 내가 꿈꾸던 현실탈피를 위한 탈출구였다. 그의 목소리가 전화선을 타고 달콤하게 내 귀에 와 닿았다.

22년 전의 젊고 패기 있는 목소리와 다른 점잖고 무게 있는 목소리였다.

"안녕하셔요? 여기는 미국입니다. 제가 누구인지 아시겠어요?"

"예, 알고말고요. 동생을 통해 들었어요."

"목소리가 이웃집 할아버지 목소리 같네요."

"하하핫! 그래요? 어제 북한에서 선교활동하다 돌아와서 피곤해서 그런가 봐요."

"북한에서 선교활동을 하셨다고요? 북한까지 가시고 훌륭한 목사님이 되셨군요."

"훌륭하긴요. 불쌍한 사람들을 돕는 일은 목사로서 당연한 일 아닌가요? 그래, 어떻게 지내셨나요? 전화번호는? 주소는? 이메일 주소는?"

그는 내 신상에 관한 일을 계속 물었다. 짝사랑하며 쫓아다녔던 혈기 왕성한 청년 모습에서 흰머리가 듬성듬성 난 점잖은 목사님의 모습이 그려졌다. 같은 하늘 아래 있다면 가서 만나고 싶은 충동이 생겼다. 이 얘기 저 얘기 하다 보니 어느새 타임머신을 타고 20년 전으로 빠르게 굴러갔다.

그의 마음과 행동을 완강히 거부했던 때와 달리 오랜 친구를 만난 양 대화내용은 다정다감했고, 어느새 사랑을 나누는 연인이 되어 있었다. 빠르게 흐르는 피의 움직임을 느꼈고, 심장의 박동수가 진동하여 몸을 굽고 있었다. 이젠 잊힌 여인이 되어 이름조차 기억하지 못할 줄 알았는데, 그는 잊지 않고 모두 기억하고 있었다.

"그때는 제 말을 왜 그리 안 듣고 냉정했습니까?"

"서로 인연이 아니었으니까 그랬겠지요. 그러잖아도 가끔은 내가 뭐 그리 잘났다고 목사님의 마음을 아프게 했나 미안했답니다. 저 요즈음 교회에 다닌답니다."

"정말입니까? 정말 기쁜 소식이군요."

"목사님께서 프러포즈했을 때, 전 불교 신자이고 목사님은 기독교 신자라 둘이 맺어질 수 없다고 거절했던 일을 기억하십니까?"

"그럼 기억하지요. 제가 다니던 신학대학교까지 포기하겠다고 했을 때, 남자가 얼마나 못났으면 여자 때문에 자기 길을 포기하냐며 화를 냈지 않았습니까? 그런 분이 교회를 다니신다니 정말 반갑습니다. 기도 많이 하십시오. 하나님께서 많이 도와주실 것입니다."

"저는 교회에 가서 기도드릴 때, 하나님께 무엇을 해달라거나 원한다고 빌지 않아요. 제가 하나님께 해드린 게 없는데, 어떻게 무엇을 달라고 바란다고 기도하겠어요? 그냥 묵묵히 앉아 있다가 오곤 합니다."

"하나님은 그런 마음을 다 아시고, 잘 인도하시고, 모든 것을 도와주실 것입니다."

우리는 국제전화요금을 상관하지 않고 지나간 얘기로 꽃을 피웠다.

"참, 저에게 뺏다시피 가져가신 금반지는 아직도 가지고 계십니까?"

그 당시 그는 내 손가락에 신학대학교 반지를 끼워주고는 어머니께서 해주신 내 손에 껴있던 금반지를 가져갔다. 며칠 후, 나는 그의 반지를 돌려주었으나 내 금반지는 돌려 받지 못해 가끔 그 반지의 행방을 그와 더불어 알고 싶을 때가 있었기 때문에 물어보았다. 의외로 그의 대답은 이랬다.

"아, 그 금반지요? 팔아서 책 샀어요."

"네에~ 팔아서 책을 샀다고요?"

"박통 시대 때, 데모해서 쫓겨다닐 때 집에도 못 가고 형편이 어려워서 그 반지를 팔아서 책을 샀어요."

그 말을 듣는 순간, 빠르게 흐르던 피는 제 속력을 찾았고, 심장의 고동 소리도 느낄 수 없었고, 내 몸도 식으면서 깜깜한 동굴 속의 빛줄기는 보이지 않았다.

만약 아직도 그 반지를 가지고 있었다면, 나는 그를 향해 하루에도 몇 번이고 사랑의 돌을 던졌을 것이고, 그의 모습을 그리워했을 것이다.

아무리 많은 세월이 흘렀어도 어느 서랍 구석에 두어 찾지 못할망정 언젠가는 그 반지를 돌려주어야겠다는 사고방식은 내 살아가는 동안 내 인생의 일부 철학이기도 했기 때문이다.

"목사님이 되셨으니 좋은 일 많이 하십시오. 반가웠습니다. 미국에 올 기회가 있으면 전화 주십시오."

딸각! 소리와 함께 난 다시 깜깜한 동굴 속에 갇혀버렸다. 내 생애 두 번 다시 탈출구의 빛은 어둠에 묻혀서 보이지 않을 것이다. 결코 어느 탈출구의 빛의 양이 이 어둠의 양보다 크지는 않을 테니까.

"식당으로 가는 것이 낫겠지요?" 하며 현실에 순응하며 계속 걸을 수밖에.

- 미주 라디오 〈여성싸롱〉 방송에서

2003년 나는 《한국수필》에서 〈탈출구〉로 신인상을 받았고, 2005년 이민자의 서러움을 담은 시를 써서 미주 중앙일보 신인문학상 시 부문에 〈검은 창 속의 자화상〉이 당선되었다. 그동안 많은 시와 수필을 썼다. 미주 신문과 잡지에 내 시와

2016년 미동부한인문인협회 회원들과 함께

수필이 자주 실렸다. 내 시와 글이 전파를 타고, 또는 잡지와 신문에 실려 내 곁에 왔을 때, 큰 감동을 주었고 사는 데 큰 활력소를 주었다.

나는 더 좋은 시와 수필을 쓰기 위해 소재를 항상 머릿속에 담고 다니며 떠오르는 영감들을 메모했고, 주변 사람들에게 시를 보여주고 감상평을 써 달라고 했다.

어느덧 내 시에 관심을 갖고 좋아하는 친구나 형제자매들이 생겼고, 내 시에 공감한다고 칭찬해주는 사람들도 많이 생겼다. 이제는 은근히 다음 작품을 기다리는 친구도 생겼다. 나는 꿈이었던 화가는 못 되었지만, 그래도 시인이고 수필가이니 미국에서 헛된 삶은 살지 않은 것 같아 뿌듯하다.

나는 현재 친구의 추천으로 미동부한인문인협회에 가입하여 활동하고 있다.

우리는 세상에 나오기 전에/열 달을 준비하는데/세상을 떠날 때는/알지도 못하고 간다./삶의 전부가 죽음의 준비가 아닐까?/늙는다는 것은/내가 나를 만나는 것/세월이 남긴 자욱들/달라진 모습에서/뒤돌아 보며 나이를 세어본다./바람줄이 뿜어대는 가을, 지나가는 소리를 들으며/누군가와 말을 하지 않고는/못견디어/구름과 바람에게 말을 걸고/꽃과 나무와 눈을 맞춘다.

어떻게 살 것인가?/어떻게 죽을 것인가?/매일 손에 든 한 웅큼의 약을 보면/감정은 다 말라가도 눈과 귀가 열린다./새소리는 어머님의 소리로 들리고/바람소리는 아버님 소리로 들린다./쫓기고 살아온 지난 세월들/서산마루의 노을빛보다/더 진한 외로움이 타올라/마른 꽃 걸린 창가에 앉아/웃고 있어도 눈물이 난다./가수의 절규한 목소리를 실감하면서/투명한 눈동자로 여유를 가져본다./늙는다는 것은/주변의 모든 사물과 생각들이/깊어지고 짙어진다.

- 시 〈늙는다는 것은〉 전문

중국 당나라 시인 두보는 죽어서도 시를 쓴다고 했지만 나는 그렇게는 못 해도 시상이 떠오르면 언제든지 시나 글을 쓸 자세가 되어 있는 작가이고, 시인이기에 행복하다. 내가 시를 쓰는 시간만큼은 주위의 모든 것이 멈추어 나의 세상이 되고, 나의 꿈이 되어준다.

전애자

글쓴이 전애자는 1979년 미국으로 이민 온 뒤 아시아이중언어개발센터(시튼홀 대학)에서의 근무를 시작으로 미주 동아일보(뉴욕) 편집기자, 뉴저지 YWCA 한국어 교사로도 활동했다. 꾸준히 문학활동을 이어오며 2003년에는 《한국수필》 신인상, 2005년에는 미주 중앙신인문학상 시 부문에 당선되기도 했다. 《21세기보다 더 나은 삶을 위하여》 1, 2, 3권을 공저했으며, 현재는 삼성줌인포토리그 Major Ace 회원으로도 활동 중이다.

annieree123@hotmail.com

14 뉴욕, 제2의 고향

정은실

수필가

프롤로그

　아침 출근길 발걸음을 선두에서 막는 것이 있었다. 민들레다. 언제 피었는지 모르게 슬며시 피어서는 잔디밭 한가운데 보란 듯이 꼿꼿이 서 있는 노란 아가씨. 며칠 전부터 바람결 따라 이리저리 홀씨가 날리더니 이렇게 꽃을 피우려고 그 성화를 부렸나 보다 생각하니 예사롭게 보이질 않는다. 엊그제 밥상에도 민들레무침이 오르고, 주위의 한 지인은 민들레를 약초로 쓴다고 여기저기서 구해 말리고 있는 모습도 보았다. 그렇게 내가 필요할 때는 귀하게 여기다가 막상 잔디밭 한가운데 잡초의 여왕인 양 버티고 있는 모습을 대하니 불쑥 화부터 나는 인간의 심성이란 참으로 알다가도 모를 일이다. 문득 멀리 이국 땅에서 이민 온 우리 자신이 혹시 이런 모습이 아닐까 하는 동질감을 잠시 가져본다.

파랑새를 찾아, 꿈을 찾아

　글쓰기를 즐겼던 습성은 지금 생각해보면 초등학교 시절로 거슬러 올라간다. 통역장교 출신의 문관인 아버지가 중정부에 근무하시던 초등학교 시절, 꿈도 많고 욕심도 많았던 어린 소녀 시절엔 항상 반 대표로, 또 가끔은 전교 대표로 월남 장병 아저씨께 위문 편지를 쓰고 낭독했던 것이 내가 글쓰기를 즐겼던 최초의 기억이다. 중학교 말이 되고 고등학교로 올라가면서 아버지가 예편하시고 퇴직금 전액을 사업에 몽땅 날리시면서 가정의 어려움이 시작되고 그 몫은 고스란히 맏딸인 나에게로 전해져 내려오게 된다. 정말 그랬다. 그 시절 5남매의 맏이로 태어나 바로바로 뒤따라오는 동생들을 나 몰라라 하고 내가 원하는 대학, 원하는 학과를 간다는 건 부모에 대한 일종의 배반이라고나 할까. 그만큼 부모님이 맏이에게 거는 기대는 우리가 생각하는 상상 그 이상의 것이었다.

그렇게 시작된 국립의료원 간호대학(NMC), 전액 장학생으로 들어간 그곳은 다른 친구들이 다니는 대학과는 크게 이질감이 느껴졌다. 교정도 변변찮고, 커리큘럼도 나하고는 잘 안 맞고, 하나부터 열까지 괜히 시작했다는 후회감만 들었다. 그나마 중도에 포기하지 않고 나를 끝까지 학교에 머물게 한 것은 순전히 기숙사 생활이었다. 지금 생각해보면 어이없는 일이지만 학과 수업은 빼먹어도 때때로 친구들과 밤새도록 기숙사에서 정치, 역사, 철학 그리고 문학이나 음악에 대해 토론했던 일들은 기억이 생생하다. 결국 어렵사리 대학을 졸업하고 중동 사우디에 정부를 대표하는 간호사로 발령받아 떠나게 된다. 그렇게 시작된 최초의 외국 생활은 나에게 처음으로 이국 생활의 정취와 설렘뿐 아니라 홀로 떨어졌을 때의 적막함과 외로움과 친구가 되는 법을 터득하게 해주었다. 또한 훗날까지도 사우디에서의 생활은 종종 내 글의 배경이 되고 내 사유의 폭을 넓히는 큰 밑거름이 되었다.

중동에서의 어느 날, 병원 근무를 마치고 기숙사에 돌아와 영자 신문을 펴들었을 때, 그날의 감동을 나는 결코 잊지 못한다. 이란 주재 미 대사관에 인질로 억류되어 있던 50여 명의 미국인이 풀려나던 날이었다. 그날, 신문의 헤드라인을 장식했던 톱기사는 "After all, we are Americans!"였다. 해석하기에 따라 조금씩 다를 수도 있겠지만, 나에게는 "그래, 이것 봐. 우리는 결국 미국인이야, 우리가 해냈어"라고 보였다. 도대체 이런 자신감의 출처는 어디이며, 미국이라는 나라는 어떠한 곳인가 깊이 생각하게 되었다. 한국처럼 반만년의 역사를 가진 곳도 아니고, 그렇다고 백의민족이랄지 한민족이랄지 하는 민족적인 유대감도 나타내기 어려운 다민족의 나라 미국(United States of America). 어느 한구석도 합치나 통합의 이유를 찾기가 힘든 미국에서 어떻게 저토록 자신 있는 발언이 나올 수 있을까? 이건 그저 쉽게 군사력이 강해서나 경제적으로 부유해서라는 단순한 이유 이전에 무엇인가 사회 구성원들 간에 보이지 않는 사회적 합의가 있을 것이라는 생각에 이르게 되었다. 그렇게 되니까 나에게는 파랑새를 찾아, 즉 꿈을 찾아가겠다는 희망이 생기게 되고 그 목표를 향해서 한국에 돌아와서도 수년의 준비 기간을 거쳐서 새로운 땅 미국에 정착하게 된다.

억척스런 여전사처럼

퀸즈의 작은 마을 아스토리아(Astoria)에서 시작된 이민생활이자 신혼생활은 하루하루가 새로움의 연속이었다. 지금은 젊은 전문직 사람들로 붐비는 역동적인 그 마을이 그 시절엔 지중해 연안인 그리스, 이집트, 이탈리아 등지에서 온 나이 드신 분들이 많이 사는 조용한 마을이었다. 올망졸망한 아이들 셋을, 둘은 손잡고 하나는 유모차에 태워 이곳저곳을 기웃거리던 젊은 엄마 시절의 아스토리아 파크. 비 번날이면 시부모님이 가꾸어놓으신 작은 뒤뜰의 텃밭에서 텔레만의 콘체르토 그로소에 푹 파묻혔던 철부지 며느리. 사소한 말다툼에도 끈질기게 물고 늘어져 남편의 사과를 받아내야 직성이 풀렸던 고집불통의 아내. 특히 새롭게 시작한 핸드폰 비즈니스는 그동안 내가 알던 영역과는 전혀 다른 세계의 새로움과 나이가 들어서도 항상 그 자리에 머무는 듯한 젊음을 안겨주었다. 게으르지만 않으면 돈을 벌 수 있던 그 시절, 어찌 생각해보면 물질적 풍요로움 속에서 잠시나마 우리가 이민자임을 잊게 해주는 순간이 많이 있었다.

개인 비즈니스를 하는 이민자는 대부분 1년 365일을 쉼 없이 달리며 살고, 그 달리는 시간 안에 외로움의 잔영들이 함께 묻어가고 있을 것이다. 나 역시 그랬다. 이것을 꼭 억척이라고 표현한다면 수긍하겠지만, 꼭 내가 억척스럽거나 생활력이 강해서라기보다는 외부 상황에 따라 행했던 일종의 반사작용이었을 수도 있다. 그렇게 곁눈 한번 안 주고 뒤도 안 돌아보고 앞만 보고 달리기를 장장 20년, 핸드폰 리테일이 마치 내 평생 천직인 양 나의 모든 열정과 인내를 쏟아부었고, 거기엔 나의 꿈과 땀과 눈물이 서로 하나 되어 엉켜있었다. 한번 시작하면 끝을 보지 않고는 쉽게 물러서지 않는 못된 성격이 때로는 비즈니스를 성공시키는 데 일조했을 것이다. 그러나 그보다는 내가 현재 발을 딛고 서 있는 이 땅, 미국에서도 가장 큰 도시 중 하나인 뉴욕의 풍토에 나는 흠뻑 젖을 정도로 매료되었다. 이 도시가 가지고 있는 야누스 같은 양면성, 사방 곳곳에서 온 160여 개국의 30여 종의 다른 언어들. 그리고 그들이 만들어내는 문화의 다양성을 생각히면 가슴이 벅차다.

텅 빈 마음 안의 보물

　다람쥐 쳇바퀴 도는 일상에 점점 식상해지고 뉴욕의 생활이 습관적으로 되기 시작할 때 마음속에 작은 동요가 일어나기 시작했다. 훗날 생각해보니 그것은 일종의 '빈 둥지 증후군'이었다. 마치 내 주위의 사람들, 내가 가진 물질 또는 나로 인해 생겨난 관계성들을 그동안 바로 '나 자신'이라고 잘못 알고 살아왔다는 생각이 들기 시작했다. 그러고는 진정 나 자신을 찾아야겠다는 일념이 앞서고, 주위의 모든 것이 허무하게 보일 정도로 마음속은 텅 빈 상태가 되어갔다. 그럴 때일수록 이민자로서 겪는 외로움과 이 땅에 오로지 나 혼자만 남겨진 것 같은 적막함이 엄습해왔다. 오히려 이민 초기에는 느끼지 못했던 외로움의 편린들이 이민생활이 깊어질수록 새록새록 무게로 다가오는 것이다. 그때 내가 글쓰기 연습을 만나지 못했다면 지금쯤 많이 초췌한 몰골이 되어 있으리란 생각이 든다. 비즈니스도 그렇고 다니던 직장도 그렇고 한국어보다는 영어를 주로 하는 생활이었고, 더욱이 글쓰기는 대학 졸업하면서 함께 졸업했을 정도로 잊고 살았다. 그랬다. 사실 나를 다시 일으켜 세우고 텅 빈 내 안을 차곡차곡 채워준 고마운 손님은 바로 글쓰기였다. 불

혹의 끝을 지나 오십줄을 바라보던 어느 날, 온라인에서 원고모집 소식을 접하게 되고 그 길로 달음질치듯 써 내려간 글이 바로 나를 수필가의 반열에 오르게 한 나의 등단작 〈보통 사람의 삶〉이었다.

남편과는 고향 선배요, 우리가 결혼할 때 인편으로 정성껏 선물을 보내주신 분, 그리고 우리가 미국 오기 바로 전에 인사를 여쭙고 만났던 그분은 정계의 유명한 사람이 되었지만, 그만 뇌물수수에 얽히면서 자살로 생을 마감한 사건이 신문·방송에 크게 보도된 적이 있었다. 그 광경을 목도하면서 산다는 것에 대해, 잘 산다는 것에 대해 더욱 뜻깊게 생각하며 쓴 글이 바로 〈보통 사람의 삶〉이었다. 글을 쓴다는 것은 자기 고백이요, 자기 성찰이다. 다시 말해 조용히 자신의 내면을 들여다보는 행위다. 그렇게 깊이 들여다보다 보면 그동안에는 보이지 않던 나의 사각지대, 어두운 면이 많이 보인다. 그리고 나의 약한 면도 많이 보인다. 그렇게 되면 스스로에게 할 일이 생긴다. 이렇게 텅 빈 마음속에 알알이 진주가 여물고 있는 것이다.

한국어로 글 쓰는 작업, 고통의 순간들

글을 쓴다는 것, 작가가 작품 하나씩을 생산해낸다는 것은 사실 뼈를 깎는 각고의 노력 없이는 있을 수 없다. 어느 날 갑자기 시상이 떠오른다든가, 또는 어느 순간 사유의 샘이 흘러 그 자리에서 술술 써 내려간다고 할지라도 그렇게 되기까지는 생각하고 쓰고 또 버리고 했던 수많은 낮과 밤이 있었다는 것을 결코 부인할 수 없다. 더욱이 이민 문학을 하는 우리네 이민자에게는 한국에 있는 사람들과는 다른 또 하나의 관문이 있다. 물론 이것은 눈에는 보이지 않는 관문인데, 이를테면 이런 것이다. 한참을 쓰다 보면 꼭 적재적소에 맞는 형용사나 부사의 빈곤은 말할 것도 없고, 심지어 우리가 항상 알고 써 왔던 언어들이 고국에서는 이미 사어(死語)가 되어버린 것도 많이 있다는 사실이다. 또한 이미 이 땅에서 오래 살아온 이민자에게는 외래어가 사실 외래어라기보다는 일종의 평상어가 되어 이미 익숙해진 언어들이다. 따라서 그 하나하나를 찾아서 고치려 하면 문맥도 부자연스럽고 의미전달에도 무리가 있어 그냥 그대로 써야 하는 언어가 많이 있다. 다시 말해, 글을 쓴다는 것 자체는 우리 마음을 정화시키고 타인에게 감동을 주는 참으로 바람직한 일이지만 한국도 아니요, 미국도 아닌 경계인으로서 이민자가 겪는 언어(모국어)의 빈곤과 부조화의 깊이는 참으로 깊다. 그럼에도 이 모든 부조화와 빈곤을 조화롭게 하나로 끌어안으며 가야 한다는 일종의 사명감으로 글을 쓰는 이민자의 어깨는 더욱 무겁게 느껴진다.

공공의 이익을 위하는 마음으로

언젠가 한국에 마이클 샌델(Michael Sandel) 교수가 강연하러 갔을 때 연세대 교정이 꽉 차고도 모자라서 밖에 서 있었다는 이야기를 들은 적이 있다. 그 교수의 《정의란 무엇인가(What's the right thing to do?)》를 읽으면 흔히 접하게 되는 단어가 '공공의 이익'이다. 즉, 제러미 벤담(Jeremy Bentham)이나 존 스튜어드 밀(John Stuart Mill)이 주창한 '공리주의(Utilitarianism)'를 이해하지 못하면 그 교수의 강의에 접근할 수 없다. 현대를 대표하는 몇 안 되는 사회학자요 정치철학자인 마이클 샌델의 주장처럼 우리가 현재 살고 있는 지구촌에서 꼭 짚고 넘어가야 할 이념은 예전처럼 흑백논리나 붉은 사상이 아니라 모든 사람에게 이익이 돌아가도록 하는 것, 즉 글을 쓰는 데도 공익의 개념이 우선되어야 한다는 생각을 하게 되었고, 자연스럽게 남편의 일을 돕는 가운데 공익의 개념이 스스로 정립되었다. 세상을 살아가는 데 나 자신과 내 주위의 사람만을 위하는 것이 옳은 것이냐, 아니면 나는 조금 힘들더라도 가까운 데부터 심지어는 멀리 손이 닿지 않는 곳이라도 공공에게 이로움을 주고 공공의 행복을 위함이 옳은 것이냐의 판단 앞에서 나는 후자 쪽의 삶을 택하게 되었다. 그러다 보니 자연스럽게 글의 방향과 핵심이 공익을 위해 맞추어졌고, 따라서 평소에 쓰던 서정 수필보다는 칼럼이나 사설을 쓰는 일이 많아지게 되었다. 또한

뉴욕 플러싱 대동연회장에서 가진 《뉴요커 정은실의 클래식과 에세이의 만남》
출판기념 행사에서(2015년 6월 4일)

내가 알고 있던 지식이 비록 적은 것일지라도 많은 사람과 나누기를 원하게 되면서 그동안 쓰려고 마음먹었던 클래식 음악 에세이를 시대별로 거슬러 내려오면서 쓰고 있다. 요즘은 한인의 마음이 많이 움츠러들고 의기소침해져서 용기도 북돋우고 음악도 알릴 겸 행진곡들을 뽑아서 한인사회에 알리고 있다. 주로 그 곡에 얽힌 사연이나 곡의 구성 등을 소개하면서 나 자신도 다시 한번 듣는 기회가 되고, 이로 인해 많은 사람에게 긍정적인 좋은 영향을 줄 수 있다는 것이 참으로 값진 일이다.

소중한 자산, 뉴욕 문인들의 모임

그동안 나는 많은 일을 혼자서 해왔다. 그러다가 힘들면 넘어지고 또다시 일어나기를 반복하면서 굳어져갔다. 사우나도 혼자 다니고 뮤지엄도 혼자 보러 다니는 등 홀로의 생활에 많이 익숙해 있었다. 그런데 어느 순간 '속함(belonging)'의 필요성이 느껴지게 되었다. 혼자가 아니고 어디에 속했다는 단체의식, 물론 여기서 말하는 '어디'는 불특정 다수는 아니고 나와 비슷한 뜻을 가지고 같은 취미를 가진, 즉 주로 글을 쓰는 문인들이 될 수 있을 것이다. 뉴욕의 문인들 모임에는 장르마다 등

뉴저지의 한 식당에서 문인협회 회원들과 수필문학 토론을 마치고(2016년 2월)

단한 사람들 위주로 묶여 있어서 해마다 《뉴욕문학》이라는 이름으로 동인지를 발간하고, 계절마다 문학 유적지 탐방이나 글 쓰는 데 도움이 되는 음악이나 예술 등의 분야에 함께 어울려 참여한다. 또 장르별로 준비해온 문학 토론의 장을 열어 서로 간의 우애뿐 아니라 서로 글을 쓰는 데 도움을 준다. 모름지기 문학을 하는 사람이라면 이에 걸맞게 언어 구사나 문장 능력도 남달라야 하고, 그러기 위해서는 글을 쓰는 문인들의 마음가짐이나 사회를 보는 견해도 중요하므로 서로의 만남을 통해 이를 재조명하고 있다. 참으로 귀하고 아름다운 일이 아닐 수 없다. 뉴욕 문인 모임이야말로 뉴욕 한인사회에 없어서는 안 될 시금석 같은 존재다. 또한 각각 본인의 이름을 걸고 하는 시 창작회나 글쓰기 또는 문화센터의 기능도 뉴욕 한인 역사에 길이 남을 중요한 자산들이다. 이 모든 것의 바탕에는 한인사회라는 구심체가 있고 한글, 한국어라는 역동성 있는 우리의 글이 있음도 결코 잊지 말아야 한다.

독서모임으로 하나 되어

요즘 나의 화두는 '심은 만큼 난다'이다. 우리가 글을 쓸 때, 시나 수필이나 심지어는 평론이라 할지라도 가끔 문구가 막히는 경우가 종종 있다. 왜 이럴까, 곰곰이 생각해보면 내 경우에는 많은 부분 그 시기에 책 읽기를 더디게 했기 때문이다. 아마 대부분 한두 번 정도 비슷한 경험을 가지고 있을 것이다. 많이 읽는다는 것은 많이 쓰는 것보다 더 중요하다. 사실 우리는 '자기의 전공을 빼고는 (그것도 학자의 경우를 제외하면) 살면서 1년에 과연 몇 권의 책을 읽고 사는가?'라는 질문 앞에서 그 누구도 자유로울 수 없을 것이다. 우선은 나 자신부터 읽다가 놔둔 책들이 얼마나 많은가. 사실 그 이유로 인해 처음 시도하게 되었다.

요즘 내가 주도하고 있는 모임은 독서모임이다. 매달 한 권의 책을 선정하여 그 책을 읽고 일종의 독후감이나 아니면 본인의 느낀 바 또는 자기 자신과의 유사점 등을 나누는 체험의 장이다. 당연히 중구난방으로 가는 것을 피하기 위해 그 책에 맞게 방향성을 지정해준다. 이를테면 그 책의 주인공 생각과 내 생각의 다른 점, 또는 그 시대의 상황과 지금의 같음과 다름, 이 책에서 말하고자 하는 핵심과 내가 생각하는 핵심의 차이, 또 왜 그런 차이가 생기는지 등등을 이야기하다 보면 꽤 깊이 들어가면서 사고의 변환을 가져올 수 있다. 따라서 이로 인해 내 생각만 옳은 것이 아니라 타인의 생각은 충분히 다를 수 있으며, 그 다름은 다름 자체로 인정받기에 충분하다는 것을 느끼게 된다. 참으로 귀한 진리다. 일단 사고의 변환이 생기면 사고의 깊이와 넓이가 깊고 넓어지며 이해의 폭, 사람에 대한 이해, 나아가서는 살아있는 모든 것에 대한 연민과 이해의 폭이 넓어진다. 더욱이 글을 쓰는 문인들에게 책 읽기는 마치 운동선수들의 기본운동이나 체력단련과 맞먹을 정도로 중요하고도 절대적 요소다. 또한 타의 반, 자의 반이지만 일단 정해놓으면 한 달에 한 권은 꼭 읽게 되는 아주 좋은 습관이 길러진다. 특히 내 경우에는 사회자로서 모임을 주도적으로 이끌어가기 위해 다른 사람보다 먼저 더 깊이 읽고 무엇인가 다른, 글 속에는 없지만 글 밖에 있는, 즉 그 글이 암시하는 제3의 것들을 예리하게 끄집어내서 분석하고 그로 인해 토론의 내용을 만들어가야 할 의무가 있다. 그런데 여태껏 가져왔던 어떤 의무보다 즐거운 의무, 내가 원해서 지는 의무이므로 스스로의 의무인 셈이다.

벌써 세 권의 책을 읽으면서 각각 다른 주인공과 만났고, 그들의 이야기를 들었다. 또한 그 시대를 살아보지도 않았고, 따라서 그 주인공이나 작가와의 직접적인 교류는 없었지만 글을 통해, 책을 통해 책 속의 화자와 내가 서로에게 질문하고 서로의 반응을 나누는 값비싼 기회의 장이 되었다. 처음에는 그리 쉽지 않았다. 사실 책 한 권을 제대로 처음부터 끝까지 읽기만도 쉽지 않은데 하물며 그 안에서 주제나 핵심적인 내용, 더 나아가서는 나를 대입시켜보는 일은 많은 경험과 많은 날을 필요로 할 것이다. 물론 한 번 읽을 것을 두 번 세 번 연거푸 읽다 보면 이러한 문제는 저절로 풀리며 답이 나온다. 단지 그렇게 되기까지 조바심 내지 않고 뭉근하게 기다리는 여유가 필요할 것이다.

에필로그

어느 시대, 어느 사회인들 녹록한 삶이 있겠냐마는 이민자로서 두 나라를 마음에 품고 사는 경계인의 삶은 더욱 그러하다. 오늘은 미국 상황에 주의를 기울여야 하고, 내일이면 다시 내 조국의 되어가는 모양에 마음 아파해야 하는 우리네 이민자의 삶이다. 그러나 기실 생각해보면 한 곳에 뿌리내리고 산다 해도 길면 80인 인생살이다. 요즘에야 의학이 발달해서 백 세라고 말들을 하니 길면 백 세인 셈이다. 무엇을 하고 살 것인가. 내가 가진 작은 재능이라도 주위를 밝히는 데 쓰고 가야겠다고 생각하는 사람들이 문인들이다. 내가 직접 글을 써보니 물론 글쓰기만큼 어려운 일도 없다지만, 글쓰기가 아니었으면 지금쯤 나의 생활 패턴이 얼마나 피폐해졌을까 조심스런 추측도 해본다. 글을 쓰는 가운데 스스로 웃고 울고 하면서 자가치유 능력이 생기고, 나의 글로 인해 함부로 여길 생명에도 애착을 가지게 된 사람들, 또 타인에 대해 업신여기지 않고 귀히 여기는 마음이 생겨난 사람들. 이 모든 변화들이 나의 작은 재능과 이를 가만히 땅에 묻어두지 않고 사용했기 때문에 오는 결과였음에 감사한다.

한인사회는 경제적으로 전보다 그 규모에 있어서 작아졌고, 인구 면에서도 소집단화되어가고 있다. 또한 이제는 매사가 디지털화되어 지구 건너편의 일들을 같은 시간에 아는 편리한 세상이 되었다. 물론 이런 편리함의 뒤에는 사람 사이의 진정한 소통이 없어지고 있는 것도 사실이다. 우리는 서로의 목소리를 듣기보다는 문자로 서로의 존재를 확인하고 마치 목소리를 들은 듯 착각하며 살고 있다. 문인으로서, 특히 이민 문학을 하는 경계인 문인으로서 우리의 현재 입장과 나아갈 바는 무엇인가 생각해본다. 그저 세상이 이렇게 되었으니 나도 어찌할 바를 모른다고 주저앉아 있어야만 할 것인가? 아니다. 우리 문인들이 펜대를 놓지 말고 항상 사람들 간의 소통을 글로써, 또 미국의 중심부 뉴욕에 살고 있는 문인으로서 당당하게 자유와 평등에 입각해 다양성 속의 질서를 지키며 우리의 후손들에게 남겨줄 역사의 한 장을 쓰는 뉴욕 한인 문인들이 되어야 할 것이다.

민들레같이 홀씨로 날려 태평양 건너 멀리 미국 땅에 떨어진 우리다. 어느 곳에 어떠한 모습으로 떨어졌다 할지라도 그곳에서 뿌리를 내리고 그곳의 토양과 햇빛의 도움으로 강인한 생명력을 뻗어나가면 때로는 누군가의 밥상에 한 줌의 반찬이 되고 때로는 아픈 이들의 병 구완을 돕는 약초로 쓰임을 받는 귀한 뉴욕 한인 문인들이 되기를 간절히 소망해본다.

정은실

글쓴이 정(최)은실은 서울에서 태어나 국립의료원 간호대학(현 성신여대)을 졸업하고 1986년 2월 도미했다. 2005년 수필 〈보통 사람의 삶〉으로 《문학저널》 수필 부문에 등단했으며, 2015년 1월 처녀작 《뉴요커 정은실의 클래식과 에세이의 만남》을 출간했다. 핸드폰 총판 '에어링크'를 경영하고 있으며, 뉴욕일보 프리랜서 필진으로도 활동하고 있다.

chungeunsil@gmail.com

정재옥
수필가

지금도 소리치고 싶은 아우성

우리는 일생 동안 억울한 일을 많이 당하면서 산다. 한 번도 이런 일을 당하지 않고 산 사람이 있다면 인생을 참 잘살았다는 칭찬을 해주고 싶다. 억울함이란 대가 없이 자신의 소중한 것을 빼앗기거나 누명을 썼을 때 느끼는 분노와 좌절 그리고 평생 가슴속에 남아 더 깊이 멍들고 있는 시퍼런 아픔이 아닌가 한다. 그러나 대개 일상에서 일어나는 소소한 억울함은 그냥 많이 참아 넘기면서 산다. 그런데 평생을 가도 마음속에서 지울 수 없는 억울함이 있다. 나도 살면서 그런 억울한 일들을 피해 가지 못했다. 그 하나를 먼저 말하려 한다.

초등학교 때였다. 학년은 잘 기억나지 않지만 억울했던 사건만은 어제인 듯 선명하다. 지금도 가슴이 아리다. 전교생을 대상으로 어린이날 글짓기 경연대회가 있었다. 뭔가를 쓰기는 했는데 부끄러워서 용기를 못 내고 망설이고 있었다. 그런데 반에서 대장 노릇을 하던 '까불이'라는 별명을 가진 애가 돌아다니면서 참견하다가 내 글을 채가서 발표했다. 그애는 내 글을 가지고 전교생 앞에서 교장 선생님으로부터 대상을 받았다. 그런데 끝내 나는 내 글이라는 것을 말하지 못했다. 순식간에 어이없이 일어난 일이었다. 너무 억울했다. 억울해서 죽을 것만 같았다. 그러나 그애에게 잘못 보이면 따돌림을 받는 무서운 일이 일어나기 때문에 주위 애들도 나도 입을 다물 수밖에 없었다. 그렇게 되면 온갖 구박을 다 받으며 놀아주는 친구도 없이 혼자 지내야 한다. 생각만 해도 무서워서 솟아오르던 용기도 움츠러들었다. 부모님에게도 말하지 못하고 그 사건은 그렇게 영원한 침묵 속에 묻혀버렸다. 하지만 내 안에선 지금도 소리치고 싶은 아우성으로 남아있다.

이렇게 나는 나에게 올 수 있었던 최초의 문학상(?)을 나의 어수룩함으로 어처구니없게도 빼앗기고 말았다. 어렸을 때의 상처는 평생을 따라다닌다 했는데, 아직도 내 가슴속에 잊히지 않고 남아있다. 그 후 크고 작은 대회에서 가끔 상도 타곤 했지만, 내 속에 돌처럼 박혀있는 그 상처만은 무엇으로도 지울 수 없다. 어린 마음에도 느낀 것은 글도 사람에게 상처를 줄 수 있구나!

'글을 가까이하면 안 된다. 또 상처받을지 모른다'는 생각을 나도 모르게 내 무의식 속에 가두고 있었던 것 같다. 그때부터 난 글에 흥미를 잃었고 글을 피해 다니려 애썼다. 그래도 자유가 없던 중·고등학교 때까진 학교에서 시키는 일은 다 했다. 백일장에도 참가하면서 문학과의 인연을 아주 끝낸 건 아니었다. 하지만 문학을 해서 작가가 되겠다는 꿈같은 건 여전히 꾸지 않았다. 대학을 가게 되었을 때도 여자도 직업이 있어야 한다는 어머니의 말씀을 받아들여 약대로 진학을 굳혔다.

문학은 아픔이다! 아픈 것이다!

이젠 내 몸의 일부가 된 채 치유 받을 수 없는 상처를 안고 더 이상 문학에 연연하지 않기로 했다. 그런데 대학 시험을 앞두고 병으로 고3 여름을 고스란히 누워서 앓았다. '운명이란 건 참 피해 갈 수 없구나' 하는 생각을 지금도 한다. 어려운 화학을 접고 선택과목을 역사로 바꾸고, 이과 대신 평점이 낮은 문과로 가기 위해 시험공부를 뒤늦게 다시 해야 했다. 친한 친구 넷이서 하던 가정교습을 혼자 따로 받았다. 국가고시가 처음으로 시작되어 평점으로 학교 선택을 하던 때였다. 국가에서 정한 커트라인에 우선 합격해야 대학에 갈 수 있었다. 이렇게 내 운명은 문학을 피해 가려 했지만, 결국 문과를 택할 수밖에 없었다. 내 인생의 터닝포인트가 아닌가 한다. 계획대로 약학대학을 갔다면 지금쯤 약국 주인이 되어 있지 않을까 가끔 회한에 젖어본다.

후회가 많다. 차라리 문과를 가기로 마음먹었으면 내 속에 똬리를 틀고 있던 상처를 홀홀 털어버리고 새로운 도전을 했어야 했는데 그러질 못했다. 그때 김남조 시인도 국문과 교수로 계실 때였다. 그러나 국문과로는 고개조차 돌리고 싶지 않았다. 그냥 피해 가고 싶었다. 아무 계획도 없었다. 마치 낙오된 양 한 마리가 느끼는 자유분방함으로 기분 나는 대로 과를 선택했다. 집에서도 살아남은 내게 관대했다.

그래도 내게 허황된 꿈은 있었을까? 하드 커버로 장식된 두꺼운 영어 원서를 가슴에 안고 친구들과 명동 거리를 활보하는 여대생들이 참 멋져 보였다. 나도 그렇게 해보고 싶었다. 영문과를 택했다. 그러나 영문학을 전공하면서도 영문학은 문학이 아닌 것처럼 전혀 관심이 없었고, 연애하면서 대학 4년을 허송세월했다. 영어를 잘해서 영문과를 간 것도 아니고, 더구나 고대영어(old English)는 참 어려웠다. 셰익스피어 리포트를 써오라 하면 의과대학생인 애인에게 부탁해서 해결하곤 했다. 그리고 나는 친구들과 내 계획대로 그렇게 멋져 보였던 원서를 가슴에 안고 명동 거리를 마냥 활보하고 다녔다.

그때 길거리 캐스팅이라는 것도 받아봤다. 〈빨간 스커트〉라는 청춘영화를 찍는데 주인공을 찾는다고 했다. 밤낮으로 가슴이 뛰었다. 하지만 부모님이 무서워서 엄두도 못 내고 가슴앓이를 하다 끝냈다. '그때 내가 명함에 찍힌 주소를 찾아갔으면 내 인생은 지금쯤 어떻게 변했을까? 유명 배우가 됐을까? 아니면 그곳이 악당의 소굴이어서 강제로 잡혀 몸을 파는 포르노 영화배우로 전락했을까?' 가끔은 끔찍한 생각도 해본다. '빨간 스커트'라는 선정적인 제목 때문인 것 같다. 그 생각만 하면 꿈에서도 놀라 깬다. 천방지축 날뛰던 젊은 날들이었다.

청춘 연가

지방에서 고등학교를 마친 나는 대학에 오면서 처음으로 서울 구경을 했다. 나의 안위를 염려했던 어머니는 내 의사 같은 건 무시해버린 채 기숙사에 집어넣었고, 대학 4년 내내 나는 자취 한번 못해본 채 졸업했다. 집 떠난 허전함보다 처음으로 만끽해보는 자유가 참 좋았다. 신입생 서클활동도 재미있게 하고, 남자 대학에서 축제가 있으면 떼를 지어 몰려가곤 했다. 제일 기억에 남는 건 육군사관학교와 공군사관학교였다. 망토에 제복을 입고 경직된 낯선 그 모습이 참 신선해 보였다. 그리고 여름이면 수원농대 딸기밭 축제도 좋았다. 분주히 쫓아다니다 보니 어느새 기숙사로 나를 찾아오는 남학생들도 생기고, 연애편지도 배달되기 시작했다. 이렇게 우리는 여태까지 묶여있던 제도적인 틀에서 벗어나 대학 캠퍼스에서 청춘을 구가하기 시작했다.

1년은 빨리 지나갔다. 단체로 몰려 다니던 분주했던 신입생 축제 기간도 끝이 나고 대학교 2학년이 되었다. 이젠 마음에 맞는 단짝 친구도 찾아냈고, 끼리끼리 그룹이 형성되어 졸업할 때까지 늘 함께 행동했다. 내 단짝 친구의 이름은 민자였다. 영문학 강의 시간이었는데, 그애도 지루했는지 작은 쪽지 한 장을 내게 건넸다.

"오늘 오빠가 커피 사겠대. 같이 나가자."

이 짧은 한 줄의 메모가 내 운명을 바꾸는 계기가 될 줄 누가 알았을까…. 아직도 기억 속 그날의 일이 선명하다.

초여름이었다. 나는 민자를 따라나섰다. 광화문 앞에 있는 '상아탑'이라는 다방이었다. 하얀 여름잠바를 입고 소매를 걷어 올린 채 앉아 있던 한 남자를 소개받았다. 민자 오빠의 고등학교 친구라 했다. 서클에서 만났던 풋내기 대학생이 아니었다. 순경 아저씨 같았다. 유난히도 반짝이던 그의 눈은 내 속살을 꿰뚫어보는 것 같기도 했다. 주눅이 들어 앉아 있는 내게 이름과 주소를 써달라 했다. 워낙 악필인 내 글씨를 보여주는 게 부끄러워 망설이다가 거절하지 못하고 커다랗게 한문으로 주소를 써줬다. 후에 들은 이야기지만 내 글씨를 보고 기절할 뻔했다 한다. 그

261

래서 내가 받은 그의 첫 번째 선물은 빨간 장미 한 송이가 아니라 글씨 연습을 하는 펜 습자본이었다.

다방을 나와 덕수궁을 산책했다.

"거들을 하셨습니까? 꼭 끼는 속옷은 몸에 해롭습니다."

새들은 지저귀고 신록은 아름다운데 내게 할 말이 그렇게 없었을까? 어리긴 해도 엄연한 숙녀한테 감히 그런 질문을 하다니 나는 너무 놀랐다. 우리는 덕수궁 돌담길을 돌아 버스 정류장에 나란히 섰다.

"다음 토요일에 다시 만납시다."

영어로 그가 말했다. 나는 그의 무례함에 화가 나 있던 터라 대답도 없이 버스에 올랐다. 내가 너무 날씬해서 그런 질문을 했다고 후에 그가 말했다. 이렇게 나는 그의 말에 반신반의하면서도 익숙해져갔고, 의대 졸업식에 여자친구가 필요하다며 민자 오빠에게 떼를 썼던 그는 민자의 친구인 나를 동생처럼 대했고 우리는 그렇게 운명적인 만남을 이어갔다.

어느 땐 친구의 카메라를 빌려 하루 종일 나를 모델로 사진도 찍어주고 산과 들로 다니면서 데이트를 즐겼다. 기숙사 점호 시간이 9시였는데, 늘 시간에 쫓겨 청파동 언덕길을 숨차게 오르던 기억이 새롭다. 의대를 졸업한 그는 내가 오르내리는 경부선 길목인 온양에서 잠시 일했고, 방학 때 귀향하는 나를 기다렸다가 도중하차시키는 열정(?)도 가지고 있었다. 친구들은 나를 염려하면서도 부러워했고, 나는 겁도 없이 그를 따라 내린 빛나던 우리의 연애 시절이었다. 어머니의 호령이 무서워 마지막 밤 기차를 타고 떠나오면서도 못내 아쉬워했던 그때 그 애틋함이 사랑이었던 것 같다. 낭만이 절정인 시절이었다. 얌전히 있으라고 기숙사에 묶어놓았지만, 나는 이렇게 사랑에 빠져 있었다. 집안에서도 사태 파악이 되었던지 대학 졸업하기 며칠 전 친구들을 불러 모아 약혼식을 치러주었고, 이듬해 5월 우리는 눈부신 신록 속에서 결혼식을 올렸다.

낯섦의 소용돌이 속에서

1970년 2월, 남편이 군대를 마친 후 세 살과 8개월 된 사내아이 둘을 데리고 한국을 떠났다. 나는 그때 한창 유행하던 핑크빛 판타롱 바지에 밍크 목도리를 두른 26세의 멋만 아는 아직도 젊은 아기 엄마였다. 김포공항에서 비행기를 탔는데 기체와 대기실이 바로 연결되어 있지 않아 한겨울 칼바람을 맞으며 노스웨스트 항공기에 올랐던 기억이 새롭다. 그 무렵 우리나라는 월남 파병, 서독 광부, 새마을운동으로 잘살아보자는 염원이 팽배하던 때였다. 미국도 월남전으로 의사가 모자라 외국 의사를 모집했는데, 한국 의사들도 그때 많이 미국으로 왔다. 남편의 학급은 2/3가 미국으로 오는 이변을 낳기도 했다.

비행기 안에서부터 고생은 시작됐다. 아이 둘은 귀울림 때문인지 계속 울어댔고, 나와 남편은 너무 껴입은 속옷 때문에 더워서 숨도 쉴 수 없었다. 한겨울에 비행기 안이 그렇게 더울 줄은 상상도 하지 못한 우리는 미개인이었다. 그 당시 해외로 가지고 나올 수 있는 돈은 어른 100달러, 아이 50달러밖에 허용되지 않던 가난한 대한민국이었다. 우리 네 식구는 이렇게 단돈 300달러를 가지고 한국을 떠났다. 비행기가 일본에서 몇 시간 머무는 동안 남편은 연애 시절부터 가지고 싶어 하던 펜탁스카메라를 겁도 없이 100달러를 주고 샀다. 무슨 자신감이었을까? 그리고 남은 전 재산 200달러를 가지고 뉴욕 JFK 공항에 내렸다. 한국에서부터 계약하고 왔기 때문에 와서 바로 필라델피아에 있는 델라웨어 메모리얼 병원에서 남편은 인턴 생활을 시작했다.

곧 봄이 왔고 우리가 살던 아파트 앞 가로수 길은 연분홍 벚꽃으로 출렁이고 있었다. 미국의 봄도 참 아름답다 느꼈다. 하지만 우리 집은 전쟁 아닌 전쟁이 시작되었다. 언어도 낯설고 사람도 낯선, 갑자기 변한 환경은 세 살짜리 아이가 감당하기 어려운 현실이었다. TV 프로그램도 낯설고 매일 보게 되는 아래층 할머니 이사벨도 낯설고, 아이는 이런 낯섦에 대한 분노로 점점 위축되고 있었다. 친절한 이사벨은 자기 아들 이름과 똑같이 우리 아이에게 '마크(Mark)'라는 미국 이름까지 붙여주었지만, 영문도 모른 채 마크가 되어버린 우리 아이는 그녀만 보면 "영어로 말하지 마!" 하며 울어댔다. 또래 친구 하나 없는 갑자기 달라진 상황을 아이는 이해할 수도 없었고, 나 또한 아이의 이해를 도울 수 없었다. 미끄럼틀까지 방안에 사다놓고 두 아이의 기분을 맞추다 보니 아래층 할머니는 견디다 못해 올라왔고, 상황을 보고는 딱했던지 우리가 그곳을 떠날 때까지 많은 도움을 준 친절한 할머니였다. 남편은 남편대로 병원에선 간호사들의 전화 내용을 알아듣지 못해 발목이 붓도록 뛰어다녀야 했고, 우리 모두는 낯섦의 소용돌이 속에서 전쟁 중인 이방인이었다.

흑인도 하나 없는 순백의 학교

이렇게 필라델피아에서의 암울한 1년을 보내고 남편이 인턴을 마친 후 뉴욕 근교로 옮겨왔다. 그때부터 우리는 뉴요커로 살았다. 새로 온 병원은 부지 안에 가구가 구비된 아파트도 있었고, 일주일마다 침대 시트며 담요도 세탁해주던 부자 병원이었다. 아이들도 넓은 잔디밭에서 뛰어놀며 잘 자랐다. 레지던트 중에는 한국 의사도 몇 있어서 미국에 와서 1년 만에 처음으로 나도 아이들도 한국 친구들을 만들 수 있었다. 그렇게 떼를 쓰며 울던 1년 전의 큰애도 평정을 되찾았고 유치원에 가게 되면서 말문도 트이기 시작했다. 나도 그 무렵 운전을 배워 차를 몰고 다니면서 행복했다. '미국은 참 평화롭고 풍요로운 나라구나'라는 생각이 들 즈음 남편의 레지던트 과정도 끝이 났다.

의사들은 철새처럼 다시 정든 그곳을 떠나갔다. 다행히 남편은 멀지 않은 곳에 일터를 구했고 작은 집을 사서 이사했다. 사내아이 셋 있는 집은 아파트 주인이 제일 기피하는 블랙리스트 1위라 했다. 그냥 포기하고 아파트보다 작은 집을 샀다. 풍광은 아름다웠다. 집 앞엔 잔디밭이 넓어 아이들 놀기도 좋았고, 그 너머로는 커다란 호수가 있어 남편이 쉬는 날은 올망졸망 아이 셋을 데리고 낚시도 가곤 했다.

평화로운 나날이었다.

어느덧 둘째도 자라 큰애와 함께 학교에 가게 되었고 학교생활도 곧잘 적응하는구나 싶었다. 그러나 그건 내 바람에 불과했다. 우리 아이 둘은 백인 아이들이 받아들이기엔 너무도 낯선 이방인이었다. 그도 그럴 것이 학교 전체에서 동양인이라고는 우리 아이 둘뿐이었고, 흑인도 하나 없는 순백의 학교였다. 그들은 자신들의 영역에 들어온 미운 오리 새끼를 가만두지 않았다. 늘 우리 아이들은 그들의 재미있는 놀림감이었다. 그런데 엄마인 나는 그 엄청난 사실을 까맣게 모르고 있었다.

둘째가 여섯 살 때의 일이었다. 나는 아이들 방을 청소하다가 구겨서 버려진 아이의 학급 사진을 발견했다. 그제서야 무슨 일이 있구나 하는 직감에 사로잡혔다. 불안한 마음으로 서성이다가 학교에서 돌아온 아이에게 물었다. 자신의 머리만 까맣고 자신의 눈만 작아서 그런 자신이 싫다 했다. 같은 반 애들도 그래서 자기를 놀린다 했다. 가슴이 쿵 내려앉았다. 그 조그만 영혼이 얼마나 시달렸으면 학급 사진을 구겨서 쓰레기통에 버렸을까? 한창 뛰어놀 나이에 자신의 외모에 저토록 실망하며 분노하다니…. 이튿날 나는 서둘러 담임 선생님을 찾아갔다.

긴 생머리의 젊은 여선생님은 친절했다. 한인교회나 학교, 한인 커뮤니티가 있으면 데리고 가서 자신과 똑같이 생긴 아이들이 많이 있다는 사실을 인식시켜주라 했다. 다시 말해 아이의 정체성(identity)을 찾아주는 게 대단히 중요하다 했다. '선생님은 참 훌륭하구나!' 하는 감탄을 그때 많이 했다. 우리는 수소문해서 브롱스에 있는 한국학교를 찾아냈다. 그때부터 매주 토요일 아침 아이 셋을 데리고 한국학교에 가는 것이 우리 집 주말 일과가 되었다. 선생님은 옳았다. 아이들은 자신과 비슷한 한국 친구들을 만나면서 위안을 받았고, 자신감도 키워가기 시작했다. 그리고 반 아이들의 놀림에도 씩씩하게 잘 대처해나가는 용기를 찾아가고 있었다. 아이들도 나도 힘들고 암울했던 시절이었다.

운명적인 만남 - 조경희 선생님

매년 한국학교에선 학부모와 학생들의 글을 모아 문집을 만들었는데, 거기에 실린 내 글을 허병렬 선생님께서 보시고 조경희 선생님이 미국에 오셨으니 한번 만나보라 하셨다. 그때까지도 글을 쓸 생각은 여전히 없었고, 아이 셋 키우기도 힘들어하던 때였다. 찾아온 기회가 얼마나 소중한지도 모른 채 그냥 흘려보냈다. 대학 졸업 후 결혼해서 미국에 정착할 때까지 난 정말 내 의지대로 글을 외면하고 살았다. 그런데 기나긴 공백기를 거쳐 우연찮은 기회에 다시 글을 썼고, 그 후 간간이 글을 쓰고 싶다는 마음이 생겨났다. 잔잔히 밀려드는 향수 때문이었을까, 아니면 오랜 세월 꾹꾹 눌러왔던 글쓰기에 대한 니의 억압이 내게 내재해 있는 아주 작은 재능의 끈을 잡고 수면 위로 올라온 탓일까? 나는 모른다. 하지만 가만히 생각해보면 향수 때문인 것 같다. 낯선 이곳에서 아이들도 나도 많은 시행착오를 겪는 동안 두고 온 편안함이 못내 아쉬웠고 답답하고 서러울 때도 많았다. 다시 고국으로 돌아가고 싶었다. 하지만 돌아갈 수 없는 좌절감 그리고 그리움, 이런 편치 않은 마음의 짐들이 쌓이면서 여태까지 외면했던 글로 돌아올 수밖에 없었던 것 같다. '글에 대한 내 억울한 상처는 잠시 접어두기로 하자. 풀어야 할 응어리들을 우선 풀어내자.' 이렇게 자신과 타협하게 됐고, 허병렬 선생님의 칭찬에 용기를 냈는지도 모른다.

참으로 길고 긴 세월을 돌아 미국 땅에서 나는 글과 다시 해후했다. 1976년 한국일보가 처음으로 뉴욕에 상륙했고, 동포들을 위해 지면을 허락해줬으며, 한인 인쇄소가 생기면서 남편의 서울의대 회보도 1년에 4회 발행했다. 그때부터 글을 써 달라 하면 콩트도 쓰고 수필도 쓰고 거부감 없이 쓰기 시작했다. 한인사회가 한창 발돋움하던 시기였다.

그 당시엔 한국학교, 한국일보, 한국교회, 한국식품점 모두 유일하게 하나뿐이었다. 그리고 10여 년 뒤 이민 인구가 늘어나면서 1989년 미동부문인협회가 생기고 1991년《뉴욕문학》이 창간되면서 발표할 지면은 충분해졌다. 결국 조경희 선생님이 두 번째 미국을 방문했을 때 문협 회원이던 나는 조경희 선생님과 운명적인 만남을 가질 수 있었다.

화려한 문단 데뷔

나는 이렇게 조경희 선생님의 추천을 받아 뒤늦게 미국에서 한국 문단에 등단했다. 내가 해외 첫 번째 추천자라고 늘 말씀하셨다. 10년의 세월을 잃어버린 후였다. 일찍 만나지 못한 걸 후회했지만, 만날 사람은 언젠가 만나게 된다는 사실을 그때 알았다. 그리고 써놓았던 글을 모아 선생님의 서문을 받아 처음으로 수필집 《나 할 말 있다면 그대 사랑한다는 말뿐이네》를 출간했다. 한국에 나갔고, 선생님께서 롯데호텔에서 상상도 하지 못했던 출판기념회를 성대하게 열어주셨다. 기라성 같은 문단의 어른들에게 축하를 받았고, '한국이 멀리 있는 게 아니구나' 하는 생각을 하면서 글쓰기를 해야겠다는 마음을 다졌다. 나는 이렇게 수필계의 거목이신 조경희 선생님의 사랑을 받으면서 화려하게 한국 문단에 데뷔했고, 첫 번째 수필집으로 프레스센터에서 다시 문단의 어른들을 모신 가운데 '제1회 해외 한국 수필문학상'을 수상했다. 넘치는 사랑을 또 받은 것이다.

참 많은 세월이 흐르고 난 후 글로 상처받았던 내 마음을 글로 다시 위로받을 수 있었다. 선생님의 사랑으로 나는 길고 긴 암흑의 터널을 지나 환한 빛을 보게 된 것이다. 글은 상처만 주는 게 아니구나. 이런 기쁨과 환희와 설렘도 주는구나. 꿈속의 일처럼 내게 온 행운을 믿을 수 없었다. 그날 한복 입은 내 모습을 보시고 "뉴욕의 황진이가 왔구나!" 하시던 선생님의 칭찬이 너무 좋아 그다음 두 번째 수필집 제목도 《뉴욕의 황진이》로 지었다. 이렇게 선생님의 사랑에 부응하면서 내 인생의 상처 받은 어린 시절을 치유해나갈 수 있었고 책으로만 만나던 문단의 선생님들을 직접 만나보면서 문학의 힘을 느꼈다. 누구도 쉽게 가질 수 없는 행운을 소중히 여기며 이제는 소홀히 했던 문학에의 길로 매진해야겠다는 각성을 두 번의 화려한 한국 방문을 하면서 다짐했다.

내가 이렇게 다시 글을 쓸 수 있었던 건 그 당시 뉴욕한국학교에 교장으로 계시던 허병렬 선생님, 문인협회 회장이던 김정기 선생님 그리고 한국 문단의 대모이신 조경희 선생님과의 운명적인 만남이 있었기에 가능한 일이었다. 유년의 아픔은 위의 세 선생님의 도움으로 치유되고 있었다. 그러나….

상실의 시대

> 나의 날들은 연기처럼 사라져갔고
> 나의 뼈는 타들어가고 있습니다.
> 나의 가슴은 풀처럼 시들어 말라가고 있고
> 나의 통곡 소리 때문에 나는 먹을 수도 없습니다.
> 나의 몸은 나날이 줄어들고
> 나는 사막에 서 있는 외로운 한 마리 부엉이 같습니다.
> 나는 지붕 위의 참새처럼 밤새 잠도 자지 못하고 누워만 있습니다.
> — 시편 102편 중에서

유년 시절의 내 억울함이 인위적으로 당한 상처였다면 두 번째 억울함은 운명적으로 내게 던져진 참혹한 형벌이었다. 다시 10년, 내 글과 해후한 후 화려한 문단 데뷔와 두 권의 책을 출간했고 어느덧 나도 글을 쓰는 작가라는 사실을 스스로 인식해갈 무렵이었다. 아이들은 자라 셋 다 결혼했고, 나와 남편은 다섯 명의 손자 손녀를 가진 행복한 할머니 할아버지였다. 더 바랄 게 없었다.

여유로운 시간, 여행하는 재미, 골프 치는 재미, 친구들과 어울리는 재미, 평화로운 나날에 노년의 삶을 만끽하고 있었다. 몽테뉴가 말년에 누리던 에피큐리어니즘(Epicureanism)*이랄까? '한국 철학의 아버지'라 불리는 연세대학교 김형석 명예교

---

* 고대 그리스 철학자 에피쿠로스(Epicurus)의 사상으로, 욕심 많게 쾌락만 추구하는 게 아니라 가능한 한 모

수도 60세에서 75세까지가 인생의 황금기라 했다. 우리도 이렇게 인생의 황금기를 맞아 에피큐리어니즘을 즐기고 있었다. 그러나 신은 우리에게 넘치게 관대하지는 않았다. 건강하던 남편은 말기 위암 진단을 받았고, 너무 늦어 수술도 하지 못한 채 1년 만에 내 곁을 떠나갔다.

슬픔은 누적되어 나를 고통의 바다로 밀어 넣었고, 아침에 눈을 뜨면 하얀 천장은 창백한 얼굴로 나를 내려다보고 '너는 혼자다, 너는 혼자다' 그렇게 외치면서 내 얼굴을 덮쳤다. 사방에 쌓여 있는 건 숨 막히는 정적뿐이었다. 나는 빛도 볼 수 없었다. 커튼을 닫아야 했다. 내 생애에 찬란하던 무지개 빛깔은 이렇게 그를 따라 흔적도 없이 사라져갔고, 이제 무채색의 잔영만이 내게 슬픔으로 남았다. 나는 이제 무엇을 어떻게 해야 하나 할 일도 잃었다. 암울한 나날에 무섭도록 밀려오는 건 나도 그를 따라가고 싶다는 유혹뿐이었다. 죽은 사람처럼 누워서 밤에도 낮에도 나는 그 생각에서 자유로울 수 없었다. 그러나 항아리 속에 거꾸로 매달려 죽을 수도 없는 무녀의 신세였다.

내 존재도 의식하지 못한 채 나는 남편의 일부가 되어 행복했다. 그가 아들 셋을 낳아서 장하다면 장한 줄 알았고, 내 종아리가 예뻐서 보험 들어준다면 정말 그런가 하며 살았다. 그가 골프를 잘 친다고 칭찬해주면 우쭐했고, 그가 글을 잘 쓴다 해서 끊임없이 글을 썼다. 나는 매미가 이슬을 받아먹고 살듯 그 사람의 칭찬과 사랑을 받아먹고 평생을 살았다. 그런데 신혼 시절 그 이전부터 꼭 잡고 다니던 내 손을 그가 이렇게 맥없이 놓아버릴 줄은 몰랐다.

화창한 여름날이었다. 꽃이란 꽃은 만개했고 흰 구름이 평화롭게 푸른 하늘에 떠 있던 한낮이었다. 오늘도 남편은 혼수상태에서 힘겹게 숨을 내뿜고 있었다. 그런데 찰나적인 순간에 주위가 갑자기 조용해졌다. 아무 소리도 들리지 않았다. 흰 나비처럼 나무 위에서 팔랑이던 더그우드 꽃잎도 동작을 멈추고, 사진 속의 피사

든 쾌락은 취하지만 고통과 불행을 초래하지 않는 절제되고 편안하고 안락한 후기 쾌락주의를 말함.

체처럼 모든 것은 그렇게 정적 속에 숨을 죽이고 있었다. 그와 내가 만들어오던 우리의 이야기가 대미를 맞던 절체절명의 순간이었다…. 하얀 스크린만 남았다!

잃어버린 자의 허탈한 두 눈이

그는 여름에 떠나갔고, 혼자 남은 나는 커튼도 못 올린 채 캄캄한 방에서 그가 없는 첫 겨울을 맞이하고 있었다. 이런 나를 애들은 그냥 두지 않았다. 춥고 삭막한 뉴욕을 벗어나 따스한 남쪽 플로리다로 떠밀리듯 내려갔고, 그곳에서 봄이 올 때까지 겨울을 지냈다. 야자수나무는 쭉쭉 뻗어 하늘로 치솟아 있었고, 꽃들이 다투어 피는 아름다운 곳에서 나는 여전히 혼자였다. 아무것도 할 일이 없었다. 할 일이 없는 게 아니라 혼자서 할 수 있는 일이 아무것도 없었다. 마치 나는 경치 좋은 곳에서 정신요양을 하는 환자처럼 내 온몸을 뒤덮는 아픈 상처에 절망할 뿐이었다. 낯선 곳에서 낯섦이 주는 불편함도 견디기 쉽지 않았다. 그러나 애들에게 내 슬픔을 보이지 않아도 되는 편안함이 내가 이곳에 머물러야 하는 이유라 여겼다. 슬픔은 동조자가 있을 때 더 큰 슬픔으로 밀려오는 속성 때문에 혼자서 감당하는 편이 나도 애들도 훨씬 수월할 것 같았다.

그러나 쉽지 않았다. 마주 보고 서러워할 동조자가 없다 해도 나의 근원적인 슬픔을 감당하기는 역부족이었다. 나의 존재는 겹겹이 둘러싼 비애의 늪으로 빠져들었고, 아무도 나의 슬픔을 덜어주지는 못했다. 하루 종일 나는 그의 허상과 마주 앉아 있다가 저녁이 되면 호숫가를 산책하는 게 고작이었다. 많은 사람이 호수에 지는 해를 보러 모여드는 시간이었다. 그러나 나는 호수에 비치는 그 아름다운 황혼보다 둘이서 손잡고 황혼을 구경하는 노부부에게 자꾸만 눈길이 갔다. 그들이 더 아름다워 보이고 부러웠다. 그게 내 슬픔이고 내 비극이었다. 그들은 망원경을 가지고 나와서 높은 나무 위의 독수리 집도 보고, 안 보인다는 상대방의 어깨를 한 손으로 감싸안고 다른 손으로 방향을 잡아주고 있었다. 정말 호수에 내려앉은 황금빛 노을보다 더 아름다운 모습이었다. 뭐든 둘이 함께한다는 게 그렇게 아름다운 줄 몰랐다. 나는 그 아름다움을 영원히 잃어버렸다. 잃어버린 자의 허탈한 두 눈이 노부부가 보고 있는 독수리 집을 찾아 헤매고 있다.

세상은 왜 이렇게 텅 비어 있을까? 황금물결 치던 그 풍요로운 들판이 이제 추수가 끝난 후의 쓸쓸함으로 남아있다. 나는 그 빈 들에서 그가 남긴 이삭을 하나라도 더 주우려고 안간힘을 쓰고 앉아 있다. 하지만 쉬운 일이 아니었다. 모든 언어가 자꾸만 복받치는 슬픔을 토해내고 있었기 때문이다. 그런데도 내가 이렇게 붙들고 있는 이유는 다른 마땅한 일을 찾을 수 없어서였다.

세네카가 친구에게 편지를 쓰듯…

나는 눈만 뜨면 컴퓨터 앞에 앉아서 하루를 보냈다. 그러나 아무 글도 써지지 않았다. 병상에서 그가 사투를 벌이던 지난 1년, 매일매일 써놓았던 일기장을 붙들고 슬픔의 늪으로 빠져드는 게 고작이었다. 그러다 어느 순간 나는 자판기를 두드리기 시작했다. 유배지에서 할 일을 찾지 못하던 세네카가 친구에게 편지를 쓰듯 그렇게 나도 남편에게 편지를 쓰기 시작했다. 손을 놀리니 지루했던 시간도 한결 빨리 지나갔다. 내게도 할 일이 생긴 것이다.

써놓았던 일기를 서한체로 바꾸고 다시 글 다듬기를 했다. 남편의 하루하루를 챙기면서 다시 숨 막히는 그의 고통과 아픔을 겪어야 했고, 더 심한 좌절과 분노를 느껴야 했다. 삶에 대한 용기가 다시 바닥을 쳤다. 하지만 밤낮으로 매달려서 정리하다 보니 어느새 출판하고 싶어졌다. 이 책을 만들어서 남편의 1년상에 헌사하고 싶다는 욕심이 생겼다. 그게 내 의무이고, 그에 대한 내 사랑이라 생각했다. 이렇게 삶의 편린에 동조하면서 그가 남긴 하얀 스크린을 메워가는 일에 내 하루를 바쳤다. 이제 나에겐 목적이 생긴 것이다. 마음이 바빠졌다.

그렇게 3개월을 고치고 다시 쓰고 하면서 어느 정도 정리되었을 때 뉴욕으로

와 출판사에 원고를 보내고 교정을 하고 정신없이 움직였다. 8월 남편의 일주기에 맞게 출판하려면 시간이 촉박했다. 내 머릿속은 이제 책을 만드는 일로 꽉 차 있었다. 그러다가 욕심이 또 생겼다. 아니, 나의 생을 정리하고 싶었다. 그동안 써놓은 글들도 모아 세 번째 수필집도 함께 내고 싶었다. 다시 서둘렀다. 내가 바쁘니 시간도 바삐 갔다.

《별 하나에 당신 별 하나에 나》,《여름이 되면 티티새는 울지 않는다》

이렇게 책 두 권이 한꺼번에 출판됐다. 이 책들은 내 눈물 속에서 8개월 만에 태어난 이란성 팔삭둥이들이다. 이 책들을 가지고 그의 일주기 추모의 자리를 차질 없이 가졌고, 책이 있으니 출판기념회도 함께하게 됐다. 《별 하나에 당신 별 하나에 나》는 "The Memoirs of My Husband"라는 부재를 달고 있어서 참석한 많은 사람의 마음을 숙연케 했다. 300페이지가 넘는 이 책은 그가 암 진단을 받은 날부터 세상을 떠난 후의 에필로그까지 내 생애 다시는 쓸 수 없는 고통과 통곡과 회한의 글이다. 사람들은 이 책이 너무 슬퍼 다 읽지 못하고 덮었다고도 했다. 책을 써서 남편의 일주기에 헌사하는 흔치 않은 일과 장성한 세 아들이 마련해준 이 자리는 숙연했지만, 찬사와 부러움도 함께 샀다. 나는 이렇게 비련의 여주인공으로 책을 가지고 다시 사람들 앞에 섰다.

연암기행 수필문학상

이제 모든 것은 끝이 났다. 다시 허탈감에 절망하고 있을 때였다. 뜻밖에 한국수필가협회에서 '연암기행 수필문학상'에 당선되었으니 상을 받으러 오라 했다. 이 상은 연암 박지원 선생을 기리기 위해 제정된 상으로 3년 이내 출판된 응모작 중에서 심사를 거친 후 주어지는 수필문학상이었다. 2회째였다. 그런데 정말 기대하지도 않았던 그 상을 내가 받게 된 것이다.

사실 절망 속에서 책 두 권을 한꺼번에 펴내면서 너무 힘이 들어 누군가에게 보상받고 싶었다. 그래서 용기를 내 응모했다. 그러나 아무런 기대도 하지 않고 있었다. 나와 같은 해외 작가들에겐 따로 배정된 해외동포문학상 외에 본상을 받기는 쉽지 않았다. 늘 한국 작가들과의 경쟁에서 우리는 서자처럼 밀려났기 때문이다. 연암기행 수필문학상 역시 해외 작가인 내가 바랄 수도 없는 큰 상이었다. 나는 다시 한국에 나갔고, 넘치는 축하와 부러움 속에서 상을 받았다. 대표작은 〈카리브 해안의 섬들〉이었다.

이렇게 나는 문학과 해후한 후 세 번의 화려한 한국 나들이를 했다. 여행을 좋아하는 그를 따라 평생 많은 곳을 다녔다. 여행지마다 그는 사진 속에 나를 담았고, 나는 글 속에 우리의 추억을 남겼다. 사진도 글도 남아 있는데, 정작 있어야 할 주인공 한 사람만 보이질 않는다. 찾을 수도 없다. 죽음은 진정 부재를 뜻하는가 보다. 내가 받은 상은 지금은 추억 속에만 존재하는 그의 몫으로 돌리고 싶다. 이렇게 나는 그가 없는 동안 끊임없이 그를 내 글에 담았고 다른 글은 쓸 수도 없게 되었다.

인간은 환경의 지배를 받고 그 속에 사는 작가도 예외일 수 없다. 나의 글도 내 운명처럼 변해갔다. 나의 근작 다섯 번째 수필집 《티티새 연가》 역시 서한체이고 대화체다. 나의 허전함이, 나를 둘러싼 텅 빈 세상이 너무 시려 글 속에서나마 나는 호소하고 싶었고, 이야기하고 싶었고, 매달리고 싶었는지 모른다. 서문을 써주신 윤제천 교수님도 이런 내 글을 평하기가 어려웠던지 "새로운 수필영역의 확대를 위한 도전"이라는 어마어마한 칭찬으로 대신해주셨다. 생각하면 선생님의 말이 맞는 것 같기도 하다.

감당할 수 없이 밀어닥친 내 운명의 소용돌이 속에서 나는 살기 위해 죽을힘을 다해 글에 매달려 왔으니까 그거 하나만으로도 나는 칭찬받을 만하다 이렇게 생각하기로 했다.

2013년 10월 5일 《티티새 연가》 출판기념회에서

문학은 구원이다 - Tea and Toast의 인생

이 글을 마무리하면서 'tea and toast'라는 말을 상기해본다. 차 한 잔과 빵 한 조각은 우리에게 무슨 의미로 전달되고 있는 것일까? 나는 몰랐다. 내가 그들의 대열에 서 있기 전에는 그것이 홀로 남은 독거노인들을 가리키는 처절한 문구라는 사실을…. 행복한 식탁에 가족이 둘러앉아 웃음꽃을 피우던 화려했던 젊은 시절은 가고 이제 과거의 허상 속에 혼자 남은 독거노인들. 사회는 그들을 'tea and toast'

라 부른다.

그들에게 남은 건 존재의 허무뿐이다. 외로움과 불편함, 고독 속에서 그들은 스스로 움직이지 않으면 식사를 챙겨줄 사람도 없다. 배고픈 욕구 때문에 굶을 수도 없고, 차 한잔과 빵 한 조각으로 마지못해 끼니를 때운다. 생명을 유지하기 위한 최소한의 양식이다. 아니 역설적으로 생명을 단축시키기 위한 최소한의 양식일지도 모른다. 이것마저 하기 싫으면 마지막 남은 의지를 모아 죽음을 택한다고 했다. 자살! 한국도 미국도 노인 자살률이 사회 이슈로 등장한 지 오래다. 게다가 요즘은 고독사도 많이 거론되고 있다. 죽어서도 드나드는 사람이 없으니 발견이 늦은 죽음. 그들은 죽어서도 외롭다. 아니, 그들이 아니라 우리 모두의 자화상인지도 모른다. 아무도 피해갈 수 없는 인간의 숙명이기도 하다. 태어나고 늙고 병들고 죽는 생로병사의 굴레에서 벗어날 수 없다.

인간의 말로가 이렇게 슬픈 것이라면 무엇을 향해 우리는 달려온 것일까? 아니, 아직도 그 끝을 향해 달려가고 있는 것일까? 아무에게서도 그 해답을 얻을 수는 없다. 그 알 수 없는 해답을 얻기 위해 인간은 종교에 매달리고 문학에 매달리고 철학에 심취하는지도 모른다.

"너의 눈망울 뒤에는 바다가 있다. 그 바다를 다 울어버리지 않으면 안 된다."

희곡 〈부퍼강〉을 쓴 작가 엘제 라스커 쉴러가 우리 인간의 슬픔을 이렇게 대변해주고 있다. 그러나 바다만큼 운다 해도 끝내 우리는 그 해답을 얻을 수 없을 것이다.

"울지 마라. 사람이니까 외롭다." 시인 정호승은 역설적으로 울지 말라 했다. 결국 인간은 혼자 남아 독거노인이 되어 tea and toast로 연명하다가 외롭게 죽어가는 삶, 그게 숙명인 것 같다. 이렇게 저마다 그 끝을 향해 가고 있지만, 가는 여정이 다르다는 사실이 그래도 참 흥미롭다. "생각한다, 고로 존재한다"라는 데카르트, "사랑한다, 고로 존재한다"라는 에즈라 파운드, "오른다, 고로 존재한다"라는 알피니스트, "쓴다, 고로 존재한다"라는 작가들 모두 존재의 의미가 다르다.

275

2017년 12월 22일 PEN문학상 시상식에서 황미광 문협 회
장(왼쪽), 손해일 이사장(가운데)과 함께

한국에서 보내온 시집 한 권을 받았다. 《오늘과 내일 사이》라는 책 제목이 의미
심장하다. 오늘과 내일의 끊임없이 이어지는 시간의 연속 속에 우리는 살고 있다.
그리고 자신의 시간이 멈출 때까지 뭔가에 심취하려고 노력한다. 외롭지 않으려
고, 행복하려고, 살기 위해 사람들은 뭔가에 매달려 이렇게 존재의 의미를 찾으려
한다.

그가 떠나고 난 후 나도 어쩔 수 없이 독거노인의 대열에 서서 tea and toast의 암울한 나날을 보내고 있었다. 커튼도 올리지 못하고 캄캄한 방에서 오늘과 내일로 이어지는 날들이 멈추길 바랐다. 그러나 내 운명은 내 의지대로 움직여주질 않았다. 그때 나는 살기 위해, 구원받기 위해 문학에 매달릴 수밖에 없었다. 슬픔이 바다처럼 출렁일 땐 셰익스피어(?)보다 더 슬픈 비가를 썼고, 가슴 뛰는 사랑이 왔을 땐 주위를 떠들썩하게 만든 연가도 썼다. 내 글은 이렇게 내 운명을 따라 쉴 새 없는 변화를 거듭해오고 있다.

"무엇을 쓰건 문학 안에서는 부끄러울 게 없다" 했다. 나는 이렇게 내 안에 있는 모든 것을 다 토해내면서 암담한 세월을 살아냈다. 그토록 해후하기 어려웠던 글이 내게로 와서 이제 나의 전부를 다스리고 있다. 나를 많이 예뻐해주시던 조경희 선생님도 가시고, 나의 전부였던 그 사람도 떠난 지 오래인 텅 빈 세상을 문학에 의지하면서 오늘에 이르렀다. 내가 배반하지 않으면 나를 배반하지 않는다는 문학에 대한 확신이 확실히 섰고, 문학으로 기대하지 않았던 화려한 보상도 넘치게 받았다. 모든 것을 상실한 채 암울하고 서러웠던 독거노인들의 대열에서도 벗어날 수 있었다.

"결국 인간은 문학으로 되돌아온다"는 르 클레지오의 말처럼 나도 긴긴 세월을 돌아 다시 문학으로 돌아왔다. 그리고 문학으로 구원받았다. 이젠 외롭고 암울한 tea and toast의 두려운 미래를 접고 오늘과 내일로 이어지는 나의 날들이 다할 때까지 문학으로 더 화려하고 더 빛나는 식탁을 차려보려 한다.

277

정재옥

글쓴이 정재옥(Estee Song)은 1970년 의사인 남편을 따라 미국에 왔다. 1980년 아이들 한국학교에서 허병렬 선생님을 만났고, 학부모와 아이들의 글을 모아 만든 학교 문집에 글을 쓰기 시작함과 동시에 1980년부터 한국일보와 서울의대 신문에도 콩트며 수필 등을 발표했다. 1989년 뉴욕 문협에 가입했고, 1995년 한국 수필계의 대모이신 조경희 선생님의 추천으로 한국 문단에 데뷔했다. 다섯 권의 수필집과 몇 차례의 문학상을 수상했다. 한국일보와 중앙일보 오피니언 고정 칼럼니스트로도 활약했으며, 미동부한인문인협회 7대 회장을 거쳐 지금은 문협 고문으로 있다. 국제펜클럽 뉴욕지부 상임이사이며 편집위원이기도 하다. (안타깝게도 2020년 6월 작고하셨다.)

16 나의 친구, 글쓰기

황미광
시인

어린 시절, 글쓰기의 시작

　나의 글쓰기를 거슬러 올라가면 참으로 고마운 선생님 한 분과 연결된다. 초등학교 2학년 시절, 내가 쓴 동시(童詩)에 과분한 칭찬을 해주시던 이영복 담임 선생님은 어린이 백일장마다 나를 내보내셨다. 결코 잊을 수 없는 나의 첫 번째 당선작은 제목이 〈책상〉이었는데, 당시 엄마가 장기간 외국에 나가 있어서 늘 울고 싶었던 나의 어린 마음을 얼굴에 칼자국이 나고 다리가 부러져도 울지 않는 책상에 비유해서 썼던 것 같다.

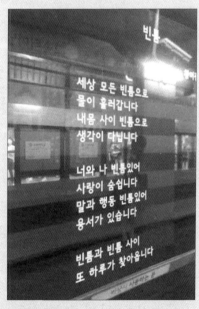

서울 지하철역 스크린도어에 걸린 필자의 시 〈빈틈〉

　요즘 들어 한국 나들이가 더욱 즐거워졌다. 서울 지하철역 몇 곳에 내 시 〈빈틈〉과 〈눈이 산을 찾아와〉 두 편이 걸려있기 때문이다.

　내가 없는 동안에도 오가는 사람들과 눈을 마주치고 있을 시를 생각하면 정말 뿌듯하고 기분이 좋아진다. 서울 지하철

2호선, 3호선, 5호선 역에 걸린 내 시를 읽고 피곤한 퇴근길에 위로가 되었다는 모르는 사람들의 댓글을 우연히 보았을 때, 또 생면부지의 사람이 이 작품의 시인을 만나고 싶다고 쓴 블로그를 보았을 때 정말 좋은 시인이 되고 싶어졌다. 글을 쓰며 살 수 있다는 일은 내게 고단한 축복이고, 바쁜 현실에서의 오랜 피난처다.

국어를 좋아하던 학생

학창 시절 온갖 공상의 그림과 함께 일기를 썼는데, 그 시간은 나를 아주 풍요롭게 만들어주었다. 그 당시에는 왜 그리노 학칙이 엄격했는지…. 내가 다닌 여고는 1학년은 단발머리, 2학년은 묶은 머리, 3학년은 땋은 머리로 학년을 구별하고 레이스 달린 속옷을 못 입게 예고 없이 속옷 검사까지 했다. 나는 그 당시 정해진 학교 규율의 범주를 뛰어넘지 못했다. 등하굣길에는 극장가를 지나가야 했지만, 사복을 입고 보고 싶은 영화를 보러 들어갈 꿈은 아예 꾸지도 못했다. 입시 전쟁의 치열한 희생자로 10대 시절을 보냈고, 유신정권의 데모 속에 휴교 대학을 다녔으며, 새마을 정책을 외우고 국민 소양교육을 마쳐야 유학길을 떠날 수 있었다. 당시의 일기장 여기저기 남겨놓은 그 시절의 낙서 같은 시들은 지금 보면 심각하기 그지없다.

고등학교 시절 가장 잘한 과목은 고전과 역사, 국어 과목이었다. 국어 모의고사 성적은 항상 복도 벽에 이름이 붙어있었고, 국어 선생님에게는 늘 모호한 질문을 던지거나 참고서의 정답이 틀렸다고 하여 선생님을 곤란하게 만드는 학생이었다. 국어 과목은 나의 방패였다. 평균 점수도 국어 때문에 그럭저럭 제자리를 유지했다. 고3 담임이셨던 김대현 국어 선생님의 "넌 국문과를 가는 게 좋겠다"는 말씀이 적중하여 글과 함께 살아가는 인생의 문을 열게 되었다.

대학 시절부터 내 분망한 삶은 시작되었다. 1970년대 초반 한국 사회에 몰려온 청바지, 통기타, 고고댄스, 생맥주, 외래어의 범람을 우려하며 한글학자 한갑수 선생님의 문하에서 외래어 간판 없애기 운동을 시작했고, 외래문화에 물들어가는 청년들과 그들이 주인공이 될 한국의 앞날을 걱정하는 대학생 대표로 활동했다. 당시 나의 외곬수 생각들은 일간신문에 게재되기도 했다(1974년 4월 경향신문). 나는 한글 속에 섞이는 외래어 퇴치와 맞춤법 지키기, 사회 퇴폐현상 방지운동 등에 빠져 나라 사랑 애국자가 된 것처럼 바삐 다니며 스스로 자랑스러워했던 것 같다.

문학과 연극, 내 열정의 텃밭

대학 시절, 학보사 주최 문학상 시 부문에서 연거푸 수상하며 문학과의 만남이 본격화되었다. 교지 편집위원과 연극 활동을 겸했는데, 연출가 오태석 선생님의 오디션을 통해 배우로 시작하여 한국연극협회 연출가 등록을 통해 연극 세계에 더 몰입하게 되었다. 서울 혜화동에 소극장을 구입하는 등 연극을 향한 꿈을 펼쳤으며, 고 추송웅 씨를 주연으로 아시아 연극제에 작품 〈출구〉의 연출로 참여했고, 중앙대 연극영화학과 김정옥 교수와 함께 타이베이에서 연극 심포지엄 발표자로 참

1981년 한국예술원장 김동리, 예술원 회원 이원경, 이해랑 선생님의 대만 방문 학술대회에서 통역을 맡은 필자(오른쪽에서 세 번째)

가했다. 중국 본토와 국교가 없던 당시에는 정치, 경제, 사회, 문화를 총망라하여 많은 학자와 전문인들이 대만을 찾아왔다. 김동리, 이해랑, 송강암 선생님 같은 예술계의 거장과 학술원 회원들과도 인사를 나눌 수 있는 행운을 일찌감치 누리며 문학과 연극, 그리고 동양화까지 손을 대며 20대를 바쁘게 보냈다.

　내가 졸업한 국립대만사범대학교 앞에서 서예와 그림을 배우고, 당시(唐詩)에 심취했으며, 물만두와 파파야 주스를 즐기며 유학 시절을 보냈다. 대만정치대학 한국어문학과의 졸업 공연 〈시집가는 날〉 연출을 맡았던 일, 중국 국극에 심취되었던 일들이 박사논문을 한국과 중국의 희극사인 《한중 양국의 희극 변천사(韓中民俗戲劇之比較硏究)》를 쓴 계기가 되었다. 그 와중에 유학 시험 준비 중 도서관에서 만난 개성 강한 장발 곱슬머리의 얼굴 하얀 남자와 약혼을 거쳐 결혼하여 석사를 마치고 박사 1학년 때는 휴학을 하고 첫딸을 낳았다. 남편이 근무한 삼성전자 본사가 있던 수원 우만아파트가 우리의 첫 보금자리였다. 아기를 친정에 맡긴 후 다시 대만으로 가서 박사과정을 마치고 혜화동 극장과 아파트까지 정리하고 나서 두 살 된 딸과 함께 남편이 유학 중이던 뉴욕으로 날아갔다. 한국과 대만, 뉴욕에 흩

1982년 국립대만정치대학 한국어문학과 졸업 공연 〈시집가는 날〉을 연출하던 시절

어져 있던 세 사람이 만나서 둥지를 튼 곳은 남편이 재학 중이던 프랫(Pratt)대학원 부부 기숙사였다.

뉴욕의 한국 속에 살다

맨해튼 브로드웨이 소재 미주 동아일보가 나의 첫 직장이었다. 낮에는 기자로 일하면서 밤에는 취재와 박사논문을 써야 하는 생활은 늘 숙제에 쫓기는 눌린 마음으로 불안하고 답답했다. 개인의 생활만 그런 게 아니었다. 5.18 광주민주화운동 때는 태교를 한다고 세상 소식을 끊어 당시 상황을 전혀 모른 채 한국을 떠났기에 미국 현지 언론에서 접하게 된 정보 속에 놀라움을 금할 수 없었다. 기자 수첩과 커다란 사진기를 들고 한인타운의 사건 현장과 한인 예술가들의 공연 행사장을 찾아다니며 나날이 더 진짜 한국 사람이 되어갔다. 한국 연예인도 만나고 한국 예술인들의 공연과 전시회를 쉴 새 없이 찾아다녔다. 한인사회 현장 취재는 물론이고 차이나타운이나 중국인과 관계된 뉴스까지 쓰느라 참 바쁜 날들을 보냈다. 거의 매일 저녁 취재 일정이 잡혀 있었으며, 주말이면 링컨센터나 카네기홀의 연주회와 소호 지역의 화랑가를 돌며 발로 뛰는 삶을 살았다. 작품 평이나 후속 기사를 쓰는 일은 직업이면서도 내 전문분야를 살릴 수 있어 바쁘지만 보람되고 즐거운 시절이었다. 동포 언론사들의 상황은 열악했지만, 보도에 대한 관심은 스마트폰으로 세상을 읽고 있는 지금과는 비할 수 없이 높았던 것 같다.

돌이켜보면 1980년대는 이민자의 숫자도 기하급수적으로 증가했으며, 한인 단체들도 급격히 늘어났다. 언론사에서 일하던 10여 년간 기억에 남은 재산 중 하나는 한인사회 각 단체를 포함하여 문화계의 소중한 분들과 인연을 갖게 된 일이다. 그 만남이 지금까지 계속되어 여러 가지 뜻있는 한인사회 일들도 함께하고 봉사활동도 할 수 있으니 감사한 마음이다.

당시만 해도 문인들의 활동을 알려주고 출판 소식을 홍보해주는 연락책은 한인 언론사 문화부 기자의 소임이었다. 막 출간된 따끈한 신간 서적을 남보다 앞서 받아보는 일도 언제나 즐거웠다. 1989년 창립된 미동부한국문인협회는 1991년 연간《뉴욕문학》을 발행하고 1992년 신인작품상을 제정하면서 명실공히 뉴욕 한 인사회 문학 활동의 구심점이 되었는데, 문협 출범식에 기자로 참석했던 필자가 30년이 지나 이 글을 쓰는 시점에 이 단체의 회장직을 맡고 있음은 고맙고 귀한 인 연이라 생각된다. 문인협회의 초대, 2대, 3대 회장을 연임하고 이제는 고인이 되신 중국 출생의 이계향 수필가는 대만에서 공부한 나에게 각별히 대해주셨다. 문인협 회 창립을 준비하며 자주 신문사를 찾아왔는데, 중국을 방문한 후 발간한 그분의 여행기는 중국도 아닌《중공에 다녀왔습니다》라는 이름으로 출간되었으니 격세 지감을 느끼게 한다.

뉴욕 생활을 시작하면서 연극과 잠시 소원해졌지만, 1988년 극단 서울의 창단 멤버로 활동하며 첫 작품인 정하연 작가의 〈아메리카 저멀리카〉를 라과디아 커뮤 니티 대학교 강당에서 공연하고, 이어서 뉴욕 한인회관에서 〈오늘 밤에는 별이 보 인다〉 등 수 편의 작품을 함께 기획하고 연출에 참여했다. 연극무대가 뿜어내는 살 아있음의 뜨거운 현장감은 내게 뿌리칠 수 없는 매력이었다. 푸시킨의 시처럼 때 로는 삶이 나를 속일지라도 슬퍼하거나 노여워하지 않았다. 선천적으로 나는 긍정 적이었고 앞으로 전진하는 성격이었다.

대만의 박사논문 규정에는 내용이 10만 자가 넘어야 한다는 조항이 있었다. 컴 퓨터가 없던 시절이었고 10만 자를 완성하기 위해 수십, 수백만 자의 초고를 밤을 새우며 수도 없이 고쳐 써야 하는 과정에서 대만 풍토병이 걸려 몸이 마비된 적도 있었다. 대만에 있으면서 한국연극협회 연출가로 등록했는데, 당시 나를 추천한 교수님이 문단에 등단하든지 연출가로 등단하든지 한 가지만 하라고 하셨다. 그래 서 시인으로 등단하는 일은 뒤로 미루고 연출가를 우선 택했다.

만일 그 시절 연극협회가 아니라 한국문인협회의 등단 절차를 일찌감치 택했 다면 대만에서 좀 더 많은 글을 남기고 그곳의 문인들과도 친구가 되지 않았을까 하는 아쉬움이 있기도 하다. 1980년《동서문학》동인이 되고 1983년《시맥》동인이 됨으로써 시를 쓰는 자리로 다시 돌아오는 촉매가 되었다. 대학 4년 동안 2년에 걸쳐 학보사 현상 문예 시 당선자로 만족하던 시절에는 미당 서정주 시인에게 빠져 있었다. 〈서정주 시에 나타난 사계의 의미고찰〉(1976, 태릉어문연구)은 그해의 대학생 우수논문으로 선정되었다. 지도교수인 김해성 은사는 미당 선생님의 애제자였는데, 미당 선생님께 나의 논문을 보여드리고 그분께 나를 인사시키려고 수차 기회를 주었지만 내 마음은 온통 대만 유학에 팔려 그 당시 귀한 인연을 만들지 못했다.

20대 시절에는 연애와 약혼, 유학과 결혼, 출산과 미국 이주 등 드라마틱한 인생 드라마에 숨 가쁘게 쫓기느라 그냥 앞으로 달리기만 한 것 같다.

대만과 뉴욕 생활

뉴욕의 미주 동아, 대한일보, 세계일보, 플러싱 타임스 등의 기자 시절에는 내 시를 쓰는 시간보다 남의 시와 글을 읽는 시간이 더 많았다. 일반 기사와 기자 칼럼, 연극이나 영화의 감상문, 문화계 평론 등을 쓰면서 매일 원고지에 파묻혀 지낸 날들이었다. 셋째인 막내를 출산하면서 10년 만에 신문사 생활을 마감했다. 남편의 사업도 나의 도움이 필요했던 시기였고, 어린 2남 1녀의 운전기사 노릇을 하기에도 바쁜 세월이었다.

1993년 9월 학기부터 객원교수(adjunct professor) 공개 채용으로 뉴욕시립대학교인 퀸즈칼리지 고전동양학과(Classical, Middle Eastern, and Asian Languages and Cultures)의 기초부터 고급 과정의 한국어와 한국 문학사 강의를 맡게 되었다. 25명이 한 클래스 정원이었는데, 내 강의는 늘 40명씩 수강 등록이 몰려 학과장에게 수강 사유를 서명받아와야 수강 신청이 가능했다. 1시간 강의를 위해 몇 배의 시간이 수업 준비에 소요됐지만, 이민 1세대 자녀들인 학생들과의 소통은 의미가 있었고 그들에 대한 사명감으로 열과 성을 다했다. 특히 시나 수필 등 작문 과제 속에 솔직하게 기록되어 있는 이민 가정의 어려움 속에 처해 있는 학생 개개인의 진통을 접하고는 한 사람 한 사람의 삶의 무게가 내 것으로 다가왔다. 수업이 끝나고도 찾아오는 개인 면담을 피하지 않았다. 그 결과 지금까지도 반가운 만남이 이어지는가 하면 그중에는 내게 결혼 주례를 부탁한 특별한 인연도 있었다. 그런 일들은 모두 문학이라는 매체가 있었기 때문에 가능했던 것 같다. 문학작품 과제를 통해 그들의 속마음을 담당 교수에게 과감히 내보였기 때문일 것이다.

퀸즈칼리지를 시작으로 세인트존스 대학, 롱아일랜드 대학에도 동시 출강하게 되었다. 세인트존스 대학 아시아연구소에서는 중국학을 이수하기도 하고, 롱아일랜드 대학 코리아센터에서는 지창보 교수님을 소장으로 모시고 부소장직을 맡아 LA의 한국학 대회에도 발표자로 참여했다. 그 당시에는 미국 대학 입학 평가시험 SAT에 한국어를 채택시키는 일이 한인사회의 주요 관심사였다. 한국학 대회를 계기로 한국어 교육 관계자 회의에도 한동안 관심을 가지고 활동했다.

3.1절 한국어 웅변대회에 퀸즈칼리지 학생들을 출전시켜 수상자도 배출했고, 대학생 한글 글짓기 백일장에도 참가했다. 당시의 문학 수업 광경을 살필 수 있는 내 시 한 편을 소개한다.

백년을 몇번 뛰어
정철, 윤선도가 들어온다
황진이와 성삼문도 들어온다
윤동주, 한용운, 이상화도 불러놓고
이 땅에서 우리는 애국자가 된다

선죽교에서
베이징에서
후쿠오카에서

사라진 이름
오늘 교실 뒷자리에 앉아
너희들을 지켜본다

하늘은 그날처럼 푸르고
가야할 길은 먼데
동해 바다를 닮은
어진 아들, 딸들아

너희들의 힘겨운 걸음마다
더 외로웠던 사람들
함께 가고 있으니
꿈을 잃지 말아다오
내일은 너희들의 것.

오늘 수업은 여기까지
다음 시간에 다시 만나요
　　　　　- 〈문학 수업〉

이민 100년을 맞아

문학작품의 힘, 기록의 힘은 위대하다. 글은 개인에게는 인격이며, 집단에게는 역사로 남는다.

《대뉴욕 한인 이민 100년사》는 2003년 1월 13일 미주 한인의 첫 이민인 하와이 이민을 기념하여 편찬되었다. 14명의 한인 교수 및 언론 관계자들이 논문형식으로 한인사회의 과거, 현재, 미래를 저술했으며, 나는 출판위원장이라는 중책을 맡았다.

20여 분야에 걸쳐 집필되었는데, 긍정적인 사실이건 부정적인 사실이건 역사는 우리 후손들에게 모두 교훈이 될 것이기 때문에 이민 100주년을 정리한 이 책자는 아주 소중한 가치를 가질 것이다. 한 가지 흠이 있다면 첫 숟가락에 너무 욕심을 부린 나머지 단행본의 두께가 A4용지로 500페이지를 넘겨 도서관 소장본으로는 적합할지 몰라도 판매 가격도 높고 운송료도 만만치 않은 문제점을 남겼다. 이민 200년이 되었을 때는 책이 아닌 다른 최첨단 매체로 가가호호(家家戶戶) 가볍게 지닐 수 있는 그 무엇이 만들어질 것이라 생각한다. 그때까지 한국인의 정체성을 잃지 않고 이민 후손들이 이 땅에서 잘 살아갈 수 있기만 바랄 뿐이다.

두꺼운 책 한 권은 출판되었으나 그것만으로 이민 100주년 잔치가 끝나는 것이 아쉬워서 나는 동포축제 개최를 건의했고, 이 안건은 한인회와 백주년 기념사업회에서 통과했다.

나는 행사위원장을 맡아 준비에 착수했다. 한인사회의 수많은 행사를 오랫동안 함께 치른 18년 교육위원 경력의 친구 김인자 씨가 교육프로그램을 담당했고, 이제는 고인이 되신 박창득 몬시뇰을 비롯하여 신부님, 목사님, 청소년 상담가, 유치원 선생님부터 교수, 청년 밴드, 시인 최정자, 가수 전항 씨까지 초청하여 부부 프로그램, 청소년 토론대회, 어린이 연극, 가족 장기 대회, 체육대회, 문학 강의, 댄스파티, 캠프 파이어까지 다양하고 재미있는 1박 2일의 시간을 그룹별로 준비했다. 이 행사는 큰 호응을 받으며 대성황을 이루었다. 400여 한인이 참가한 1박 2일

2003년 8월 9~10일 양일간 펜실베이니아 워터갭 리조트에서 열린 이민 100주년 기념 동포 대축제 '가족사랑 밝은캠프'를 홍보한 기사와 행사위원장으로서 개회 인사를 하는 필자의 모습

'가족사랑 밝은캠프'에서 노래 지도를 한 새샘트리오의 가수 전항, 청소년 프로그램 참석자들과 즐거워하는 부부토론 참석자들의 모습. 남녀노소 한마음으로 일상에서 벗어나 유쾌한 시간을 가졌던 이 행사는 참석자들에게 참으로 소중했던 추억으로 지금까지 회자되고 있다.

일정으로 첫날 밤은 무더위에 폭우가 내렸음에도 400여 신청자들이 빠짐없이 참석하여 숙소가 모자라 인근 호텔까지 급히 빌려야 할 상황이었다. 그런데 이 행사 중에 수영장에서 물속에 오래 있기 게임을 하던 어린이 하나가 물속에 잠수하고 있다가 정신을 잃는 사태가 발생하여 2년에 걸쳐 우리 부부가 뒤치다꺼리를 한 이야기는 언젠가 꼭 제대로 하고 싶은 후일담으로 남겨둔다.

미동부한인문인협회 창립 30주년

2019년 미동부한인문인협회는 창립 30주년을 맞았다. 이 척박한 이민자의 생존 현장에서 모국어로 문학 창작활동을 하며 한 단체를 30년 동안 지켜낸 것은 분명히 쉬운 일이 아니다. 문인협회가 창립되던 1980년 중반만 해도 지금과는 다른 느낌의 동포 위문공연이 잦았다. 출연자 중 몇몇 여자 가수는 언제나 한복을 입고 태극기를 흔들며 심금을 울리는 흘러간 노래로 애국심을 자극했으며, 마지막 노래는 항상 출연진과 객석이 하나가 되어 고향을 그리워하는 노래로 막을 내리곤 했다. 이럴 즈음 미주지역 곳곳에서는 문인들의 모임이 활기를 띠었으며, 문학단체가 미 전역에서 앞다투어 태동했다. 뉴욕에서는 서부지역보다는 늦었지만 《이민 문학》, 《길벗문학》 등이 모습을 드러냈으며 1989년 미동부문인협회가 발족하고 1991년 《뉴욕문학》 창간호가 빛을 보았다.

30년이라는 시간은 한 세대가 자리바꿈을 하는 시간이다. 이 의미 있는 세월 동안 동 문인협회 80여 명의 회원은 시, 수필, 소설 분야에서 모국어 지킴이로 창작활동을 해오고 있다. 디아스포라의 시대를 살아가는 문협의 전환점에서 동 협회의 회장을 맡고 있는 필자는 '뉴욕에 문학 있다. 뉴욕에 사랑 있다'라는 주제의 문학잔치로 뉴욕에 한국문학이 살아있다고 크게 외치고 싶었다. 30주년을 맞아 열린 2019년 기념행사에서는 발기인에 대한 감사패 진달과 기념 공연이 열렸다. 30주년 시화전을 함께 열어 문학의 향기를 더욱 깊게 한 이날 행사에서 한국에서 초빙된 김언종 고려대 교수와 김종회 경희대 교수의 '3천 년을 이어온 문학 속의 사랑이야기'라는 릴레이 강의가 펼쳐졌다. 《시경》부터 황순원의 〈소나기〉까지 '문학에서 첫사랑을 만나다'라는 특강은 1박 2일 동안 펼쳐진 문학여행에서도 계속되었다. 《주홍글씨》의 작가 너새니얼 호손 뮤지엄, 《월든》의 헨리 데이비드 소로 오두막, 매사추세츠 엠허스트의 에밀리 딘킨스 뮤지엄, 《순수의 시대》 작가인 이디스 워튼의 생가 등을 방문하며 문학과 더불어 살아가는 이야기를 나눈 값진 시간이었다.

조국을 떠났기에 매일매일 더욱 한국적인 사람이 되어버렸으며, 떠난 자들만이 갖는 특유의 생명 의지를 뿌리로 깔아 과거와 현재, 미래를 한 꿰미의 구슬로 엮어 문학작품으로 보여주리라. 늘 목마른 모국어를 풀어 세상을 더 촉촉하게 적시고 끝간 데 없는 그리움으로 더욱 강한 생명을 키워내는 탯줄을 엮으리라.

그래서인지 조국을 떠난 해외 작가인 우리의 글에 더욱 강한 메시지가 담겨있다는 평을 듣곤 한다. 평론가 박양근 교수는 필자의 시에 나타난 봄은 한국과는 다른 강인한 봄이라 했다.

미동부한인문인협회 문인극 〈지상의 양식〉(2011). 맨 오른쪽이 필자

미동부한인문인협회 창립 30주년 기념행사(2019년 10월 6일 뉴욕 대동연회장)

봄이 왔다고 말하지 마라
봄은 한번도 떠난 적이 없었네
긴 겨울
어둡고 습진 땅에서
끈질긴 생명줄 하나 잡고
푸른 하늘 그리워하며 살아냈노라고

그러니
그리움이 병이라고 말하지 마라
그립고 아쉬운 세월이
너를 지켜내는 힘이 되었으니
다시 시들어갈 꽃이라도
그렇게 오늘도 꽃이 핀다.

– 〈그렇게 꽃이 핀다〉 전문

미동부한인문인협회 창립 30주년을 보내고 또 다른 30주년을 걸어나갈 후배들을 위해 동시대의 작가들은 살아있는 역사가 되어야 한다. 앞으로 다가올 문학이 이민 문학, 동포 문학, 한인 문학, 한민족 문학 등 어떤 이름의 옷을 입고 있더라도 우린 알고 있다. 그 문학을 살찌우기 위해 오늘도 누군가 한없이 외로운 고통의 시간을 감내하고 있다는 것을.

뉴욕의 문인들은 그렇게 오늘도 한국문학의 꽃을 피우고 있다.

황미광

글쓴이 황미광은 17대 미동부한인문인협회 회장, 국제펜클럽 한국본부 이
사, KCB 가톨릭방송국 사장, 미주 한인여성 네트워크 회장, 롱아일랜드 한인
회 이사장, 뉴욕 한인회 부회장, 민주평통 뉴욕협의회 수석부회장 등을 역임
했다. 현재 하늘가족재단 이사장, 통일부 통일교육위원 뉴욕협의회 회장, 한
인사회연구재단 이사 등으로 활동하고 있다. 대한민국 국민 포장(2018), 대
통령상(2007, 2016), 올해의 한인상(2014), 뉴욕주 여성 교육자상, 서울시
교통부 시 당선(2015, 2019), 경희 동포문학상 입상 등의 수상 경력이 있다.
중국 문학박사, 뉴욕시립대학교 퀸즈칼리지와 세인트존스 대학교 객원교수,
롱아일랜드 대학교 코리아센터 부소장을 역임했으며, 시집으로《지금 나는
마취중이다》외 논문집, 공동 저서가 다수 있다.

  hamikwang@gmail.com